改革开放40周年
高校纪念文库

民办大学

人才培养体系
创新实践研究

郭玉铸◎著

光明日报出版社

图书在版编目（CIP）数据

民办大学人才培养体系创新实践研究 / 郭玉铸著.
--北京：光明日报出版社，2018.12
ISBN 978 - 7 - 5194 - 4795 - 3

Ⅰ.①民… Ⅱ.①郭… Ⅲ.①民办高校—人才培养—研究—中国 Ⅳ.①G648.7

中国版本图书馆 CIP 数据核字（2018）第 274792 号

民办大学人才培养体系创新实践研究

MINBAN DAXUE RENCAI PEIYANG TIXI CHUANGXIN SHIJIAN YANJIU

著　　者：郭玉铸

责任编辑：许　怡　　　　　　　　责任校对：赵鸣鸣
封面设计：中联学林　　　　　　　责任印制：曹　净

出版发行：光明日报出版社
地　　址：北京市西城区永安路 106 号，100050
电　　话：63131930（邮购）
传　　真：010 - 67078227，67078255
网　　址：http://book. gmw. cn
E - mail：xuyi@ gmw. cn
法律顾问：北京德恒律师事务所龚柳方律师

印　　刷：三河市华东印刷有限公司
装　　订：三河市华东印刷有限公司
本书如有破损、缺页、装订错误，请与本社联系调换，电话：010 - 67019571

开　　本：170mm×240mm
字　　数：245 千字　　　　　　　印　　张：15.5
版　　次：2019 年 3 月第 1 版　　印　　次：2019 年 3 月第 1 次印刷
书　　号：ISBN 978 - 7 - 5194 - 4795 - 3
定　　价：58.00 元

前　言

纵观中国民办教育发展史,当前的民办教育是改革开放之后兴起的,我国改革开放以后恢复了民办学校,允许社会力量办学,开始了新的民办教育学校的设立和发展时期,民办高校也经历了探索孕育、确立地位、快速发展和内涵建设四个阶段历程。1982 年,第五届全国人大第五次会议通过的《宪法》,明确规定"国家鼓励集体经济组织、国家企业事业组织和其他社会力量依照法律规定举办各种教育事业"。1987 年 7 月,原国家教育委员会颁布《关于社会力量办学的若干暂行规定》,第一次明确了社会力量办学是我国教育事业的组成部分,是国家办学的补充,使中国的民办教育走上了有法可依的法制轨道。1993 年国务院《中国教育改革与发展纲要》将其正式表述为民办教育。1997 年,国务院颁布了《社会力量办学条例》,出台了规范民办教育的重要行政法规。2000 年之后,随着高等教育大众化进程的加快以及的出台,国家制定《民办教育促进法》等相关法律法规,针对社会组织和公民自己等社会力量建立的民办教育的定义和性质做出了规定。再次明确重申民办教育是我国社会主义教育事业中的重要组成部分,民办学校应当遵守法律法规,贯彻国家的教育方针,保证教育质量,致力于培养社会主义建设事业的各类人才,保持正确的政治方向,提高的教学质量。民办学校与公办学校具有同等的法律地位。

20 世纪 90 年代后,国家对民办教育的鼓励政策进入了快车道。1992 年 9 月,原国家教委根据邓小平南方谈话和十四大精神,公布了《关于加快教育改革和发展的若干意见》。其中提到"要特别鼓励、支持社会力量兴办以职业技术教育、基础教育、继续教育、社会文化生活教育和助学性质的高等教育为主的各类教育"。次年,国务院颁布的《中国教育改革和发展纲要》又明确提出,国家对民办教育实行"积极鼓励、大力支持、正确引导、加强管理"的 16 字方针。习近平总书记所作的党的十九大报告围绕"优先发展教育事业"作出新的全面部署,明确提出:优先发展教育事业,建设教育强国,是中华民族伟大复兴的基础工程,必须把教育事业放在优先位置,加快教育现代化,办好人民满意的教育。全面贯彻党的教育方针,落实"立德树人"的根本任务,发展素质教育,推进教育公平,培养德智体美全面发展的社会主义建设者和接班人。教育部陈宝生部长在十九大记者招待会上也指出:"要主动回应人民群众对教育的新期待,落实好十九大精神,办好人民满意的教育,不断增强人民的教育获得感。"民办教育作为中国社会主义教育事业重要组成部分,经过近 40 年的发展,凭借自身体制机制优势,在内部治理、提升质量、培养模式等方面进行了大胆探索,在改革办学体制、管理体制、运行机制等方面积累了丰富经验,为教育发展增添了动力、激发了活力、释放了红利,成为促进教育改革发展的重要力量。民办教育的发展,有效丰富了教育服务供给,有力创新了教育体制机制,为满足人民群众多样化教育需求和经济社会发展需要做出了积极贡献。

我国民办教育促进法,是为实施科教兴国战略,促进民办教育事业的健康发展,维护民办学校和受教育者的合法权益,根据宪法和教育法制定的法律。2002 年 12 月 28 日第九届全国人民代表大会常务委员会第三十一次会议通过的《民办教育促进法》给了整个社会一个信心,即国家对民办教育的发展是长期鼓励的,有法律保障,也有基本规范要求。根据 2013 年 6 月 29 日第十二届全国人民代表大会常务委员会第三次会议《关于修改〈中华人民共和国文物保护法〉等 12 部法律的决定》,《民办教育促进法》做了第一次修正,其核心点即是"允许举办者获得合理回报"调动了社会力量的办学积极性。根据 2016 年 11 月 7 日第十二届全国人民代表大会常务委员会第二十四次会议《关于修改 < 中华人民共和国民办教育促进法 > 的决定》,《民办教育促进法》做了第二次修正,主要内容包括:一是以负面清单的方式开放了营利性民办学校的准入;二是取消了原法中没有成为政策的"合理回报"条款;三是对现有学校举办者投入的资产和劳动采取了权益保障措施。这次修正力度是非常大,解决了很多有争议的问题,不仅全面放开非学历教育的营利性办学,还放开了高等教育、职业教育、普通高中教育的学历教育和学前教育的营利性办学,确立了教育营利的合法性,为民办教育的大发展拓展了新的空间,为教育营利确立了法律保障。允许教育营利,是"新民促法"非常重要的变革,中国教育将可以作为产业来运作,这是中国教育的一个巨大突破。2016 年 12 月 29 日,国务院颁布了《关于鼓励社会力量兴办教育促进民办教育健康发展的若干意见》,又对民办学校实行非营利性和营利性分类管理提出具体要求,以分类管理改革为基础,集中体现了中央关于民办教育的形势新判断、发展新定位、制度新安排,为民办教育在新的历史起点上实现健康发展指明了方向。随着新《民办教育促进法》的实施,一系列国家和地方政府层面上针对民办学校在税收、收费、补贴、使用、扶持、管理方面的政策规定正陆续出台,可以说中国民办教育发展进入了一个新时代!

当前,民办教育现在正快速进入产业金融化深度融合阶段,正成为最新千亿级风口,尤其是《民办教育促进法》再次修改后,新一轮教育产业证券化高潮正在展开。研究机构弗若斯特沙利文的报告显示,2010 年至 2015 年,中国民办高等教育行业的收入从 570 亿元上升到了 926 亿元,预计到 2020 年该数据还会上升至 1563 亿元。行业的广阔性让众多民办高校机构们看到了发展的前景,很多举办民办高校的教育机构纷纷寻求上市。新《民办教育促进法》的修改出台,对民办高校实行营利与非营利管理,实质上意味着,民办教育机构上市障碍被彻底清除。曾有专家估计,相关利好领域的资产证券化速度将迅速加快,A 股有望迎来新一轮教育企业上市潮及并购潮,优质民办教育资源上市速度将明显加快。

现在我国正在由教育大国向教育强国迈进,进入以提高质量、促进公平、改善环境、优化结构为主要特征的新发展阶段,民办教育面临着前所未有的机遇和挑战。民办大学作为民办教育主要构成之一处于民办教育塔尖部分,民办本科高校是教育资本市场的稀缺资源,"民促法"修法施政后,民办学历本科高校将是资本最新角逐目标,目前现有的优秀民办院校,因其管理规范、师资队伍完备、良好办学积累将是很好的标的。同时,教育上下游产业链中有效的教育资源都会构成教育主业内容,具备增值潜质和未来盈利支撑。但在目前民办教育面临生源减少、竞争加剧、转型提质压力巨大的挑战面前,提高办学质量是民办大学的生命线和核心竞争力。民办大学无论选择营利与非营利,如何整合优势,提高教育教学质量和管理水平,打造核心竞争力,办出优质品牌大学,有效提高办学影响力和社会认可度将是永恒的主题和追求方向,也唯有如此才能创造更大的发展空间。

随着时代飞速发展,我国已经建成了世界上最大规模的高等教育体系,为现代化建设做出了巨大贡献。但随着经济发展进入新常态,人才供给与需求关系出现深刻变化,面对经济结构深刻调整、产业升级步伐加快、社会文化建设不断推进,特别是创新驱动发展战略的实施,高等教育结构性矛盾更加突出,同质化倾向严重,毕业生就业难和就业质量低的问题仍未有效缓解,生产服务一线紧缺的应用型、复合型、创新型人才培养机制尚未完全建立,人才培养结构和质量尚不适应经济结构调整和产业升级的要求。民办大学相比公办大学,在高等教育中处于弱势地位,从原因上分析既有体制政策及资源投入的制约,也有自身发展先天和后天不足;既有市场体制外形,又有计划体制的内核。从国家对高校思想政治工作新要求和民办大学自身发展来说,无论从办学方向、政治保障、培养体系、内部治理等各方面,不仅需要理论层面的研究,更需要实践探索提供借鉴和开拓。

本书基于笔者在民办教育一线15年的办学治校实际经验,目的是全面探索、系统总结大时代变迁背景下民办教育应用型人才培养体系构建和实践。从以下十个方面:民办大学党建创新模式和体系、思想政治教育体系、思想政治理论课教学与课程思政、民办大学应用型人才培养模式、教学质量体系和学科专业建设规划、实践教学训练体系、大学生就业创业体系、基于"互联网+"的立体化心理健康教育模式、双师型师资队伍建设与管理体系、国际化选择和发展模式,整体规划设计探索质量立校,内涵建设,优化结构,高效管理的中国特色民办大学办学之路,具有很强的操作实务性和实践借鉴性。

  本书的主要创新在于运用马克思主义立场观点方法,站在新时代马克思主义中国化的视角,以习近平新时代中国特色社会主义教育思想为指引,从适应和引领经济发展新常态、服务创新驱动发展的大局出发,在统筹教育内在规律、国家对民办教育的政策要求、民办教育办学的实际探索和应用型人才培养内在需求等方面科学规划、研究探索信仰铸魂、立德树人、政治引领、机制创新的中国民办大学办学治校解决方案。为促进人才培养目标和质量标准更加对接社会需求,更加符合民办大学应用型高校的办学定位,践行可持续发展之路。

  限于作者的理论水平和认知能力,书中必然存在疏漏之处,诚请批评指正!

郭玉铸

2018 年 7 月 1 日

目　录
CONTENTS

绪章

民办大学起源与发展和应用型人才培养

第一节　民办大学起源及演变发展

几千年来,中国封建社会一直以书院制作为基本教育形式。书院之名始于唐代,分官、私两类,宋代以岳麓书院、石鼓书院、白鹿洞书院、应天书院等"天下四大书院"为代表,集中体现了私立书院替代官学的作用。书院制在宋代得以发展和兴盛并逐步走向成熟,例如嵩阳书院在中国教育发展史上就占有重要的一页,经过近千年的发展,积累了丰厚的教学经验,其特点主要有:1.书院既是教育教学机关,又是学术研究机关,实行教育教学与学术研究相结合;2.书院盛行讲会制度,允许不同学派、不同观点进行讲会,开展辩论;3.书院的教学实行"门户开放",有教无类,不受地域限制;4.书院以学生个人读书钻研为主,注重培养学生的自学能力,并采用问难论辩式,注意启发学生的思维能力;5.书院内的师生关系融洽,感情深厚。书院的名师,不仅以渊博的知识教育学生,而且还以自己高尚的品德感染学生。宋理学代表人物朱熹,在《白鹿洞书院揭示》中对书院的办学方向提出学、问、思、辨、行"为学之序"。由此,书院的教育和学术得到结合。宋代书院制的成熟,标志着中国教育事业进入官学、书院、私学三轨并行时代,私立教育一直运行其中。其后,明正统四年(1439年),即朝鲜世宗二十一年,书院制度输出到了朝鲜,后来又被移植到了日本、东南亚甚至欧美地区,成为中国文化对外交流的纽带和桥梁,传播了中华文明,推动了世界文明,中国的教育自此开始走向世界。

清末西方帝国主义列强入侵,清政府不敌外强,一步步沦为半殖民地半封建社会,民族灾难深重。面对外辱,在仁人志士林则徐"开眼看世界"和魏源"师夷长技以制夷"思想唤醒下,中国社会开始兴起近代史上第一次学习西方、提倡西学,改革传统教育旧制度的社会实践变革。19世纪60年代开始的"洋务运动"是中国走向近代化的起点和标志,其涉及军事、政治、经济、教育、外交等方面,而教育变革是救国之急用,被视为医治"千数百岁之痼疾"的良方。19世纪80年代末,中国教育改革的焦点和呼声集中体现在改书院为学堂、改革书院教学方式和创设西学书院三个方面,明确了"中学为体,西学为用"的教育制度变革指导思想。1902年清廷颁布了《钦定学堂章程》,1904年批准颁布了《奏定学堂章程》,其有关高等教育制度的规定包括《奏定高等学堂章程》、《奏定大学堂章程》(附《通儒院章程》)、《奏定进士馆章程》、《奏定译学馆章程》、《奏定优级师范学堂章程》和《奏定高等农工商实业学堂章程》共六部,谕令各省府州县现有的大小书院,一律改为兼习中学、西学的学校;省会大书院为高等学堂,府城书院为中等学堂,州县书院为小学堂。1911年,辛亥革命结束了中国两千年封建制度,建立了资产阶级共和制度。社会变革决定了教育制度的变革,孙中山开国之初即提出"教育是立国之本,振兴之道,不可稍缓"。新成立的民国教育部第一时间颁行了《普通教育暂行办法》,其中第一条规定:"从前各项学堂,均改称为学校。监督、堂长一律改称校长。开始了近代高等教育新旧教育嬗变的时代,掀起了'民主与科学的教育思潮'。"

在这一进程中,受近代西学东渐的影响,清末民初一些开明人士认识到学问的重要性,在我国兴起了私人办学的风气。此时国人自办的私立高等学校有:1896年在上海创办的南洋公学,1905年创办的中国公学、复旦公学等。民国时期私立高等教育达到了近代教育史上的高峰,出现了一批著名的教育人士和一些著名大学。张伯苓之于南开大学、张謇之于南通大学、陈嘉庚与他兴办的集美专科学校群和厦门大学、马相伯之于复旦大学(原复旦公学),书写了中国近代教育史上璀璨的一页。新中国成立后,在全国范围内开展了有计划、有重点的院校调整,私立大学全部合并、调整为公立;至此,活跃了近50年的私立大学销声匿迹。但近代私立大学在极其艰苦的环境之下顽强生存,在各方面的努力之下,取得了相当大的成功,无不值得我们铭记。

1949年至改革开放前,民办教育在中国几乎绝迹,因为"旧教育"是1949年后社会主义浪潮的改造对象。1950 年 2 月,时任教育部副部长的钱俊瑞在《改革旧教育建设新教育》的报告中提出:"坚决地和有计划、有步骤地改革旧教育的课程、教材、教学方法和制度。"两年后,教育部发出"关于接办中小学的指示",决定自 1952 年下半年至 1954 年,全国的私立中小学全部由政府接管,改为公办。

直至改革开放以后,随着中国社会经济的发展和改革开放的深入,一批又一批的民办大学才开始重新活跃在教育的舞台上,其规模正逐步扩大。据教育部发布的《2015 年全国教育事业发展统计公报》,到 2015 年末,全国民办高校 465 所,比上年增加 17 所;招生 172.96 万人,比上年增加 12.77 万人;在校生 587.15 万人,比上年增加 29.63 万人。其中,在校硕士研究生 408 人,在校本科生 374.83 万人,在校高职(专科)生 212.28 万人;另有自考助学班学生、预科生、进修及培训学生 31.73 万人;民办的其他高等教育机构 799 所,各类注册学生 88.3 万人。民办本科教育最初仅作为公立高等教育的有益补充,如今民办大学在规模和数量上都已经成了中国高等教育的重要组成部分。但是随着民办大学的发展,招生难、就业难、社会认可度低、师资力量薄弱、经费短缺等问题也随之而来。在这样的背景下重新审视近代私立大学的办学之路,借鉴近代复旦大学、南开大学、厦门大学等私立大学的发展经验,具有重要意义。

一、近代中国私立大学发展的概况

近代中国私立大学的发展经历了从无到有、从少到多、从弱到强的过程。清末私立高等学校数量较少,而且学校管理不正规,只能视为是私立大学的雏形。1912~1927 年,先后出现了两次兴办私立大学的热潮,第一次出现在 1912~1913 年间。此时,民国元年所制定的《壬子癸丑学制》取消了清末《癸卯学制》中的"高等学堂",代之为大学预科,按照规定需附设在大学本科之下,不能单独设立。于是全国公立高等教育机构骤减,这给私立大学的发展提供了空间和时机。同时,民国教育部于 1912 年公布了《大学令》,明文指出:"私人或私法人亦得设立大学。"明确了私人也可设立大学,并承认团体设立的也是私立大学。因有政策可循,从 1912 年开始,许多冠以"私立"的大学纷纷成立。因此私立大学的数量和规模有了一定的发展。张謇所创办的南通大学就是在此时成立的。

第二次办学热潮出现在 1917~1924 年。1917 年 9 月 27 日,民国教育部颁布

《修正大学令》，放宽了设立大学的条件，对当时私立大学的兴起与发展起到了重要的作用。1925年，在全国私立大学中，经民国教育部批准立案的有13所，经民国教育部同意试办的有14所，至于未经批准而创办者为数更多。虽然当时创办的私立大学存在着院校质量差、生源少、难以维持的问题；但是仍然有很多院校拥有自己的特色和知名度，成了当时或以后的名校。这些私立大学为中国社会的发展输送了大量人才。

二、近代私立大学发展的特点

近代私立大学发展的外部政策环境固然重要，但是私立大学自身的管理模式对于学校的发展更为关键。有些私立大学如南开大学、复旦大学、厦门大学等逐渐形成了一套具有自己特色和行之有效的管理模式，保障了自身的有序发展。

（一）灵活的筹资渠道和完备的经费管理制度，保证了私立大学稳定的资金供应

资金是一个学校生存立命的根本，没有资金，高校的各种教学活动将没办法维持。近代中国战事不断，经济发展缓慢，高校资金难以为继，致使当时很多私立大学都积极开拓资金来源以维持生存和发展。近代私立大学的外部资金来源渠道主要包括：1. 社会捐款。如南开大学创办时就是由社会人士捐助八万元，随着南开大学社会声誉的提高，开明富商、大资本家纷纷解囊相助，甚至军阀、官僚、政客为捞取政治名声也开始捐款给南开大学；厦门大学亦是著名教育家、爱国华侨陈嘉庚一直资助的。2. 学生缴费。学费是近代中国私立高校资金来源的主要渠道，这一部分收入最有保证，因此部分私立高校对学费的依赖程度较高；同时近代私立高校积极探讨其他的外部资金来源渠道，如政府资助、银行借贷、发行债券等。近代私立高校内部资金来源有基金利息、校产租息及校产经营与运作收入、杂项收入等，以南开大学为例，当时，南开大学有多处土地出租，收入不菲。江苏督军李纯去世后，将遗产的四分之一捐给了南开大学。学校以这笔巨款购买公债股票，把基金所得利息充作学校日常管理经费。

（二）先进的董事会制度和合理的教育管理模式，促进了私立大学的和谐发展

管理是一个大学能否成功发展的又一关键，近代私立大学的管理体制在现在来看也是比较先进的。近代私立大学一般设立董事会，实行董事会协助下的校长

负责制。董事会负责选聘校长、筹集经费、监督学校资金的使用、制定学校的方针政策和发展规划等重大事务。校长全权处理学校日常事务,在校长之下设教务处等行政机构,设立院系等学科学术机构,做到责任分明、相互联系,实现了私立大学的民主管理。如复旦大学,1913 年于右任等组织了复旦公学董事会,聘请孙中山、蔡元培、陈其美等人为校董,并推王宠惠为董事长。在他们的艰苦努力下,复旦大学逐步发展成了著名的高等学府。南开大学的管理模式以机构精简、人员精干、办事高效而闻名,校长张伯苓在建校之初就确立了"将学校做成一法制学校"的主张,以避免出现"人存政举,人亡政息"的情况;1921 年,张伯苓召集南开师生代表 20 人讨论学校改革事宜,明确提出了"校务公开,责任分明,师生合作"的管理方针,鼓励师生参与校务管理,保证了学校各项工作的顺利开展。除了实行董事会制度以外,近代私立大学还拥有一批高效的行政队伍,他们拥有的行政人员不多,但是办事却十分有效,既减轻了高校的开支又提高了办事的效率。

(三)稳定优质的师资力量,提升了私立大学的人才培养质量

一个学校的发展离不开高质量的师资队伍,教师的素质同时就是学校的品牌,学校的发展虽然和领导者的能力有关,但是更重要的是要有一批业务能力强、品行好、教学认真的老师。如南开大学校长张伯苓在办学之初就十分重视教师队伍的建设,他主张建立一支精干的教师队伍,使教师最大限度地发挥自己的能量。为了保证学校的教学质量,南开在教师的选聘上可谓煞费苦心。南开大学最初聘任的教师,主要是一批学有所长的留美学者或外籍教师,另外一部分教师则来源于本校或国内著名的大学。张伯苓强调引进各学科最高学位人才和海外优秀人才,从机制上保证了教师的水平和质量。经过连续几年任教,考察的学科带头人,遂成为终身教授,以稳定教师队伍;且报酬激励与业绩挂钩,以鞭策终身服务于南开的教师永不懈怠、不断创新,并建立评议会或教授会,使员工参与学校管理,以激发教师的主人翁精神。

(四)坚定执着的办学信念和办学精神,实现了私立大学的鼎盛繁荣

办学理念决定了私立大学的发展前景。教育是一个国家的百年大计,为什么办学? 办学的目的是什么? 是每个办学者不得不考虑的问题。南开大学的校长张伯苓很好地回答了这个问题。在南开大学创办之初,学校的生存环境十分艰难,但是他敢于正视各种困难,坚信办学理念。正如 1934 年他致南京政府教育部

《天津私立南开大学申请补助书》中所说:"高等教育,重质不重量。"他凭着对教育的执着,和自己对于教育的理解,使南开大学终于得到了人们的认可。厦门大学的创办人陈嘉庚资助厦大长达16年之久,面对经济不景气、自己经营企业亏损的情况仍表态"宁可变卖大厦,也要支持厦大"。厦门大学的校歌、校训、校徽均体现了"自强不息、止于至善"的理念。正是这种办学理念使得厦门大学获得了"南方之强"的美誉。国人创办私立大学都有一个共同的愿望,就是通过发展高等教育为中国培养人才,以实现中华民族的强盛和抵御其他国家的侵略。虽然在当时的历史条件下"教育救国"的理想很难实现,但正是这种执着的办学理念和殚精竭虑的办学精神才促成了近代私立大学的鼎盛繁荣。

三、近代私立大学对新时代民办大学的启示

(一)完善民办大学管理政策法规,细化评估、考核、退出机制

近代私立大学发展的两次高潮都和当时政府的政策有关。民国时期,政府对于私立大学的各个方面都有规定,限制了一些不符合条件的办学力量,从而规范了私立大学的发展。当代民办大学的发展已经取得了初步的成绩,这和国家的政策也息息相关。2002年颁布的《中华人民共和国民办教育促进法》、2004年颁布的《中华人民共和国民办教育促进法实施条例》、2007年颁布的《民办高等学校办学管理若干规定》等法律法规都对民办教育的发展起到了积极的促进作用。但同时国家的这些相关法律政策基本上都是比较宏观的,可以指导民办大学的设立与发展,不能约束民办大学的规范与退出。当代民办大学鱼龙混杂,很多不具备办学条件的企业以盈利为目的管理民办大学,极大地损害了民办大学的声誉。为了保持民办大学的可持续发展,国家应该制定详细的政策法规,严格限制和规范民办大学,完善民办大学各个方面的评估机制,明确民办大学的退出机制,以保障民办大学的健康发展,给民办大学创造良好的发展平台。

(二)拓展资金来源,多渠道、多形式筹资

在现有的民办大学中一部分是由企业出资和公办大学联合办学,另一部分则属于个人投资办学。大部分民办大学资金来源单一,主要依靠学生的学费。这在很大程度上限制了民办大学在教学基础设施、师资培训、科研等方面的经费投入,不利于学校自身的发展与提升。近代私立大学的资金来源渠道可以给我们一个

良好的提示,民办大学可以多渠道寻求资金来源。此外,民办大学可效仿近代私立大学通过设立校产基金、校产租息、校产经营与运作等渠道募集资金;也可以寻求企业资金的捐助与支持,通过校企合作、联合办学等模式,增强自己的实力。这样民办大学的教育质量可以得到保障,企业也可以获得宝贵的人才资源,从而实现民办大学与企业的双赢。民办大学还可通过倡导校友为学校捐助等途径,积极拓宽资金来源与渠道,从而使学校拥有一个良好的循环与发展。

(三)引进科学民主的监督、管理模式,避免家族式管理

当代部分民办大学的校长同时也是学校的出资人,导致很多高校形成家族式管理,在学校中没有民主,教师的权利也得不到保证,给民办大学的发展带来了很大的障碍。当代民办大学可以借鉴近代私立大学的董事会制度,邀请教育家、企业家、文化名人等组成学校董事会,共同监督、管理学校的日常事务,并聘请知名的教育家担任学校校长,学校的管理干部要做到任人唯贤,以便形成良好的管理模式。同时民办大学作为一个教育组织,也有必要探讨学校的管理模式,以此来推动民办大学的长久发展。

(四)保证民办教师的权益,重视师资队伍的建设

当代民办教师和公办教师一样,为我国的教育事业付出了劳动和汗水,但他们并没有得到与公办教师一样的待遇。现在民办教师大部分都是聘任制,民办教师在人事关系、职称评定、养老、医疗、住房、保险、组织关系等方面都没有足够的保证,这在一定程度上影响了民办教师的积极性。而近代私立大学能在物质贫乏的年代请到如此众多的知名学者授课讲学,问题的关键在于近代私立大学有完善的人事管理制度,使得私立大学的教师不仅可以享受和公办大学教师一样的社会地位,而且还可以获得更多的物质收入。这是值得当代民办大学管理者反思的,"所谓大学者,非谓有大楼之谓也,有大师之谓也"。优质而稳定的师资队伍是大学综合实力的重要支撑,只有保障教师的权利,才能充分调动教师的积极性,从而更好地为教育做贡献。

(五)转变办学思路,树立为教育而办学的理念

随着市场经济的发展,部分民办大学也开始市场化。部分民办院校出资人的办学目的就是为了赚钱,学校的再续发展成了一个严重的问题,导致学生和家长不信任民办大学。近代私立大学的校长,最后都记在了人们的脑海中,成了耳熟

能详的教育家,主要是因为他们崇高的办学理念和顽强的毅力。他们为了学校的发展奉献自己的心血,不求资金回报,甚至有人为教育一掷千金。民办大学应该坚守"以人为本"的信念,更好地发挥民办大学相比公办高校更灵活的办学优势,开设社会急需的特色学科和专业,以培养适应时代发展的人才为己任,真正做到为教育而办学。

当代的民办大学为国家输送了大量人才,已成为我国高等教育中不可或缺的一部分。但是和近代私立大学的发展相比,在质量上还有很大的差距,和世界一些著名的私立大学更是不可同日而语,新时代民办大学应该正视这些问题,汲取近代和世界上先进的办学经验,进一步促进新时代民办大学的持续发展。

第二节 民办大学应用型人才培养目标定位及依据

2017 年 10 月教育部所发布的《中国本科教育质量报告》显示,截至 2016 年,中国普通高校已达到 2596 所,普通本科高校为 1237 所,本科院校成为高校增长最重要的主力军。全国普通本科高校招生规模 405 万,在校生规模突破 1613 万,普通本科毕业生规模突破 374 万。中国已成为名副其实的高等教育大国。

当前,我国人才的实际情况是研究型人才数量不是太多,但相对来讲,应用型人才更为缺乏。根据对一些特大型企业的调查,这些企业的高级专业岗位,80%以上需要的是应用型人才。在未来的社会中,我国很多领域的人才需求都将呈现"橄榄型"趋势,即掌握大量理论知识的学术型人才和从事简单体力劳动的一般劳动者占人才需求总数的小部分,而能够同时为社会经济发展提供智力支持和体力支持的、具有一定专业知识技能的应用型人才,将占人才需求总数的大部分。民办大学因其机制灵活,学科与社会需求联系紧密、适应性强、应用空间广,办学治校应坚持以应用型人才培养为重心,以"以人为本"的内涵为教育思想,以我国现代化建设的基本人才需求为教育导向,坚持注重创新,坚持时刻遵循"教育的发展必须与社会的发展相适应"这一基本教育规律,坚持理论与实践相结合,优化补充我国高等教育结构,从而加速实现我国高等教育与社会发展一体化这一宏伟教育目标。

一、应用型人才的内涵及特点

应用型人才是一种人才类型,社会对人才的需求可以分为两大类:一类是发现和研究客观规律的理论研究型人才,另一类是将客观规律的原理应用于实践,给人类社会带来利益的应用型人才。应用型人才是相对学术型人才而言的,指具备一定的专业知识和专业技能,能够将学术研究成果转化为社会生产力,或将这种社会生产力运用到社会生产实践当中并直接创造出社会物质财富的人才。应用型人才的主要特点是以科学原理或自然科学为研究对象,从事与具体的社会生产劳动和生活息息相关的工作,能为社会创造直接的经济利益和物质财富。在实际工作领域中,应用型人才主要从事设计规划、管理决策等工作,以及将各种工程设计、运行规划等付诸实施。应用型人才应当系统地掌握学科基础理论知识和学科专业知识,同时应当具有能够将专业理论和专业知识转化为应用及实际生产的能力。应用型人才在各种社会实践领域利用客观规律和科学原理,为社会直接创造物质财富和谋取直接的经济利益。

(一)应用型人才与技能型人才的区别

在很多时候,人们会将应用型人才的真正含义曲解,将应用型人才与技能型人才画等号,认为应用型人才只是单纯直接服务于具体生产、生活实践领域的人,认为本科应用型人才等同于高职高专的技能型人才。这样的理解是错误的,不符合应用型人才的真正含义。

本科应用型人才培养重视的是知识和技术的双重应用能力、创新能力、技术的二次开发能力等,学生的综合素质高、学科理论扎实、专业口径宽。在培养目标方面,本科应用型人才培养的是具有完整知识体系、创新潜力和高可塑性应用型人才。

高职高专的技能型人才培养重视的是成熟的技术和严格的技术规范,着重培养学生胜任职业岗位的必备技能和职业素质。学生所掌握的知识以够用为限,对创新能力要求不高,以现实操作性为宗旨,强调实用。在培养目标方面,高职高专培养的人才可以说是掌握职业基础知识、熟悉岗位业务、拥有扎实职业能力的实用型人才。

（二）应用型人才与学术型人才的区别

学术型人才往往都是集中研究客观规律以及发现各种科学原理的人才,他们的目标是研究自然科学领域中的客观规律和事物的本质,能够归纳总结出科学原理。因此,学术型人才与实践的关系是间接的,他们不直接创造物质财富。

应用型人才则是利用学术型人才发现的科学原理等,直接作用于社会的实践和生产中,从而为社会谋取直接的经济利益。应用型人才的工作目的不是探寻客观规律,而是利用已发现的客观规律服务于社会实践,为社会创造出直接的经济利益和物质财富。同时,应用型人才与学术型人才只是拥有不同能力的不同类型的人才,没有高低贵贱之分,也没有人才层次的差异。

表1　人才类型区别表

人才类型	知识理论的掌握	具备能力和素质	工作性质
应用型人才	较扎实的理论知识	实践能力,创新能力,综合素质	实际的规划设计、管理决策等
学术型人才	完备的、系统的、精深的理论知识	发现客观规律,研究科学原理	科研、学术研究
技能型人才	职业基础知识,基本的操作原理	熟练的技术技能,熟悉岗位业务	生产、服务一线

（三）应用型人才更注重培养质量

在应用型人才培养的过程中,不以研究型的传统精英教育为目标,面向大众化教育,将人才培养的重心降低,但培养的质量提高。这里要特别说明的是,应用型人才的培养不仅仅着重培养学生的动手能力,还要加大力度培养学生的综合能力和实践能力,使学生同时拥有较强的实际操作能力和初步的学科科研能力,使学生具有发展的潜力,能够在未来的职业生涯中不断深造。以此原则培养出的人才是真正符合社会需要的高水平、高质量的应用型人才。

二、民办大学应用型人才培养目标的定位依据

（一）民办大学应用型人才培养目标定位需把握原则

新时代民办大学制定人才培养目标必须遵循马克思主义关于人的全面发展

原则和人的发展与社会生产的发展相一致的原则。

1. 全面发展的原则

人的全面发展是指人的完整、和谐、自由和多方面发展,人的全面发展学说是马克思主义对于人类社会发展的重要理论贡献,是科学发展观的重要内涵,也是我国高等教育目的之理论基础。习近平总书记在十九大报告中明确指出:"要优先发展教育事业,全面贯彻党的教育方针,落实立德树人根本任务,发展素质教育,推进教育公平,培养德智体美全面发展的社会主义建设者和接班人。"新时期民办大学人才培养目标的制定应根据时代特点与时俱进,科学发展,使人才得到全面的发展,使知识和能力得到有机的结合,全面提高学生的综合素质、文化素质、思想道德水平、创新能力和适应社会的能力,充分挖掘学生的潜力,尊重学生的个人价值和全面发展的权利,按照高等教育的实际需求,积极引导学生的个性发展,使之适应社会实际,和谐发展。

2. 以人为本的原则

在教育领域,以人为本即"以学生为本",引申到实际工作中就是因材施教。我国古代大思想家、教育家孔子在教育学生的过程中就实施因材施教的方法,通过"听其言,观其行"的办法观察学生,根据学生的个体差异选择不同的教育策略。民办大学应用型人才培养模式更应以以人为本作为前提,贯彻因材施教的教育理念,其原因在于民办大学生源的特点:(1)入校时分数普遍较低,学习基础薄弱,学习热情比较弱,缺乏自制力和学习主动性;(2)民办大学的城市生源和独生子女生源的比例明显高于其他本科院校,学生家庭经济条件相对优越,因此个性很强,比较自我,同时对抗挫折和压力的心理素质较弱,容易产生逆反情绪;(3)民办大学的学生在综合素质上具有一定优势,他们兴趣广泛,思维比较活跃,沟通能力强,社会活动能力强,相对见识比较广,接受新事物较快,极具创新精神,主人翁意识强。民办大学的学生可开发的潜力相对较大,需要教师根据每个人的特点制定不同的引导方式。

3. 市场需求原则

人的发展要与社会生产的发展相一致,现今高校所提供的人才与社会真正的人才需求之间有着一定差距,高校毕业生的实际工作能力远不能满足工作岗位的需要,人才供需出现脱节局面。同时,随着高等教育招生规模日益扩大,就业形势也日益严峻,倘若培养出来的人才没有特色,或者没有把握好市场定位,没有紧跟经济社会的发展,就会失去市场竞争力。紧密结合经济产业与行业态势和区域经济发展的需要,培养出能够填补人才供求空缺的应用型人才,是市场对以培养应用型人才为目标的民办大学所提出的必然要求。因此,市场对人才的需求直接决定了新时期民办大学人才培养的模式。

(二)民办大学应用型人才培养目标定位及培养规格定位

高校的人才培养目标定位直接体现了其办学定位,直接决定了所有教学工作的部署,直接反映了国家和社会对其所培养的人才的期望和要求,同时也直接影响了毕业生的未来发展和就业前景;人才培养目标的设置在一定程度上主导着高校可持续发展的进程。因此,高校的人才培养目标定位十分重要。

实践证明,民办大学人才培养目标的定位,需要以办学实践中的定位为依据,突破"高大上""大而全"精英教育理念,摆脱制度上的惯性,扬弃传统教育中存在的重理论、轻实践,重学术、轻人文,重研究、轻应用,重知识、轻素质的模式倾向,坚持以人为本,树立市场理念,依靠民办大学自身办学长处和地域特点,形成属于自己的教育特色,以培养适合地方经济发展和社会发展的人才,填补人才供求的缺陷,体现新时代民办大学的办学优势。因此,在民办大学基本定位的基础上,新时代民办大学人才培养模式总体目标应确定为:培养基础理论扎实、专业知识实用、实践能力强、综合素质高、德智体美全面发展,适应地方与区域经济和社会发展高级应用型人才。

人才培养规格是人才培养目标具体化的人才培养质量标准,应用型人才培养规格应从专业知识、实践能力和综合素质三方面入手,以立德树人为根本任务,培养学生拥有良好的思想品德和健全的心智,且具有一定的科研水平和相当扎实的实践能力,成为拥有健康的体魄,在德育、智育、体育、美育方面全面协调发展的高素质人才。

第三节　民办大学应用型人才培养模式创新

一、人才培养模式的概念与内涵

参阅《现代汉语词典》，"模式"一词的标准定义为：某种事物的标准形式或使人可以照着做的标准样式。由此可见，我们称之为"模式"的东西，必然是标准化、范式化、系统化、定型化的典型，具有一定的指导性。而人才培养模式并不是一个环节简单的模式，由于人才培养模式涉及的方面非常广，互相交织的因素也非常复杂，因此内容也相对丰富，其定义在学术界一直众说纷纭。各类期刊文献上关于人才培养模式的定义莫衷一是，但仔细揣摩又多有异曲同工之处，这说明人们对人才培养模式的理解已经逐渐清晰，并形成了统一和相对规范的概念界定。

教育部于 1998 年下发的《关于深化教育改革，培养适应 21 世纪需要的高质量人才的意见》将人才培养模式定义为："学校为学生构建的知识、素质结构，以及实现这种结构的方式。"有专业人士认为："人才培养模式是在一定教育思想和教育理论的指导下，为实现人才培养目标（包含人才培养规格）而采取的某种标准构造样式和运行方式，它们在实践中形成了一定的风格或特征，具有明显的系统性和范型性，具有重复性、稳定性和可操作性。"在此基础上，新时期民办大学人才培养的模式应定义为：在一定的教育思想和教育理论指导下，为实现人才培养目标而运行的一系列培养要素，包括培养规格、培养体系、课程设置、培养途径以及培养机制，等等。

人才培养模式不只是培养理念、培养规格、培养体系、课程设置、培养途径以及培养机制等培养要素的简单组合或者罗列，而是一个有机的系统结构，是人才培养实践中所形成的定型化范式整体。

（一）培养理念

培养理念是人才培养的风向标，由培养理念而滋生的教育思想和教育理论支配着整个人才培养模式的构建方式。

（二）培养目标

培养目标是人才培养模式构建的出发点，同时也是人才培养的目的。合理的人才培养目标设置直接决定了其他人才培养要素的配备，也决定了所培养出的人才的质量；因此我们说培养目标既是人才培养的出发点，也是其目的地。

（三）专业设置

高校的专业设置是基于学科和社会分工的一种教学组织形式，专业的设置不但直接影响高校的招生、学生就业与高校的长远发展，而且还反映出高校的办学定位和整个人才培养模式构建的培养规格。优化的专业设置是高校人才培养的前驱保障。

（四）培养体系

在整个人才培养构建的过程中，培养体系无疑处于一个核心的地位。培养体系是根据整个人才培养模式的要求，特别是人才培养目标和人才培养规格的要求，将教学内容和课程体系进行整体结构化的构建。"如果说人才培养目标与规格还只是对受教育者的知识、能力、素质等方面提出的理想预期的话，那么人才培养体系在很大程度上则决定了受教育者所能形成的知识、能力、素质，决定了人才培养目标能否成为现实。"

（五）培养途径

高校在构建了与其培养目标和培养规格相一致的培养体系后，应建立与之相对应的培养途径。人才培养途径即人才培养的方法、手段和组织形式，包括教学活动等一系列人才培养方法。培养途径也可以说是一个内涵丰富的教学方法的结合体。

（六）培养机制

人才培养机制是人才培养模式的重要组成部分，它的设置是人才培养模式成功实现的外部环境和保证。培养机制设计的依据是培养途径和培养体系等先决性因素，科学、合理的培养机制能够保证人才培养模式的正常运行，进而创造出有利于人才培养的制度保障。

二、民办大学应用型人才培养模式界定

民办大学应用型人才培养模式属于人才培养模式的一种类型，这种模式通过

一定的标准构造样式和运行方式,以知识为基础,以能力为重点,以服务为宗旨,注重知识、能力、素质的协调发展,实现学习、实践和职业技术能力相结合。我国高等教育人才培养模式大体分为通才培养模式、应用型人才培养模式、专才培养模式和技能人才培养模式等,其中应用型人才培养模式是一种较新的人才培养模式,适合于新时期民办大学的发展。所有的人才培养模式都要服务于人才培养目标,传统的高等教育一般采用通才培养模式,在教学上注重传授理论知识,而大部分实践性的教学也都是为了得出理论知识或者验证理论知识;因此,通才培养模式下的人才是掌握完整系统性理论知识的人才。但不可忽视的是,通才教育模式所培养出的人才由于相对缺乏实践环节的培养,其掌握的理论知识经常会脱离实际工作,出现眼高手低的现象,是高等教育不可回避的问题。

应用型人才创造社会价值的武器是其学科与实践相结合的综合能力,而非精专的理论科学知识。因此,应用型人才培养模式最为强调的就是综合能力的培养,以实际应用能力为培养模式的中心,为社会培养出专业基础扎实、实践能力强、综合素质高、创新能力强、发展潜力大的德、智、体、美全面发展的复合型人才。

三、民办大学应用型人才培养模式的基本特征

(一)培养目标能力化,针对性增强

应用型人才培养模式应以培养学生实际应用能力为主要人才培养目标,以能力为核心,以综合素质为主线,以实践为基准,有针对性地培养出能力突出、综合素质高、应用性强的应用型人才。

(二)人才培养定位和专业设置均以市场需求为导向

应用型人才培养模式应坚持以市场的需求为标准,其社会实践基础是地方或者区域的经济建设、产业和技术结构、社会及文化发展等,应用型人才培养模式,包括其专业设置,都应以此为服务方向,但并不是完全被动地按照市场定专业,而是应积极主动地预测市场需求的变化,及时调整自身人才培养方案,使专业与行业相对应,以增强社会竞争力。

(三)培养方式彰显特色

应用型人才培养体系具有"双重性"特征,强调理论教学与实践教学同步发展,以培育出理论基础扎实而又具有较强实践能力的人才。在培养途径上实现多

元化和层次化,重视产、学、研的结合与校企合作,最大限度地提供专业实践机会。培养机制上坚持"以人为本"原则,使学生的个性与教育的共性优质结合,优化人才培养空间,杜绝封闭式的机制,以建立起富有弹性的人才培养机制。

第一篇 01

第一章

民办大学党建创新模式和体系建设

　　随着民办高等教育的不断发展壮大,在高等教育日益普及的今天,民办大学已经发展成为我国社会主义高等教育的重要组成部分,同样承担着培养社会主义建设者和接班人的重任。但是民办大学与传统高等院校相比,在体制机制、运作模式、管理创新及学生群体等方面都有其特殊性。因此,积极构建与探索适合民办大学的党建模式是机遇和挑战并存的新课题,对民办大学的自身发展也具有十分重要的指导意义和现实意义。

　　习近平总书记在全国高校思想政治工作会议上指出:"办好我国高等教育,必须坚持党的领导,牢牢掌握党对高校工作的领导权,使高校成为坚持党的领导的坚强阵地。"①民办大学是我国高等教育的一支重要力量,也必须成为党领导的坚强阵地。目前,我国民办大学在校生已达 600 多万,占全国普通高校在校生的近四分之一。全面加强民办大学党建工作,落实党的教育方针,保证民办大学正确的办学方向,必须积极探索民办大学加强党的建设的有效途径,创新工作方式方法,破解难题障碍,开拓党建工作的新局面。

　　2016 年 12 月,中共中央办公厅印发了《关于加强民办学校党的建设工作的意见(试行)》,为新时期民办大学党建工作提供了基本依据。《意见》共 8 个部分 20 个条目,概括起来,对民办大学党建工作有三方面的意义:第一,明确了民办学校是社会主义教育事业的重要组成部分,同样承担着培养社会主义建设者和接班人的重任,必须加强党的建设,必须全面贯彻党的教育方针,坚持社会主义办学方向,落实立德树人的根本任务;第二,为破解民办学校党建工作面临的新情况新问

---

　　① 习近平.政治工作贯穿教育教学全过程　开创我国高等教育事业发展新局面.人民日报,2016 – 12 – 9.

题新挑战提供了基本遵循;这些新情况新问题有党组织覆盖率比较低、隶属关系不明确、党组织书记队伍不强、党员教育管理松散、党组织监督作用发挥不到位、思想政治工作薄弱等;第三,明确了民办学校加强党建工作的原则:按照全面从严治党要求,坚持和加强党的领导,充分发挥民办学校党组织战斗堡垒作用和党员先锋模范作用,确保民办学校按照党的要求办学立校、教书育人。

从现实看,民办大学只有在党的领导下才能实现党管办学方向,确保党的路线、方针、政策在民办大学得到全面贯彻落实;才能实现治校改革,确保民办大学发展规划、治理结构、重大改革等工作沿着正确轨道健康发展;才能实现立德树人的根本任务,把培养德、智、体、美全面发展的社会主义事业合格建设者和可靠接班人的要求落实到学校工作中去。

本章节采用马克思主义系统论观点,以民办大学作为研究对象,对现行机制下民办大学党建工作中的制度与体制建设、基层党支部建设及主题教育活动创新体系建设等进行探索、分析,研究各项工作的创新措施,规划工作构建体系,以便为民办大学党建工作提供一套行之有效的工作方案;主张以制度建设为基础,以主题教育为经,以支部建设为纬,全面构建民办大学党建工作新体系,从而进一步促进新时期民办大学党建工作持续、健康、稳定、和谐的发展。

第一节 基于政治建设的民办大学党建制度体系和工作机制构建

一、明确高校党建工作重点任务,细化工作措施,强化工作抓手

新时期民办大学必须把政治建设放在学校建设的首位,党的十九大报告强调,"党政军民学,东西南北中,党是领导一切的",强调了党对社会主义事业全方位的领导,民办学校也不例外。民办大学党委要充分确保董事会领导下的校长负责制,保证党的政治核心地位和保障监督作用的有效发挥,深入学习贯彻习近平新时代中国特色社会主义思想和党的十九大精神,及时传达和学习习近平总书记重要讲话精神和中央重大决策部署,结合实际,组织领导班子带头宣讲,开展干部轮训、支部专题研讨、开办讲习所等方式,细化工作有效措施,强化工作抓手,用习

近平新时代中国特色社会主义思想武装头脑、指导实践、推动工作。

民办大学党委要突出政治建设,全面加强领导班子政治素质提升,认真落实党委中心组学习等制度,对照树立"四个意识"、坚定"四个自信"的要求,不折不扣地严明党的政治纪律和政治规矩等,严肃认真开展批评和自我批评,加强作风建设。要时刻把握民办学校的主要职能建立在立德树人这个根本任务上,回归到民办大学的办学初心。加强党建的目的就是为了使民办学校能培养出更多德、智、体、美全面发展的社会主义建设者和接班人。

二、组建党务系统组织机构,明确职能,完备制度

民办大学党组织制度建设是民办大学党委开展工作的基本保障,中组部、教育部联合下发的《关于加强社会力量举办学校党的建设工作的意见》规定,民办大学党组织的工作职责是对学校教学和行政管理工作中的重大问题提出意见和建议,支持学校行政管理机构和行政负责人依法办学。中共中央办公厅下发的《关于加强民办学校党的建设工作的意见(试行)》明确了民办学校党组织是党在民办学校中的战斗堡垒,发挥着不可或缺的政治核心作用,主要体现在保证政治方向、凝聚师生员工、推动学校发展、引领校园文化、参与人事管理和服务、加强自身建设等六个方面。

完善组织设置和工作机制、加强党组织班子成员和党务干部管理、做好发展党员和党员教育管理服务工作、严格组织生活制度、认真贯彻民主集中制、强化党组织日常监督和党员民主监督、抓好党风廉洁建设等是民办大学党委的份内职责。民办大学党委必须对党组织设置、主要职责、议事规则、会议制度、工作制度以及党组织负责人选任管理、工作保障、督查考核等进行明确规定,形成系统有效的党建工作规范。民办大学党的建设首要保证"三落实",即落实党务组织机构、落实党务人员、落实各项党建规章制度。民办大学应设立专门的党务机构,根据规模大小安排专兼职党务工作人员,从组织机构上为党组织发挥政治核心作用提供保障。要根据民办大学的特点建设一套行之有效的党建规章制度,明确民办大学党委(总支)和各党支部职责、职能,充分发挥党组织在学院思想、政治建设和安全稳定中的作用,发挥党组织在学校坚持社会主义办学方向,依法办学中的监督保障作用。

民办大学成立党委后,应该建立党组织相关职能部门,并按组织程序建立覆盖全校的基层党支部,全面完善基层党组织的体系构成,并制定党支部各项工作职责和工作制度。

三、结合实际,规范规章,推动制度创新

(一)民办大学应以党政联席会议制度为基本决策议事制度,保证党的领导

民办大学要始终坚持党的领导与依法治校的有机统一,推动民办学校把党组织建设有关内容纳入学校章程,明确党组织在学校法人治理结构中的地位,保证党组织在重大事项决策、监督、执行等环节有效地发挥作用。

民办学校党组织书记应通过法定程序进入学校董(理)事会,在办学规模大、党员人数多的学校,符合条件的专职副书记也可进入董(理)事会。党组织班子成员应按照学校章程进入行政管理层,党员校长、副校长等行政领导班子成员,可按照党内有关规定进入党组织班子,以党政联席会作为基本决策议事核心班子。

民办大学党政联席会制度是健全和完善民办大学集体领导,党政分工合作、协调运行切实可行的工作机制,可以有效提高民办大学党政领导班子议事决策的民主化、科学化、规范化水平。通过党政联席会议,党组织积极参与学校重大的决策,实施党组织的监督保障,发挥党组织的政治核心作用。民办大学党政联席会议议事范围应包括:(1)学习上级有关重要文件、指示和会议精神;(2)研究贯彻执行党的路线、方针、政策,研究贯彻落实上级领导机关和学校有关的决议、决定等,履行政治责任,把好政治关;(3)研究制定、修改和完善学校的总体发展规划、年度工作计划、年度工作总结,重要改革措施和规章制度;(4)研究和决定学校党政部门的思想建设、组织建设、作风建设、反腐倡廉建设、制度建设的重要事项,讨论决定学校意识形态,思想政治和德育、文化建设、安全稳定、保密、统战和离退休等工作;(5)研究决定学校教育教学、科学研究、学科建设、师资队伍建设、学术交流、社会服务、文化传承与创新等工作中的重要事项;(6)研究决定学校内机构设置和人员聘任、人才引进、考核、奖惩、出国、晋级、专业技术职务评聘等工作中的重要事项;(7)研究决定学校年度经费预算、大额经费使用、大型设备购置、办学资源调配、绩效分配等财务方面的重要事项。

各民办大学凡涉及教学、行政管理及师生员工切身利益的重大问题和重大事

项,都应当经过党政联席会议来讨论决策。在实际工作中要以规章制度的形式规定决策程序,检查考核及责任追究,从制度上保证学校重大事项由集体决定的原则,在实践中进一步明确党委和党政联席会所承担的职责和作用,进一步明晰议事决策内容、程序和要求。

(二)民办大学应建立民主管理委员会制度,重大事项实行民主监督

民主管理是高校管理改革的重要内涵,在民办大学如何实行民主管理,构建合理有效的民主管理机制尤为重要。"民主"源于古希腊文 demokratia,由 demos(意为"人民"和"地区")和 kratos(意为"权力"和"统治")合成,其基本含义就是"人民的权力"或"人民进行统治、治理",人民按照平等和少数服从多数的原则来共同管理国家事务。它以多数决定、同时尊重个人与少数人的权利为原则。

美国教育学家尼尔·汉弥尔顿(Neil W Hamilton)曾指出,美国大学民主管理的传统源自于美国人对大学特殊使命的理解。他指出,大学董事会的成员和行政人员必须认识到,在大学中,知识、思想和科研成果是由广大教师在基层的教学和学术研究中积累和创造的,而不是由行政管理者在管理岗位上创造的。教师们最有资格和权利就教学与学术问题发表意见,而行政管理者的任务则是尽可能地为广大教师进行知识的创造和对大学生批判精神的培养创造良好的条件和环境。他鲜明地指出了学术权力和行政权力的关系。民办大学的董事会领导下的校长负责制与美国大学所实行的由董事会、行政部门及教授分工合作的民主管理模式有很大的共同性。

我国民办大学的管理思想可追溯到民国时期。中国高等教育改革的伟大先驱蔡元培先生就曾积极倡导学校实行民主管理,反对专制式的学校管理。1912年,他在出任中华民国临时政府第一任教育总长时所起草的《大学令》中最先体现了"教授治校"思想,"大学各科各设教授会,以教授为会员,学长可随时召集教授会,自为议长"。规定大学设评议会和教授会,参与学校的决策和重大事务的审议。他的教育管理思想的核心是民主和自治。人民教育家陶行知更是把民主思想付诸于他所举办的每所学校中。他认为管理学校的最好组织形式是建立学校董事会。在教育管理实践中他还提倡学生自治,鼓励学生参与学校管理。从国内外民主管理的实践中,可以看到都特别强调教职员工在民主管理中的作用。

关于高校民主管理的概念,不同的学者有不同的看法,有的认为,高校民主管

理首先是指教职工群众当家作主的管理制度,其次是学校管理活动原则的民主化,再次是指学校管理过程机制的民主化。概言之,高校民主管理是指在民主集中原则的基础上形成民主合力机制的教职工群众当家作主的管理制度。有人认为,民主管理是在我国高等院校坚持社会主义民主,保障教职工行使当家做主的权利。学校有关重大问题和涉及教职工切身利益的问题都要经过教职工集体讨论,学校领导应接受教职工的监督、评议,对不称职的领导,教职工有权建议撤换。

从民办大学的实践看,学者们对我国高校内部民主管理的主要形式认识不一。有的认为在高校管理实践中主要有校务公开制、教代会制以及学生自主管理三种形式;有的认为推进高校民主管理要处理好民主管理与行政管理、民主管理与集中管理、党委会与教代会、校长与教代会、教代会代表与教职工等十大关系;还有学者认为,高校民主管理的有效途径与重要保证有两点:一是充分发挥教代会的民主管理与民主监督的作用;二是处理好民主管理与行政管理之间的关系。因此探索民办大学民主管理的模式具有很大的空间和现实需求。

在民办大学实行民主管理委员会是一条可行之路。民主管理委员会是教代会的常设机构,通过加强教代会赋予该委员会的民主管理职责,使其充分参与讨论学校的发展、建设和改革等重大问题,审议涉及教职工权益的重要规章制度和改革方案、涉及教职工生活福利等重要事项,参与学校工作的民主管理和监督。通过规范规章制度和民主管理委员会制度可以为贯彻民主集中制原则和行政领导独立行使职权提供保障,为民办大学重大决策的科学化、民主化奠定制度基础。如制定校务公开和民主管理委员会决策制度,构建起教师代表参与决策的机制,通过强化这一机构的性质和功能,使得教师在有关重大、具体问题的决策中能够直接参与,从而使广大教师的意愿在决策中得到明确的表达和体现,对学校行政工作进行民主监督,从制度上保证教职工参与学校民主管理与监督。

(三)民办大学干部选拔任用必须规范,杜绝一言堂和随意性

民办大学应该探索实行党委主导下的干部选拔任用机制,建立科学规范的党政领导干部选拔任用制度,形成有效管用、简便易行、有利于优秀人才脱颖而出的选人用人机制和管理监督机制,建设一支信念坚定、为民服务、勤政务实、敢于担当、清正廉洁和忠实践行"三严三实"内在要求的高素质干部队伍。选拔任用干部必须坚持以下原则:坚持党管干部原则,坚持任人唯贤原则,坚持德才兼备、以德

为先原则,坚持注重实绩、群众公认原则,坚持民主、公开、竞争、择优原则,坚持民主集中制原则和分级分类管理原则、依法依规办事原则。

民办大学选拔任用干部,必须强调党的基本理论、基本路线、基本纲领、基本经验、基本要求,必须全面贯彻党的教育方针,全心全意为广大师生员工服务,符合结构合理、团结坚强的领导集体的要求。应当注重培养选拔任用年轻优秀的干部,用好各年龄段干部。应当树立注重基层的导向,注重学院机关与院系干部之间的交流。

规范民办大学干部任用,应实行党政领导干部任职前公示制度。对拟提拔任用的干部应当在全校范围内进行公示,实行党政领导干部任职试用期制度。对新担任领导职务的,试用期为一年,试用期满后,经考核胜任现职的,正式任职;不胜任的,免去试任职务,一般按试任前职级安排工作。行政领导职务实行聘任制,学院党委会、领导班子讨论决定后,按规定的程序聘任,聘期一般为该岗位的标准任期。

(四)加强对学生党员的教育管理

在基层党支部的建设中,民办大学应侧重做好学生的入党启蒙教育和积极分子的早期培养,坚持发展学生党员的标准和程序,加强对学生党员的教育管理。应充分发挥辅导员在学生党建工作中的作用,明确辅导员是学生思想政治教育和管理的专职政治工作者,做好学生党建工作是辅导员的重要职责。加强对辅导员党建工作的培训和培养,辅导员要掌握学生政治状况,做好分管学生的党建工作,民办大学应把学生党建工作纳入到辅导员业绩考核中。

四、协调配合,形成合力,严格执行制度,巩固建设成果

在实际工作中,应充分发挥基层党支部作用,以党员为示范先导,形成合力维系学校党建制度建设成果。

民办大学党组织应该逐级设立邓小平理论研究会、马列主义学习小组等研讨组织,以引导广大学生在学生党建研究、"三个代表"重要思想、科学发展观、习近平新时代中国特色社会主义思想、时事政治等方面开展学习,用社会主义核心价值体系武装头脑。同时,办好校刊、校报及校园广播站,同时创建民办大学党建网页和微信公众号等宣传党的方针政策。

借助"两课教育"的前沿阵地,加大对民办大学学生的正确思想引导,努力确保党建工作的外延型发展模式。党建工作的顺利开展,要借助课堂,加强对非党员学生的教育和感化。通过课堂,引导学生掌握邓小平理论的科学体系和精神实质,努力实践"三个代表"、科学发展观和习近平新时代中国特色社会主义重要思想,坚持辩证唯物主义与历史唯物主义,树立科学的世界观、人生观、价值观。以"早选拔、早教育、早培养"的工作方针,推动民办大学党建工作的全面开展,以此改变民办大学部分学生意志消沉的状态,形成积极向上的精神面貌,以巩固民办大学党建工作成果。

五、以凝聚力工程为中心,夯实党组织建设的群众基础

密切联系群众,代表广大教职员工的根本利益是由中国共产党的性质所决定的。民办大学党委应当始终把群众利益放在首位,经常倾听教职员工的意见和建议,及时向行政领导反映教职工的思想动向;以凝聚力工程建设为中心,切实维护教职工的根本利益,夯实党组织建设的群众基础。

民办大学党委应当定期举行和群众谈心活动,倾听群众心声。党委主要负责同志要实行和每一名党员谈话、和部门主要负责人谈心等制度,关心党员和群众的政治思想和生活。民办大学应成立教代会,组织职工参与学院民主管理,反映教职工的要求,维护广大教职工的合法权益。通过工会开展健康工程和送温暖工程,定期走访有病和困难职工;组织教职工开展各种有利于身心健康的文体活动,活跃教职工业余文化生活,促进教职工之间的感情交流,使工会真正成为广大教职工的家、党委联系群众的桥梁、行政领导听取群众意见的重要渠道。以上述思想为指导,应制定学校内部职称评定晋升办法,激励广大教师努力钻研业务,不断提高教学质量,使青年骨干教师在事业发展上有希望、有奔头;学校内部要定期召开民主党派人士座谈会,认真听取党外群众的意见和要求,增强党委决策的科学化、民主化。

民办大学党委政治核心作用的充分发挥将保障党建工作的顺利开展,创新民办大学的党建工作理念,也将为民办大学党建工作开拓出一条全面创新之路。

第二节　党建活动方式创新和学习型党组织建设

一、加强基层党支部核心建设,特色鲜明,联动发展

民办大学基层党支部特色建设是保障学院党建工作顺利开展的重要组成部分,基层党支部的特色活动开展有利于民办大学党建工作总体质量的提升。民办大学基层党支部管理工作是一项复杂的系统工程,党务工作者必须积极开辟新途径,探索新办法,总结新经验,努力在党建工作的内容、形式、手段、机制等方面进行创新,不断加强学生党员教育管理工作,永葆党组织青春活力。中国共产党一直在贯彻落实建设学习型社会和学习型政党的战略任务,建设学习型基层党组织是完成此项任务的重点工作。高校作为发展新生代党员的主要阵地,其学生党支部的建设必然成为高校党建工作的重中之重。民办大学作为我国高等教育的重要组成部分,应该在科学发展观的指导下,积极拥护党的方针路线,将学习型党组织的建设作为一项重要的政治任务来执行,通过长期的探索与实践形成一套健全的学习型党组织建设体系。

(一)特色活动,提升支部组织生活内涵

开展主题特色活动,是建设特色党支部的有效途径之一。所谓主题活动,就是根据党支部的发展计划,围绕一个阶段的组织生活中心,确定阶段性党员活动主题;主题的中心内容要集中体现实际性、先进性,符合支部所在部门的发展策略,代表广大学生的根本利益。

民办大学基层党支部开展活动应结合民办大学青年学生有热情、爱动手的特点,尝试创建以奉献爱心为核心的"爱心支部"、以清除身边环境污染为核心的"环保支部"、以树诚信讲正气为核心的"诚信支部"、以勤学苦练为核心的"专业攻坚支部"等。在实际工作中要充分发挥学生党员的作用,开展党员助学零距离活动,将科学理论落实到实际行动中,如可以选调高年级学生党员担任新生班级的小先生,解答各类疑难问题,随时为身边同学提供帮助;或开展以"革命先辈在身边"为主题的特色活动,拉近学生与革命先辈的距离,树立学生的服务意识。

开展特色活动是党支部凝聚党员的重要平台,是党支部活力的力量源泉,也是党支部持久生命力的纽带。通过特色活动的开展,可进一步提高基层党支部的凝聚力和向心力。

(二)理论与实践相结合,学习过程新颖化

建设特色支部不仅要强调活动方式新颖,同时要加强理论与实践相结合的特色,提高学习效果。政党的先进性首先体现为理论的先进性,没有先进理论武装的学生党员,不能有效发挥先锋模范作用。不认真系统地进行理论学习,学生党员就无法深刻理解掌握"三个代表"、科学发展观和习近平新时代中国特色社会主义思想。坚持理论学习是学生党员坚定信念、增强党性、做好工作的前提和基础。因此,加强基层党支部的理论学习是建设特色党支部的重要途径。

民办大学应以党支部为单位,建立理论学习小组,充分发挥不同学生的特长。比如性格外向、有组织能力的党员,可以担任主持人、召集人;有文字特长的党员,可以撰写理论学习文章;有美术功底的党员,可以编撰画报等,这样既锻炼了学生党员,又可以在广大同学中产生巨大的辐射力量。在实际工作中,还可以采取"新老传承"的方式,将例行的理论学习变成形式多样的实践手段。借助各大节日,将理论与实践相结合,如开展"五四祭扫烈士陵园"等活动,以激发广大党外积极分子和学生党员的参与热情,从而将组织生活与实际生活相联系,拓宽学生的思维空间和实践领域。

(三)搭建网络平台,突出特色主题

民办大学基层党支部可以充分利用网络平台,扩大理论教育的受众面。党支部可以尝试建立理论学习网站,此类网站要具有鲜明的阶级性和党性,要旗帜鲜明地宣传马列主义、毛泽东思想、邓小平理论和"三个代表"重要思想、科学发展观及习近平新时代中国特色社会主义思想。同时,理论学习网站应具有生动性、实效性、互动性。党建工作者可通过在理论学习网站上展示生动丰富的党组织生活图片、播放国家领导人重要讲话和党的先进人物事迹报告等,使学生在欣赏浏览中愉快地接受主流价值观的熏陶。

建立网上党支部、网上党校,举办网上组织生活会、研讨会等是现今条件下较为先进、较为流行的沟通方式。网建工作应充分利用网络特点,通过在党建网站上设立心理咨询、论坛等形式,建起师生沟通的桥梁,形成师生交流思想、传播信息和知识的新阵地。可以将网络作为窗口平台,建立网络服务机制,将党建活动的成果通过网络加以展示,以吸引学生关注,激发学生的入党热情。

(四)强化党员考核制,保障特色支部发展

建设特色党支部,归根结底是要使党支部通过自己的特色,真正发挥战斗堡垒的作用。调动每名师生党员的积极性、提升党员自身责任感是建设特色党支部的关键问题,通过"党员考核制"可以监管特色支部的建设,有利于党支部日常工作的顺利开展。

为规范党员考核制度,可采取打分方式,通过积分衡量党员的日常表现,阶段性公示分数可以让全体同学监督。此项制度可与考核转正、党员年度评议、党员评优等挂钩,以激励党员自身的正向成长,促使他们形成力争上游的主动性、积极展现党员风采的良性循环。完善年度考核制度,每年对所有正式党员进行一次全面考核。如民办大学基层党支部可通过开展党员考核,帮助学生党员总结自我、正视自我、改善自我,使学生党员在成长的道路上增长才干,不断提高。

民办大学全体党务工作者需要进一步解放思想、大胆实践,不断提高工作的针对性和实效性,扩大工作覆盖面和影响力,以开创民办大学学生党建工作的新局面,培养更多的社会主义事业建设者和接班人。

二、依托主题教育活动,创新活动方式,塑造高尚思想和灵魂

为应对未来社会的需求,民办大学党建工作应依托主题教育活动努力营造创新氛围,提升活动档次。活动中应侧重增强学生的工作能力,提升学生的竞争力。部分民办大学采取"3 + 1"的人才培养模式,大一到大三期间,理论学习与实践锻炼并重,大四实行综合实践教学年,学生整年接受实践训练。民办大学对传统教学模式的大胆改革,给党建工作提出了新的课题,传统的学生党员管理模式必然需要调整以适应民办大学的要求。

(一)主题教育活动主题鲜明

鉴于民办大学学生缺乏政治热情,人生观、价值观尚未明确的特点,民办大学党委及基层党团组织在新生入学时要做好两件事:一是要对新生进行党的基本知识教育,通过"祖国我为你骄傲"等大型班级诗歌朗诵比赛或合唱比赛及升旗仪式等系列活动,开展新生社会主义、爱国主义和集体主义教育,使新生明确只有中国共产党才能救中国,才能领导中华民族实现伟大的复兴,从而坚定他们的共产主义信念,使他们自觉向党组织靠拢。通过开展"坚定信念跟党走"等系列活动,增强学生对中国共产党领导中国人民的深刻内涵的理解,坚定学生对中国共产党领导的信念和决心。二是在新生中确定培养目标,并为其提供施展才华的机会,进而把他们送进党校进行系统理论学习,以进一步加深他们对党的认识,并在日常工作中给他们交任务、压担子,让他们担任一定的社会职务,在实践中锻炼,使他们逐渐树立起为人民服务的意识。通过开展"学生农村支教"等实践活动,提升大学生对社会的回报意识,在工作、学习、生活中尽早发挥其在学生中的模范带头作用。

(二)加强主题教育活动的针对性,完善民办大学学生党建工作系统工程

采取"点、线、面、体"一体化教育模式,以个体带动班级、以班级带动年级、以年级带动专业、以专业带动学院全面建设,"点、线、面、体"的一体化教育模式是做好党建工作系统工程的保证。针对民办大学施行的"3 + 1"教育模式,在培养学生的环节要采取"三步走"的方式开展主题教育活动,以激发全院学生的政治热情,提升学生的政治敏感度。

在大一阶段,应突出学习成绩,培养学生的诚信观念。民办大学的学生学习基础较弱,自律性不强,缺乏良好的学习习惯,在成功激发他们的政治热情的前提下,树立学习型党员形象,坚持成绩是发展党员的先决条件。通过"先锋"系列活动的开展树立优秀的示范榜样,帮助新生认识到学习的重要性,以产生学习的动力,形成良好的学风。在具备党员基本标准的前提下,对学习好的学生优先发展,努力培养积极分子并重点选拔。通过升旗仪式、党建讨论等活动增强学生对党性观念的认识;通过诚信教育和考试等环节培养学生的诚信,是现代教育的重要内容,也是是当代学生的基本道德要求。

在大二大三阶段,坚持学习成绩与社会工作并重,凸显影响力和号召力。民办大学中多数党外积极分子是学生干部。在把学习成绩作为考察因素的同时,还要联系他所在的支部了解他的学习、工作、纪律等情况,对乐于为同学服务、工作能力突出的优先发展。这样做一方面有利于积极分子不断提高自身素质,团结同学,增强自己在同学中的威信,另一方面也有利于更广泛地发挥党员的先锋模范作用。在实际工作中,通过开展"纪念改革开放周年研讨"及"深入落实科学发展

观、党的信念记心间"等系列活动,使学生增强使命感和社会责任感,从而为下一阶段顺利就业及步入社会夯实基础。

在大四阶段,要做好向社会输送人才的充分准备,对于基本具备党员条件的,要择优发展。大四阶段,相对优秀的学生经过前期努力加入了党组织,在这种情况下发展新党员的辐射面变窄,但不能排除个别学生一直表现优秀而没能入党的情况存在。在这种情况下可以考虑发展这一部分学生入党。

(三)创新活动载体,增强党建工作的实效性

民办大学党建工作具有导向、育人、凝聚、开发等重要功能,是民办大学精神、传统、作风与理想追求的综合体现。民办大学学生党建工作的开展应当依托丰富的校园文化,从传统的优秀社会价值观中汲取营养,发掘其中具有永久价值魅力的精神元素来教育和启发学生,同时还要适当地汲取其他民族的优秀价值品质和价值观念,努力培育适合时代进步及中国社会发展要求的人才。通过不同阶段的活动,提升学生党员、积极分子和其他学生的思想高度,以增强党性,净化灵魂。

各项主题活动的开展,其根本宗旨是为了培养学生的良好道德风尚和塑造其高尚的思想。主题教育活动的开展要重时效性,如"青年人的责任与使命""振兴中华,我与祖国共命运""理性爱国,从我做起""大学生应该怎样爱国"等教育活动必须抓住有力时机。通过主题教育活动的开展不断增强广大党员的责任感、使命感和荣誉感,充分发挥党员的先锋模范作用,有力推动民办大学党建工作健康、和谐、可持续的发展。

三、建设学习型党组织的探索与实践

(一)民办大学党组织的特点

与传统高校相比,民办大学在办学主体、办学模式、领导体制、运行机制及师生状况等方面都有很大不同。公办大学实行的是党委领导下的校长负责制,党委全权负责学校各方面的事情;党建制度完善,组织结构合理、科学,并都已成型;教师队伍比较稳定,有较高的政治素质和思想品质,教育教学经验丰富;学生整体素质较好。

相对而言,民办大学实行的是董事会领导下的校长负责制。民办大学党委在上级党委领导下开展工作,发挥其政治核心作用,同时又要处理好与学院的领导

者——董事会的关系;党建制度急需完善,组织机构尚待加强;教师队伍年轻化,不够稳定,教育教学经验不足,思想活跃且呈现多元化;学生的整体情况不如公办大学的学生,其政治素养不高,政治敏感度较低。民办大学的学生大多是公办学校的落榜者,这样的生源有着"先天不足"的特点,在生活习惯、学习习惯、思想观念等方面都有其不同于公办学校学生的特殊性;另外,大多数学生家庭条件比较优越,学习兴趣不浓、学习主动性不强,缺乏吃苦耐劳精神和奉献意识。

民办大学党建工作的特殊性决定了在新时期民办大学创建学习型党组织的难度是空前的。民办大学学习型党组织的创建不但需要借鉴各方成功的经验,更需要首先对自身进行综合分析,进而有的放矢地提出建设思路来。

(二)民办大学建设学习型党组织的必要性

1. 学生党支部是民办大学学生学习和生活的带头兵

民办大学与传统高校相比,在资产筹集、隶属关系、管理体制、学生培养模式等方面都有其特殊性,但教育的根本任务和终极目标与传统高校并没有区别,仍承担着为社会培养人才的责任。所以,民办大学必须紧跟高等教育的发展趋势,坚定其办学方向;学生党组织恰恰是承担此重任的最基层单位,在引导学生思想、学习和生活等方面起着积极作用。

2. 学习型党组织的目标与民办大学的人才培养目标相一致

在学生培养目标上,民办大学与传统公办高校是一致的,均以培养德、智、体、美等全方面发展的社会主义建设者和接班人为己任。为实现这一目标,学校需要逐渐引导学生树立正确的世界观、人生观和价值观,培养其高尚的情操。由于民办大学的特殊性质,在当前高等教育发展的新要求和新形势下,要想在探索中取得突破和谋求发展,完成其培养目标和教育任务,就必须发挥基层党组织在学校中的政治核心功能。因此,民办大学建设学习型党组织的目标与学校的人才培养目标高度一致。

3. 学生党组织是民办大学发展和稳定的基石

大学生是活跃、前卫的群体,其思想的波动关系到学校乃至社会的稳定,但民办大学由于其自身的特殊性以及学生的诸多特点,导致在学生中存在许多不稳定因素。因此,民办大学还承担着一项重要的政治使命,即维护学校和社会的稳定。高校基层党组织是与学生接触最为紧密的组织,基层党支部更是学校维稳工作的主要阵地。这对学生党组织的建设提出了更高要求,只有当学生党组织具有较强的凝聚力时,才能充分发挥其对学生的带动及导向作用,进而在学校和学生间发挥桥梁纽带作用,并及时解决学生在思想、学习和生活中遇到的各种问题,妥善地处理各种突发事件,预防恶性事件的发生为民办大学长期可持续发展提供有力保障。

(三)民办大学创建师生学习型党组织的影响因素

1. 上级党组织及董事会的支持

民办大学的党组织实质上是在上级党委与董事会的双重领导下工作的,所以能否获得上级党组织及董事会的支持也就成了民办大学党组织工作能否顺利开展的关键。在此前提下才能形成比较合理的党组织架构及运转机制,党政工作也才能够配合默契,顺利发展。

2. 学习主体的思想意识与理论基础

学习主体的认识偏差,会使学习型党组织建设的动力不足。不少人认为入了党就进了"保险箱",从而放松了对自己的要求,在教师支部党员身上具体表现为:一是"忙"的思想,有些党员"终身学习"的观念和意识淡薄,一说到学习总是抱怨"工作忙、事务杂,没时间学习、没精力研究",这实际上是一种把学习与工作割裂开的错误认识;二是"满"的思想,有些党员觉得自己知识层次高或者阅历广,凭着现有知识可以从容履行岗位职责,这实际上是一种骄傲自满的错误认识,由此导致理论学习的主动性不强,对党的知识和理论理解不够透彻,机械记忆,认识肤浅,进而忽视了自身理论素质的提高。

3. 学习的内容与方式

一方面,民办大学基层党组织的大部分学习内容为各级文件精神、党史知识、业务技能,缺乏系统性课程设计;另一方面,是其学习方法和载体死板陈旧,大多为自我学习、会议学习、培训学习,师生党员把学习当任务,学习兴趣不高。学习方式形式单一,一张报纸、几份文件,一人读,众人听,习惯于用宣传教育、灌输教育的方式推进学习型党组织建设。从学习方式和学习内容来说,需要根据新时期的要求有所改进,不能只是停留在个人自学和传统的组织生活会上。

4. 制度保障

制度保障是否完善,是推进学习型党组织建设工作能否持续开展的关键。中国社会正处于前所未有的深刻变化之中,民办大学又是高教领域的新生事物,必然面临许多新的问题。基层党组织如何充实、落实既有的学习制度,建立新的学习制度,对体现党的政治核心和工作保障意义重大。一方面是组织保障上的"独角戏"现象,虽然各级党组织都成立了相应的组织保障机构,但实践中往往是党务部门在唱"独角戏",缺乏整体联动;另一方面是评价机制上约束有余,激励不足,评价机制难以与学校人事考核机制有机联系,不能发挥广泛的激励和导向作用。

(四)民办大学创建学习型党组织的建设思路

1. 正确的思想导向机制

保持共产党员先进性教育,应重点抓好理想信念及党员先锋模范作用的教育,用中国特色社会主义理论武装头脑,抵御拜金主义、享乐主义、个人利益至上等腐朽思想冲击,逐步形成重视政治学习的氛围。在组织发展上,要不断吸收政治信仰坚定、业务能力和学习成绩优秀、综合素质较高的教工和学生入党。

2. 开放型的学习机制

(1)学习内容规范化

要系统设置学习型党组织建设的"三类课程",一是"必修课",以提高广大党员的思想政治素质为目标,将毛泽东思想、中国特色社会主义理论体系等列为"必修课";二是"专业课",以提高广大党员履行岗位职责的能力为目标,将各类业务知识列为"专业课";三是"选修课",以优化广大党员的知识结构和提高综合素质为目标,将有关文学、历史、艺术等方面的知识列为"选修课"。

(2)学习载体多样化

目前,广大党员通过电视和网络等媒体进行思想政治理论学习,多于通过报刊、文件、书籍、报告会和组织生活会的学习,这说明,网络等新型媒介已经成为新形势下的重要学习载体。要充分利用网络和手机等,占领各类媒体阵地,加强网络教育和数字化图书馆的建设,不断提升学习教育的信息化水平。

(3)学习渠道多元化

要充分利用学校和社会的各种有效资源,组织教育对象积极参加党课学习、组织生活、支部活动、"两课"学习、社团活动、社会实践、网上论坛、辩论及参观访问等,以便对教育对象进行开放的、全方位的教育。特别要引导他们走向社会,通过实地调查研究,利用所学的理论知识对社会现象进行深入思考,以培养他们分析问题、解决问题的能力。

（4）学习生活化、工作学习化、学习终身化

学习型党组织改变了学习和工作的过程，以前我们只是在工作之外进行学习，而学习型党组织告诉我们，工作的过程就是学习的过程。这就要求党员的学习要做到"四个结合"，一是与党建工作结合，社会发展对党建提出了新要求，因此需要加强学习，以适应社会发展的需要；二是与学校中心工作结合，围绕"教风、学风、工作作风"开展各项学习与活动，形成"以学习促工作、以工作带学习"的良好学习氛围和工作局面；三是与工作岗位结合，教工党员要将学习的实效真正落实到提高工作水平、改进工作方法、提高工作成效上，要按照育人工作和各自岗位的需求开展学习，学生党员要时刻体现在自身的成长成才上；四是与个人发展实际结合，党员的学习要遵照中央的要求，符合学校的实际，同时还要与个人的发展规划相结合，以促进个人的全面发展。

3. 健全的组织保障机制

（1）日常学习制度化

民办大学党委应逐步建立集体学习制度、支部书记例会制度、党员挂牌制度、调查研究制度、党员自学制度、学习考核制度和学习内容提供制度等，要充分发挥新老党员的作用，按照积极分子、党员和基层组织负责人三个层次分别实施教育，坚持学习教育不断线，通过不断总结，逐渐形成和完善民办大学党校培训制度。同时，应积极拓展建设学习型党组织的阵地和途径，努力学习其他基层党组织的经验，将调查研究作为重要的学习形式，并进一步形成制度。

（2）建立学习激励机制

制定学习激励制度，教师支部应包括教学科研、党建论文评比制度，优秀党员、优秀教师评选表彰制度和优秀教案、优秀课件评比制度等；学生支部应包括各类竞赛、学业养成、实践育人制度。对在检查评比过程中涌现出来的先进典型进行表彰，以便充分发挥先进典型的示范作用，激励大家奋发向上，营造争先创优的良好氛围。教师支部要在考评基础上把学习作为考察干部素质、评价干部实绩的重要条件，与单位评选先进、干部升降、工作考核挂钩，并与职称评聘、教学名师、先进个人、优秀党员等评选活动相结合。学生支部要与各项评比表彰相衔接，全面推动学习型党组织建设工作的开展。

（3）完善学习保障机制

要努力建立广大党员进行学习和信息交流的设施和环境，以实现信息共享与交流。学校要加大投入，加强学习场所、文化设施、活动场地等硬件建设，同时积极为学习者提供便利的学习条件和进修、培训机会。学校应在人力、物力、财力等方面设立专项计划，为学习型党组织的建设提供物质保障。

建立一套健全的组织保障机制是学习型党组织建设的基本保障。学习靠自觉，也要靠制度，建设学习型党组织是一项长期任务，只有进行时，没有完成时。抓实、抓好学习型党组织的建设工作，关键是要建立健全一套科学完备、符合实际、行之有效的学习制度。

（五）民办大学学习型党组织建设体系

1. 民办大学学习型党组织建设的目标体系

民办大学学习型党组织运行的目标体系是民办大学学习型党组织建设的动力系统。民办大学学习型党组织运行的目标体系包括四个层次：一是个人目标，指确定通过学习，促进每个人全面发展的目标；二是基础目标，是指民办大学每个基层党组织根据本部门的实际状况确立符合本部门发展的基层党组织目标；三是整体目标，指的是确立符合学校自己特点的共同愿景来作为整个学校的整体目标；四是战略目标，指以党的最高理想，作为激励民办大学学习型党组织建设的最高战略目标。民办大学学习型党组织目标体系的运行效果关键在于四个层次的良性协调统一，个体目标和基础目标要以整体目标和战略目标为导向，同时也要把整体目标和战略目标融入到个体目标和基础目标的具体工作中。

2. 民办大学学习型党组织运行的内容体系

构建民办大学学习型党组织的基础问题是"学什么"，只有对这一问题进行清醒认识和冷静思考才能使民办大学学习型党组织建设卓有成效。在社会飞速发展的信息时代，民办大学学习型党组织的建设包含了许多方面内容，其中最突出的就是从建设发展的实际需要出发，履行民办大学应该承担的社会责任，创新学习内容。

（1）以政治理论知识学习为基础

民办大学党组织作为和教师、青年学生接触最为广泛的基层党组织，尤其应该根据新形势、新任务的需要，深入学习马克思主义理论、社会主义核心价值体系、党的历史、党的路线方针政策和国家法律法规，认真把握民办大学发展的规律，汲取事业发展所需要的先进理念。以此为基础，在学习型党组织建设过程中，应真正做到让基层党员干部领会思想内核，学以致用，在提升全体党员干部的思想政治理论水平的同时，在日常的工作、学习和生活中，以先进理论为指导，创造新的业绩。

（2）以历史人文知识学习为底蕴

人文素质是人的重要素质，而且是一种深层次的素质，教育学生学会做人是民办大学教育的重要任务；而学会做人则必须以历史人文素质为底蕴。民办大学学习型党组织运行的内容体系必然要以历史人文知识学习为底蕴，因为人文科学体系既是一种知识体系，也是一种价值体系。在民办大学学习型党组织的构建过程中，学校要特别重视内化，要把知识化成素养；另外就是自塑，靠自己塑造自己。在民办大学基层党组织的学生教育中，要充分挖掘有教育意义的人文历史实例，传达人文理念。

（3）以科学文化知识学习为动力

科学文化知识的学习对人类的进步与发展具有深远意义，科学精神正逐渐成为整个社会倡导追求的人类精神。民办大学学习型党组织运行的内容体系应以科学文化知识学习为动力，积极号召全体成员学习推动人类不断进步的科学文化成果，培养党员干部的科学精神。对于民办大学来说，一方面要培养党员干部在学习科学知识上走在前面，另一方面要培养广大青年学生树立追求真理、信仰真理的科学精神。

（4）以实践经验知识学习为启示

实践是认识之源，在民办大学学习型党组织的建设中，实践经验的学习是不可少的。民办大学的基层党组织可以通过经验交流、参观、访问、调查、考察、社会实践等方式广泛开展实践活动。

3. 民办大学学习型党组织的督导体系

民办大学学习型党组织的运行督导体系建设是抓好学习型党组织建设的重要手段。所谓督导既有督促检查的含义，又有引导指导的意义，不仅可以及时了解基层党组织的工作情况及党员干部的学习情况，也可促进各项学习制度的落实，以保证学习型党组织建设顺利推进，指导学习型党组织建设各项工作有序开展。

（1）建立监督检查机制

民办大学党委应采取各种方法对基层党组织的学习活动情况进行检查,并以适当形式公布检查结果。

①实地调研座谈

民办大学党委可以随机走访各学生党支部和教师党支部,实施调研座谈,与教师、学生党员交流学习体会,听取汇报,检查实际工作效果。

②问卷调查

根据评价指标体系设计学习型党组织建设状况的调查问卷,通过所收回的有效问卷,考核和评价学习型党组织的学习计划落实情况、共同目标完成情况、解决实际问题情况、党组织凝聚力和吸引力情况、党组织成员对党组织的归属感和使命感等。

③定期检查

定期对学习型党组织的学习情况进行检查和登记,主要检查其学习计划、学习内容、学习方法、学习时间以及所达成的共同目标等方面内容。

④定期总结报告

要求党组织及其成员每年进行一次关于学习的书面陈述和总结,主要包括思想认识、学习内容、学习形式、学习成效、存在的问题及改进措施等;组织党员群众座谈,对党员干部的学习作风和学习型党组织的建设情况进行民主测评,并将测评结果作为综合考核的内容。

（2）建立助学指导机制

民办大学党委要建立学习辅导制度,不断创新学习载体,开展反思式、研究式学习,努力改善组织中全体学生党员的心智模式。民办大学各基层党支部书记应带头成为勤奋学习、善于思考、解放思想、与时俱进、勇于实践、锐意创新的模范;要建立开放型的学习模式,善于借助国际国内各种学习资源开展学习;要建立健全党组织的各项学习制度,进一步明确新时期党组织的学习内容、方式和要求。在民办大学各基层党支部,要建立"督学"机制,把党员学习的态度、效果作为衡量这个党组织和党员保持先进性的标准之一,纳入到个人考评,以确保党组织学习的连续性和持久性。

（3）建立激励促进机制

建立切实可行的激励机制,可以为民办大学学习型党组织高效优质运行提供持续动力。民办大学学习型党组织激励促进机制的建立要采用多渠道、多方式措施,不仅要把党员学习情况纳入干部考核体系,开展评优活动,更要挖掘每名党员的潜能,开展全员参与的活动,比如:参观、走访、知识竞赛,等等。民办大学学习型党组织激励促进机制的建立要考虑不同支部的不同需求,比如,教工党支部和学生党支部的特点、需求各有所不同,在建立机制方面就要充分考虑两者的联系与区别。

（4）民办大学学习型党组织运行的评价体系

对于民办大学学习型党组织运行情况的及时评价是保证学习良好运行不可缺少的一环。及时评价既是对前面学习的回顾,同时又是发现新问题的开端,对于下一个阶段的学习有着重要的推进作用,也是使学习活动成为良性循环的节点。因此,民办大学需建立完整、完善的运行评价体系。

①评价指导理念具有政治性

民办大学学习型党组织运行的评价系统应以习近平新时代中国特色社会主义思想为指导,按照"科学理论武装、具有世界眼光、善于把握规律、富有创新精神"的总要求,紧紧围绕民办大学改革、发展、稳定的工作全局,以引导广大党员努力掌握和运用新思想、新知识、新经验,提高思想道德和科学文化素质,增强党员的理论素养、学习能力和解决实际问题的能力为核心理念。通过对民办大学学习型党组织的评价,力争在校园内营造出重视学习、崇尚学习、坚持学习的浓厚氛围,使党组织的创造力、凝聚力、战斗力不断增强。

②评价内容标准具有层次性

民办大学学习型党组织运行评价体系的构建应充分考虑评价内容标准的层次性,根据党员领导干部、教师党员、学生党员等群体的不同要求,采取有层次的评价办法,建立科学的评价办法。可以从态度、学习内容、学习方法、学习绩效、学习实践等几个方面进行考察评价。

③评价方式方法具有民主性

在民办大学学习型党组织运行评价体系建构过程中,应充分发扬党内民主,建立自评、互评、群众评议相结合的民主评议制度。另一方面,应建立双向交流机制,通过思想汇报、阶段性述职、经常性谈心等方式达成双向交流,以确保上情下达、下情上达的渠道畅通。此外,为避免一些将学习视为走过场、走形式的错误倾向发生,还应该让广大教师与学生积极参与到对党组织成员的学习评价工作中来。教师与学生可以通过来信、来电提出建议,提出最为关心的各种问题。

(5)民办大学学习型党组织运行的保障体系

在民办大学学习型党组织运行保障体系建构的过程中,首要的任务是要加强组织领导,做到领导干部率先垂范。

①构建组织保障机制

要充分发挥民办大学党委在创建学习型党组织中的主导作用,建立党委领导、基层党组织推动、有关部门具体负责和全体党员广泛参与的领导体制和工作机制,以保证全体党员全身心投入。要进一步加强和改进校党委、院(系)党组织两级中心组的学习,建设学习型领导班子,引领下级党组织和全体党员的学习。领导干部要以身作则,以高度的政治责任感、强烈的求知欲和积极的进取精神,始终走在学习型党组织建设的前面,努力成为建设学习型党组织的精心组织者、积极促进者和自觉实践者。

②构建资源保障机制

民办大学要充分利用自身的资源优势,尤其要借助大学生思想政治理论课课堂这一阵地进行广泛深入宣传,大力推进中国特色社会主义理论体系进教材、进课堂、进头脑。在民办大学思想政治理论科研立项中重视支持对学习型党组织建设的研究,以科研课题作为载体,对民办大学学习型党组织建设进行深入探讨,以提升学习型党组织的学习层次和学习质量。

③构建资金保障机制

民办大学学习型党组织的建设,容易遭遇资金保障不健全的瓶颈。民办大学是自筹经费的一种办学形式,大部分经费会投入到基础设施建设,经费紧张甚至赤字的情况相当普遍。这也导致了对学习的某些负面影响。为改变上述情况,首先民办大学的各级领导应在思想上对民办大学学习型党组织的建设给予充分认识,建立起多层次、多渠道的专项经费保障机制,做到专款专用,严格审查。民办大学的二级分院(系)党组织应合理使用专项资金,努力使资金投入满足每位党员学习的需求,使每一位党员都能够均衡地得到学习的机会,做到奖惩公正,使大家充分体到"学与不学不一样,学好学不好不一样"。

第三节　打牢意识形态阵地建设的实践探索

一、以制度建设为保障,强化党建工作的思想引领导向

民办大学党委在党建工作中应以"信仰铸魂,立德树人"作为党建工作的中心任务,以"夯实基础,党建工作制度化;优化结构,党建工作系统化;围绕中心,党建管理常态化;提升水平,理论学习专题化;注重评价,党建考核科学化"等"五化"为主要目标,全面提高党的建设水平。推选一批年富力强、广受党员拥护、政治素养高的业务骨干担任党支部书记。学校党委应建立党支部书记例会制,定期组织党支部书记学习、交流或布置工作。

二、以创先争优为抓手,发挥共产党员先锋模范作用

民办大学党委应高度注重基层党支部建设,对党支部书记实行公推直选,利用党校对党支部书记、党员和学生入党积极分子开展培训。同时,民办大学党委应以创先争优为抓手,加强对党员的管理、教育和服务,引导党员开展创先争优、岗位建功、争当优秀党员等活动,例如每年"七一"开展两优一先表彰活动,并把新党员宣誓、两优一先表彰、纪念党的生日结合起来,大力表彰优秀党员,为党员树立学习典型,激励党员人人争做优秀党员。民办大学党委还应该把开展党日实践活动作为党员教育的重要载体,通过创先争优活动,培养一大批优秀教工党员和学生党员。

三、以主题教育为载体,构建三维工作体系

民办大学党委应坚持以理想信念教育为核心,通过典型事例、历史纪念活动、论坛等各种有效载体开展主题教育活动。从学风建设、创新立业、实践育人三维入手,构建"勤学为本,品学兼优"的学风体系和"创新开拓人生,创业成就梦想"的创业体系;打造"知行合一,经世济民"的实践工作体系,最终构筑"励志笃学,成

才报国"的特色校园思想,以便有效地占领民办大学思想意识形态阵地

（一）培育"勤学为本,品学兼优"的学风体系

"学风"最早源于《礼记·中庸》,即"广泛地加以学习,详细地加以求教,谨慎地加以思考,踏实地加以实践"。在教育部颁布的《普通高等学校本科教学工作随机性水平评价方案》评估体系中,包含了三个二级指标:教师风范、学习风气、学术文化氛围,其中学习风气为重要指标之一。因情况客观,民办大学学生在学风养成方面存在有以下问题:(1)学习目的不明确。有些学生因未能树立正确的人生观、价值观,对自己的未来缺乏理想、缺少规划,内在的学习动力不足。(2)学习态度不端正。因为没有正确的学习观、成才观,加上社会转型时期不良风气的侵蚀,很多学生对学习抱着一种得过且过的态度。(3)学习纪律散漫。由于学习态度不端正,学生缺乏学习的自觉性和积极性,有的学生热衷游戏,有的学生沉湎于网吧,有的学生忙于做社会兼职,逃课、迟到、早退现象屡禁不止。(4)学习方法不当。大学教育有别于中学教育,有的学生没能及时调整,尚处于被动应付的状态,导致学习成绩不佳。(5)考风考纪欠佳。部分学生诚信品格缺失,平时学习不踏实,考试作弊时有发生。

培育优良的学风,端正规范学生集体在学习过程中的治学态度和行为习惯,是民办大学立教立学之本。针对上述状况,应积极采取以下措施:(1)启动专业认知教育,培养良好学业情感,激发兴趣动力;(2)"全面考核、过程监控,以考促学";(3)完善学风激励机制,奖优促劣;(4)建立学生考风档案,建设诚信体系;(5)完善"学校—家庭—社会"联动机制,形成合力,督导学业养成控制;(6)制定完备制度,强化约束标准,制定颁发《学生课堂纪律规定》《考试管理办法》《大学生职业资格证书认证管理办法》《考场规则》《素质训练学分管理办法》等制度及文件,全面规范学风建设。

（二）构建"创新开拓人生,创业成就梦想"的创业体系

民办大学应用型人才培养的办学定位,要求办学者要充分把握应用型人才在社会发展过程中的角色价值,其主要体现于对知识和技术的综合转化、具体应用能力以及创业创新精神与良好的职业素养,在知识、能力和素质三维结构中掌控平衡。突出培养学生的就业创业实践能力、社会适应能力、创新创造能力、组织管理能力、信息处理能力和交往交际能力,按照培养目标和人才规格,形成民办大学

一专多能的人才培养特色。

一是构建完善的创新和创业教育模式群。全力支持学生参加各类创新创业竞赛、项目攻关、职业证书考取,重视学生在在创新活动中的主体地位,注重学生个性发展,充分挖掘学生的积极性、主动性和创新性,尽最大可能建设实践基地,以提供保障。

二是培养具有创新意识和能力的新型教师群。培育教师队伍应以保障学生发展为重心,营造民主、宽松的创新氛围,以激发学生独立思考的积极性、创新性。

三是营造良好的创新和创业教育环境群。充分发挥校园文化、第二课堂的作用,以营造浓厚的创新和创业氛围,并依托学校的教育环境与校友资源,建立校友联谊会,为学生提供创新和创业基地。

(三)打造"知行合一,经世济民"的实践工作体系

实践教育是学校校园文化建设的标志。针对民办大学学生"3+1"教学模式中校外实习难于管理的现状,民办大学应建立培养学生就业观及理想信念观并举的教育方式,提升民办高校育人的效果。社会实践活动被誉为最直接的"第二课堂",要切实加强学生的社会实践活动,把提高学生社会实践的能力作为推动素质教育的重要内容,并将社会实践活动纳入思想政治课教学计划和学生综合素质测评体系。学校各级党团组织要根据各自特点建立起相应的社会实践活动基地,并大力开展活动。

1. 举办"践行梦想"系列报告会,导航职业生涯目标

民办大学应为培养学生"知行合一"的理想观,坚持定期举办具有职业导航、实践人生性质的报告会及讲座。学生可通过模范人物的报告会加强对专业及自身发展的认知,进而认真学好专业知识,投身社会实践,并以此来体现自己在社会中建功立业,成才报国的价值。

2. 坚持长期开展社会实践活动,锻炼素质,增长才干

要坚持社会实践与专业学习、服务社会、勤工助学、择业就业以及创业相结合的"五结合"原则,积极组织大学生开展校外暑期"三下乡"、民族文化社会调查、勤工助学、科技环保宣传等活动,逐步增强实践活动的深度和广度,不断扩大活动规模和影响力,形成"高素质、多层次、体现多学科优势"的活动特色。

3. 注重推广志愿服务实践活动,播撒爱心,完善人格,提升境界

通过"一助一"结对帮扶等方式组织大学生深入社区开展文艺演出、医疗服务、法律宣讲、环境保护等社会志愿服务活动。通过志愿者服务工作的推进,培养学生"饮水思源 报效祖国"的动力。

4. 扩大专业实践基地建设,夯实专业实践基础,强化应用操作能力

按照"一实二高三强"(专业基础扎实,外语、计算机水平高,创新能力、实践能力、专业技能强)的人才培养目标,积极探索人才培养模式的改革:完善中外合作培养模式、校内校外合作培养模式、优生优培模式、弹性学制、导师制等,进一步优化人才培养体系,提高就业创业质量。

第二章

民办大学学生思想政治教育体系建设

第一节 民办大学学生思想政治育人工程新模式

一、大学生需要心理分析

需要心理是个体对客观需求所产生的一种内心状态,是对一定事物的要求或追求,是个体行为产生的原因和动力。大学生需要心理反映了其思想动机和行为倾向。因此,针对大学生需要心理的特点,恰当地使用激励方法,会使我们的思想政治教育事半功倍。

(一)大学生需要心理的现状分析

1. 大学生的需要心理是不平衡的

大学生的需要有强与弱、主与次之分,大学生六类需要的相对强度由强至弱依次为:发展需要、尊重需要、交往需要、贡献需要、安全需要和生理需要;而各类所包含的次级需要,其相对强度又不相同。在18种基本需要中,强度最大的前四种需要依次是友情需要、求知需要、自尊自立需要和建树需要。强度最弱的四种需要依次是性需要、权力需要、物质享受需要和躲避羞辱需要。大学生需要发展的这种不平衡性表现在心理上即为对需要的渴望和力求满足心态的不平衡,对强度大的需要产生强烈的不足感和求足心。

2. 大学生的需要心理是复杂多样的

可以分别从个体角度和群体角度来分析,从个体角度而言,每个大学生除了具有18种基本需要外,还具有自身独特的需要,并且每个个体对待需要的强弱取向也存在较大差异;从群体的角度而言,不同性别、学科、年级的大学生群体,对18种基本需要的强度要求存在很大差异,如对归属的需要,男、女、文科类、理工类、大一、大二、大三、大四的学生排序依次是第12位、第8位、第5位、第11位、第13位、第7位、第14位和第8位。大学生个体需要的多样化和群体间的差异性,反映了大学生需要心理的复杂多样。

3. 大学生需要心理是积极向上的

这是由大学生的主导需要决定的,主导需要是指大学生需要结构中占较稳定支配地位的需要。友情、求知、自尊自立和建树的需要是大学生的主导需要,这些需要都是高层次的精神需要;而低层次的需要大都处于较弱的地位。这表明,对于大学生而言,物质需要固然必不可少,但精神上的需要始终占据着优势地位。从总体上讲,大学生的需要心理是健康的、向上的。

(二)大学生需要心理的特点分析

大学生的需要心理不仅与其所处的特定社会地位密切联系,而且与其日益成熟的生理和心理息息相关。大学生所处的环境、面临的任务和所受的教育各不相同,生理和心理都处于青春期的发展时期,其需要心理自然会呈现出自身的特点。

1. 大学生发展需要最为强烈

随着生理的成熟和心理的不断发展,大学生在需要的程度上表现得越来越强烈,特别表现为精神需要占据优势地位,其中发展方面的需要尤为强烈。从总体上看,发展需要是大学生的第一需要。大学生的求知欲非常强,求知需要位于18种需要的第二位。大学生在学校里进行学习的主要目的就是提升自己,将来能够在社会上有所作为,实现自身价值。因此,他们非常注重自己是否能够得到社会的承认。在信息高速发展、科技日新月异的时代,新世纪的到来更加渴求高素质的人才。除了求知需要,大学生的求美需要和发展体力的需要也非常强烈。

2. 大学生需要心理具有差异性

人的需要是一个千差万别的心理构成物,大学生需要心理的差异体现为个体差异和群体差异两方面。一方面,其个体差异表现为在大学生的18种需要中,有12种需要被人选择为第一需要,有的大学生注重生存需要、有的注重发展需要;有的大学生追求物质需要,有的追求精神需要。另一方面,群体差异则表现为性别差异和学科差异等,在性别差异方面,男生对生存、性、躲避伤害、发展体力和奉献的需要程度要大一些;女生在秩序、归属和助人的需要上要大一些。在学科差异方面,由于学科特点导致思维方式不同,使文科生在生存、躲避羞辱、躲避伤害和归属的需要上要强烈一些,理工科生则在秩序、发展体力、建树和奉献的需要上程度较高。

3. 大学生需要心理具有矛盾性

大学生的需要是复杂多样的,往往有多种需要同时存在。由于这些需要的层次、性质、作用不同,在其发展过程中总是处于相互矛盾的状态,一方面大学生的需要心理具有内在矛盾性,表现为大学生满足需要的渴望与大学生满足行为的无效性之间的矛盾。这是大学生自身的不成熟性、追求的多变性所引起的必然结果。有些大学生没有认识到什么是自己真正的需要,加之来自外界因素的诱惑,致使其需要和追求总是发生改变,行为的方向和强度也随之调整。另一方面,大学生需要心理具有外在矛盾性,表现为个人需要和社会需要的矛盾。个人需要受社会需要的制约,但个人需要又往往与社会需要之间存在着一定差距。当个人需要和社会需要的矛盾没有得到适当有效的调节时,大学生往往会产生自我性倾向,表现为注重个人需要,强调个人利益,而忽视淡漠他人、集体和社会的需要。

4. 大学生需要心理具有功利倾向性

大学生需要心理的功利性倾向主要是指过度追求眼前物质上的利益和功效。这也是浮躁、拜金、崇权的社会风气所带来的负面影响。追名逐利的思想日渐渗透到校园中,促使大学生也较多地注重物质利益,追求自我利益的实现,进而形成了较为普遍的功利思想。这种功利性倾向表现为大学生求知需要日趋务实,建树需要偏向重利,享受需要增强而奉献需要薄弱。

二、思想政治育人工程模式创新

以应用型人才培养为主的民办大学,在"大思政"的背景下逐渐认识到了思想政治教育对人才培养的推动作用,因而开始积极探索思想政治育人工程模式。通过对大学生需要心理的分析,可以发现,激励在大学生思想政治教育中的促进作用十分明显。激励中的一些原则和方法具有较强的普适性,因而在现有激励方法的基础上借鉴和运用这些原则,会产生显著效果。

（一）注重目标激励,加强思想政治教育激励的导向性

大学生的需要心理具有矛盾性和功利性特点,这就要求思想政治教育者在激励方法上应注重目标激励,对大学生的需要心理做好引导工作。大学生需要心理的矛盾性和功利性体现了大学生在思想意识方面存在着一些问题,思想政治教育者应在把握大学生需要心理的矛盾和功利倾向的基础上,帮助大学生树立正确远大的目标,最大限度地调动大学生的积极性。

大学生需要心理之所以存在着内外矛盾,且功利性倾向较重,是由于大学生缺乏合理的近期目标与长远目标,运用目标激励法要特别注意目标的可行性与效能性。通常采用"大目标、小步子"的方法,即根据自身实际确立不同时期、不同阶段的目标,当阶段性的近期目标实现后,大学生体验到了成就感,此时再向更高的目标努力,以便最终达到预期的长远目标。经过这样的努力,可以调整大学生需要心理的矛盾,引导大学生树立更为远大的理想,从而把思想政治教育提高到新的高度。

（二）积极强化,加强思想政治教育激励的针对性

大学生的需要心理具有差异性特点,要求思想政治教育不仅要重视群体教育,也要重视对个体的引导,并且在思想政治教育激励过程中,应考虑教育对象的差异性,做到区别对待,因材施教,积极强化。强化理论告诉我们,对人们的思想行为表现,要及时给予强化。奖励是正强化,惩罚是负强化。思想政治教育要坚持奖励与惩罚相结合的方法,从不同侧面,教育和提高大学生的思想觉悟和认识能力。要把握好奖励与惩罚的准确度。在思想政治教育中,"一定要坚持以表扬、激励为主,这是思想政治教育的一个原则",是与我国社会的实际情况相符合的。同时为了消除惩罚的消极作用,可以在惩罚以后,及时告诉大学生应该怎样做,以引导大学生向正确的方向改进。当大学生开始有新的改进表现时,应马上给予奖励,进一步加强正强化。

（三）坚持物质激励与精神激励相结合,加强思想政治教育激励的现实性

在大学生的需要心理中既有物质需要也有精神需要,大学生需要心理的功利倾向在一定程度上反映了大学生重物质轻精神、重享受轻奉献的思想倾向。所以,思想政治教育者要坚持物质激励与精神激励相结合,加强思想政治教育激励的现实性,满足其合理需要。一方面,思想政治教育者不能回避物质激励。当一

个情感健康的人在行为上表现得无私时,其根源往往是他的基本需要得到了满足。马克思说过:"人们奋斗所争取的一切,都同他们的利益相关。"所以我们必须改变以往教育中片面强调无私奉献、舍己为公,把追求个人的基本利益、基本需要看成是不道德的行为,或将个人利益与道德对立起来的做法。坚持物质利益原则,尊重个人的基本需要,创造条件去满足合理需要,从而激励人们发挥和自愿使用其能力、知识和技能,以实现个人目标和组织目标的一体化。这样才能够出现大量健康的无私奉献和服务,思想政治教育也才能够取得比较好的效果。另一方面,思想政治教育必须重视精神激励作用。精神激励是指对做出重要贡献的先进分子授予各种荣誉,给予多种表扬,包括颁发奖状、奖牌和授予荣誉称号等。物质激励的作用是有限的,只有与精神激励相结合,才能产生持久的动力。

第二节　社会主义核心价值观主题教育实施新途径

民办大学开展社会主义核心价值观教育应积极实施"信仰铸魂,立德树人"的教育工程,在"大思政"理念指导下,牢牢把握意识形态的核心地位,打造民办大学学生思想政治教育育人工程模式,全面提升应用型本科院校大学生思想政治素质。民办大学党委应全面围绕"立德树人"的根本任务来展开主题教育,始终坚持实践育人,践行核心价值观;始终坚持有效推进师生全面素质提升。

一、全面围绕"立德树人"的根本任务来展开主题教育

明确"立德树人"是教育中心的定位,筑牢意识形态阵地,把握正确办学方向。民办大学学生普遍表现为,理论基础薄弱、动手能力较强;理性思维较弱、感性思维较强;乐于接受新鲜事物但自律能力不强;价值观模糊且享乐主义心理较重。教工队伍则表现为,教师队伍年轻化,以青年教师为主体,思维活跃,与学生交流畅通,且能够适应主流文化。总体讲,民办大学师生对于核心价值观的接受程度总的情况较好,有主动践行核心价值观的主体意识和实际行动,但同时也存在认同变动大、认同需求不平衡、价值观模糊等问题。

思想政治教育接受特指发生在思想政治教育领域内的接受活动,它反映了思

想政治教育接受主体与思想政治教育接受客体之间的相互关系,是接受主体出于自身需要,在环境的作用影响下通过某些中介对接受客体进行反映、选择、整合、内化、外化而构成的连续的、完整的活动过程。接受的结果是形成人内化的精神和外化的行为。所以,构建民办大学核心价值观教育体系,必须确立"立德树人"根本任务的核心定位,以实施系统主题教育活动与多层次教育项目相结合为载体,结合学院师生特点,改变以教育者为主导的思想政治工作模式,确立受教育者在思想政治教育接受中的主体地位,以发掘受教育者的内在需要和价值追求为思想政治教育的原动力和内在驱动力。充分发挥受教育者的主观能动性,优化师生在接受核心价值观的主客体关系,在完成样本采集、调查问卷统计、接受现状问题分析和系列主题教育活动开展与总结提升的基础上,结合理论高点、时代特点、社会热点及师生焦点,全面展开构建社会主义核心价值观教育工程。

二、始终坚持实践育人,践行核心价值观

新形势下,大学生社会实践业已成为各高校积极组织和推进的育人环节,高校社会实践教育成了加强大学生思想政治教育的重要载体和实现途径。社会主义核心价值观是在中国现代化进程中凝聚共识而形成的,它既是一个思想体系,也是一个实践体系。社会实践不仅要实现德、智、体、美的有机结合,完成360度育人目标,还应该实现自我教育、学校教育和社会教育的有机结合,彰显社会实践理念的包容性。大学生社会实践教育不仅具有实践性,还具有学习性、成长性和综合性等特征。因此,高校须以社会实践育人功能为着力点,将社会主义核心价值观融入大学生社会实践教育中,实现大学生社会主义核心价值观的知行统一。

(一)社会主义核心价值观融入大学生社会实践教育的障碍分析

1. 融入内容定位模糊

目前,很多高校的社会实践教育都以社会主义核心价值观作为指导,但是存在将其简单化、缺乏整体规划和系统设计的问题。究其原因,一是学校认知不足,在社会实践教育中,仅将社会主义核心价值观浮于口号,缺乏内容支撑;二是大学生自身重视缺乏,忽视了社会实践的参与和实践能力的提高;三是家长不支持,家长更重视学生的分数和就业技能,在课余时间家长更喜欢鼓励学生去考证、考级,对于投身社会实践,欠缺支持力度。

2. 融入途径尚在探索

高校社会实践教育大都高举培育和践行社会主义核心价值观的旗帜,但融入过程敷衍多于务实,简单参观走访调查,草草了事,将社会主义核心价值观的实践教育浮于表面,缺乏系统、有效、规范的途径。

3. 融入评估基本缺乏

高校将社会主义核心价值观融入社会实践教育存在着积极与被动、突破与维持的差别。而现行的评估多为主观总结和评价,无论效果如何,对于活动的评估都是一篇赞誉和掌声,如何更科学地评估和衡量社会实践教育的效果还待考量。

(二)社会主义核心价值观融入大学生社会实践教育的策略

1. 价值导向与制度设计相结合

社会主义核心价值观符合人类社会发展的客观规律,它犹如一座灯塔,规范和引导着人们的思想和行为。因此,在社会实践实施过程中,要坚持以社会主义核心价值观为价值导向,社会实践教育需要完善相关制度。其一,应完善组织机构,明确定位。建议直接将社会实践教育纳入学校整体教育管理体系中,明确实践环节的时间比例和计划安排,规定学分,明确考核等,将其贯穿于教育教学的始终。其二,建立科学的考评机制,突破传统的调研报告和调研总结形式,对于社会实践所取得的成果既要有量的分析也要有质的评价;既要有短期评估,又要有长期预判。

2. 树立主导与包容多样相结合

在当代中国,社会主义核心价值观是处于主导地位的价值观,体现着价值体系的基本倾向。在大学生社会实践教育中,培育和践行社会主义核心价值观是主导任务,与此同时,社会实践教育必须创新实践模式。其一,拓展实践空间,从教室到校园,从校内到社会,从真实到虚拟,结成社会实践大时空,由原来大学生被动地获取知识转变为全方位发展;其二,与服务社会,体验民生相结合,社会实践教育给大学生创造了服务社会的机会,在服务和奉献过程中,应促使他们体验民生,理解社会主义核心价值观,认同社会主义核心价值观。

3. 情感体验与理性认同相结合

在传统的价值观教育中,采用最广泛的是理论灌输,忽视了受教育者的情感体验。情感源自认知,也会调节认知,并作用于行为。因此,情感体验能够促使大学生增强对社会主义核心价值观的认同感。社会实践是大学生情感体验的主要阵地,大学生通过社会实践教育,接触社会、了解社会,亲身感受时代脉搏,有助于其纠正自己模糊的价值认识,澄清价值困惑,自觉地将社会主义核心价值观内化为行为准则。

(三)社会主义核心价值观融入大学生社会实践教育的实现路径

1. 规范化路径

要形成一体化的实践教育系统,首先要提高认识,加强领导,在高校成立由主要领导负责,团委、学生处、马克思主义学院等多部门参与的社会实践教育领导小组;其次,建立并完善社会实践的课程化,要依托第一课堂,加强社会实践第二课堂的组织管理,发挥两者深度融合;其三,要努力完善社会实践教育机制,宏观上要优化指导力量,以大学生为主体,微观上以实践项目、基金课题为依托,采取社会化运作方式,进行科学有效的评估。

2. 情境化路径

(1)融入课程学习实践

课程学习中的社会实践教育是认识与实践辩证关系的必然要求,大学生课程学习具有鲜明的实践性,是大学生社会实践教育的着力点。作为大学生社会实践教育的第一环节,课堂学习为校园社会实践和校外社会实践提供意识前提、知识和理论基础、技能和方法准备。通过课程学习实践,加上教师的言传身教,可以将社会主义核心价值观辐射到每名同学。

(2)融入社会实践

校园社会实践是课堂学习实践的补充,又是课堂学习实践向校外社会实践的过渡。校园社会实践具有贴近学生实际、紧密联系师生、参与广泛、形式多样等优势,以校园为平台,可以充分利用和开发校园社会资源,推进社会主义核心价值观的实践。在校园社会实践中,紧扣社会主义核心价值观的精神内涵,强化主题设计、过程指导、典型示范和宣传引导等,使大学生在校园社会实践中,能够自觉接受正能量。

(3)融入校外实践

校外社会实践是学校教育向社会的延伸,是实施实践教育的大课堂。其基本类型包括社会调查、志愿者服务、校外勤工俭学和专业实习等。基于校外社会实践这一平台,可以提升大学生践行社会主义核心价值观的广度和深度,增强社会主义核心价值观的感染力。校外社会实践不是一个阶段性的临时工作,而是一项长期的、贯穿学生整个成长过程的工作,因此必须加强管理,建立科学化的运行体系。

3. 社会化路径

目前大学生实践教育矛盾凸显,集中表现为,一是社会单位及组织的接纳程度较低,寻找实践单位困难,即便有单位愿意接收,大学生也多以"旁观者"身份出现,走马观花,蜻蜓点水,流于形式;二是现行实践模式窄化,多为社会调研、青年志愿者活动等,科技支农、三下乡等活动次之,但做到真正融入社会较难。针对以上困境,政府应积极推动社会主义核心价值观实践活动的实施,社会企业、非政府组织、社会团体应当主动参与、积极配合,为社会主义核心价值观融入大学生社会实践教育提供必要支撑。

三、始终坚持有效推进师生全面素质提升

(一)重视师德师风建设

民办大学党委应以突出主题,结合载体,全面提升应用型本科师生的思想政治素质。例如在"两学一做"教育学习中,民办大学可依托"'两学一做'党建论坛、微信群"等形式,直接面对每位党员,以专题的方式撰写学习习近平系列讲话的学习心得、研讨提纲、推送党建学习资料;党员同志应每天围绕推送内容开展线上学习研讨、思想交流,创新党建学习研讨的新方式。

(二)突出思想政治辅导员体系建设

民办大学党委应充分发挥辅导员在思想政治工作中的引领作用,每位辅导员要达到七项目标,即平均每天找一名学生谈心,平均每周到宿舍走访一次,平均每两周向主管领导汇报工作一次,每两周召开学生干部工作会议一次,每两周参加班会一次,每学期阅读有关学生工作的书籍一本,每学年公开发表工作论文一篇,从而使辅导员工作有目标、努力有方向。民办大学党委应着力为辅导员的素质培养搭建平台:鼓励辅导员进修,每年应选派一定数量的优秀辅导员进行博士课程班进修;鼓励辅导员外出交流,组织辅导员骨干到外地学习考察;建立辅导员科研平台,设立大学生思想政治教育相关课题,建立专项资金,支持辅导员开展大学生思想政治教育方面的应用性、前瞻性课题研究。

（三）实现应用型人才素质的全面提升

1. 政治素质过硬

大学生是祖国的未来、民族的希望，我们培养什么样的学生，决定了国家的命运和前途。民办大学党委应重视对学生政治素质的培养，将"社会主义核心价值观"主题教育活动贯穿四年教育全程，通过入学和毕业两个重要时间节点进行贯穿全程的入党教育。

2. 业务素质、技能素质全面提升

民办大学应以多元化人才培养为目标与导引，致力于加强学风建设，培育优良的学风建设文化，端正规范学生集体在学习过程中的治学态度、养成方法和行为习惯，夯实立教、立学之本。民办大学通过体系化建设及培养，可在学生英语四六级通过率、计算机等级考试通过率、日语等级考试通过率、考研率、就业率等方面加强学生培养。同时，民办大学还需要充分把握应用型人才在社会发展过程中的角色价值，在知识、能力和素质三维结构中推进工作，平衡提高。

第三节　校园文化育人功能新探索

如今，文化越来越成为中华民族创造力与凝聚力的源泉，也逐渐成了综合国力重要的竞争因素。大学校园文化作为社会文化的榜样，其灵魂是高校精神。研究校园文化建设与高校精神，可以更加完美地让高校精神服务于大学校园思想政治建设，对于构建丰富的校园文化和繁荣的社会文化，推动民办大学文化育人工作的发展有着重要的现实意义。该以何种方式利用校园文化的主渠道作用进行育人，是需要深刻思考的问题。本节是对现有基本原理和知识理论的总结和概括，是对已有的分散式校园文化建设载体进行整合，目的是为了形成民办大学校园文化建设的合力，进而促其积极开展校园文化建设，并增强民办大学校园文化建设的创新性和实效性。该部分内容从打牢一个基础、完善一种机制、创造多元文化产品、推动多元互动交流、建立一套评价体系五个方面进行阐释、探索，力图清晰地勾勒出民办大学校园文化的育人功能。

一、文化育人功能背景意义及价值

（一）背景意义

大学是世界上每个国家教育的重要组成部分，是人才培养的重要基地，也是传承创新文化和精神文明建设的重要领域。如今的大学校园文化与大学精神对于一个国家的民族精神的培育有着巨大的作用，所以说大学精神对于一所大学、一个国家都有着至关重要的意义。民办大学校园文化是高校校园文化的重要组成部分，对大学生的素质提升也起着非常重要的作用。

习近平总书记在十九大报告中明确指出："文化是一个国家、一个民族的灵魂。文化兴国运兴，文化强民族强。没有高度的文化自信，没有文化的繁荣兴盛，就没有中华民族伟大复兴。要坚持中国特色社会主义文化发展道路，激发全民族文化创新创造活力，建设社会主义文化强国。"[1]这是对文化建设又一次纲领性的指导，进一步推动了社会主义文化建设的高潮，也为民办大学校园文化建设指明了方向。

经过40多年的发展，民办大学对中国的教育事业发挥着越来越重要的作用，已成为我国高等教育的一支强有力的生力军。但由于民办大学自身的一些因素以及社会上各种思想文化的影响，使部分民办大学的校园文化建设面临着缺乏创新力、引导力等问题。这些问题的存在严重限制了校园文化育人功能的发挥。如何构建适合民办大学校园文化发展的新模式，开辟民办大学校园文化建设的新途径，使民办大学的校园文化建设为培养新型人才发挥作用，已成为一项刻不容缓的内容。

（二）校园文化育人功能的价值

民办大学校园文化建设具有高等院校校园文化建设的一般性，也有其特殊性，如何结合基本的高校校园文化建设规律，构建适合民办大学自己的校园文化建设模式，具有十分重大的理论意义和实践价值。

在高校校园文化的建设中，所有对提升学生素质起作用的因素，都纳入了校园文化建设研究的范围。而民办大学校园文化建设的研究，涉及到民办大学思想

---

[1] 习近平. 决胜全国建成小康社会, 夺取新时代中国特色社会主义伟大胜利. 人民日报, 2017 - 10 - 28.

政治教育育人功能的研究,覆盖思想政治教育方法、思想政治教育载体、思想政治教育环境以及思想政治教育的主客体等问题。深入研究校园文化的育人功能可以充实思想政治教育学科理论体系,符合思想政治教育学科的横向趋势,更能使民办大学校园文化的发展获得生机和活力。

在当前复杂的社会环境和新的形势之下,如何提高民办大学校园文化建设的实效性,俨然成了一个重要的现实问题。民办大学校园文化建设形式多样、载体丰富、内容活泼,通过校园文化建设,发挥思想政治教育的育人功能,更符合大学生的心理特点和思想道德素质形成规律。这种功能的发挥,可以与理论教育产生一种互补作用,进而促进民办大学校园文化建设效果的提高。把校园文化作为使思想政治教育走进人们心灵的另一种途径,对提高思想政治教育的针对性、亲和力和吸引力,起着重要的、不可替代的作用。

二、推动校园文化育人的具体措施及主要内容

对民办大学校园文化建设方面做分析探讨,可以增强民办大学校园文化建设在育人方面的实效性。以各个基本面为基础,积极整合以往高校校园文化建设的基本经验,克服其不足,并以民办大学校园为主阵地,新型校园文化为平台,五项维度为五个基本面,可有效推动民办大学校园文化建设。"一个平台,五个基本面"是紧紧围绕"一个主阵地"展开的;"一个主阵地,五个基本面"可在"一个平台"上得到更好的实施。五个基本面基本涵盖了民办大学校园文化建设的具体搭建模式,构建出了民办大学校园文化建设的新模式。

(一)打牢一个基础:以马克思主义为指导,坚持社会主义核心价值体系

马克思主义是社会主义核心价值体系的灵魂,决定了社会主义核心价值体系的方向和性质,也是中国共产党长期坚持的指导思想。社会主义核心价值体系是社会主义意识形态的本质体现,是中华民族在长期革命、建设和实践中形成的具有自己特点的核心内容,是我们社会系统得以运转、社会秩序得以维持的基本支柱。

在民办大学中,首先应发挥思想政治理论课主渠道、主阵地的作用,全面加强思想政治理论课学科建设,在政策和经费方面给予充分保障,严格按照国家新课改方案推进课程建设;其次,要把社会主义核心价值体系融入大学文化建设的全

过程,用社会主义核心价值体系引领校园文化建设,引领青年学生的思想思潮,发挥思想育人的作用,加强社会主义核心价值体系的时代化、大众化研究,使社会主义核心价值体系成为校园文化建设中生动活泼、易于接受的主导思想。

(二)完善一种机制:完善校园文化建设的保障机制

校园文化建设需要民办大学高度重视,因此,必须将校园文化建设纳入到学校教育教学的整体规划中,全面推进校园文化建设,推进领导体制和工作机制建设,以物质文化建设为重点,进一步推进精神文化建设。通过激励和统筹协调,打造民办大学品牌文化,以文化的渗透力陶冶情操、增强自信、凝聚人心、鼓舞斗志、展现民办大学的形象。

在民办大学,校园文化建设的顺利展开,需要从以下几个方面入手,首先,在管理机制上,校园文化建设应由党委统一领导,党政齐抓共管,形成宣传部门、学生处、共青团、工会等协调组织、分工负责的工作机制和工作格局;其次,在激励机制上,应不断加大校园文化建设的扶持力度,设置专项扶持基金,不断完善校园物质文化建设,搭建文化活动的场所和阵地,制定相应的激励政策,以评优评奖等方式,表彰校园文化建设优秀的成果;最后,在协调统筹机制方面,应将实体文化和虚拟文化相融合,用主流的实体文化引领虚拟网络文化的健康发展。

(三)创造多元文化产品:精心搭建校园文化活动平台

《中共中央关于进一步加强和改进学校德育工作的若干意见》明确指出,要"重视校园文化建设、要大力开展学生喜闻乐见的丰富多彩、积极向上的学术、科技、体育、艺术和娱乐活动,建设以社会主义文化和优秀的民族文化为主体,健康生动的校园文化"。加强校园文化建设可以更好地弘扬良好的道德风尚,提高学生的综合素质,形成大学文化的鲜明特质。

首先,贴近实际、贴近校园、贴近学生,创作更多的文艺作品,形成作品体系。文化作品是校园文化的显性表现,能够使校园文化建设得以实现;同时,以实践育人、心理健康教育、就业创业教育、资助育人、党团组织建设为载体,以网络思想政治教育为平台,以锻炼学生综合能力、促进学生全面发展为目标,精心设计并组织开展一系列主题鲜明、内容丰富、形式多样、极具吸引力的课堂外思想政治教育活动,可以将社会主义核心价值体系融入到学生的实际学习、生活中去。

其次,创造体现民办大学专业特点、体现学校特色的文化活动和文化产品,同时与现代科技紧密结合,开展专业特色活动,发挥学生自主的空间,积极鼓励学生参加各类竞技、比赛活动等,不仅能够发挥学生的主动性和创造性,同时更能够彰显校园文化建设的独特魅力。

(四)推动多项互动交流:大力加强校园文化环境建设

校园文化建设是一项动态工程,是随着社会发展而不断发展的,需要根据时代的变化和社会的变迁,对校园文化建设做出不同的调整和规划;需要对外不断地学习和借鉴,才能更好地推动校园文化的发展,也才能够对不断变化的、具有鲜明时代特征的学生群体与时俱进地进行培养和教育。应充分发挥大学文化开放性、交流性、辐射性和引导性作用,以大学精神和大学文化传播为核心,通过社会实践、各类竞赛、公益演出、志愿服务等途径,推进大学文化与社会文化、家庭文化交流互动。在校园文化建设中,社会力量和家庭力量起着非常重要的作用,通过召开家长会和家长座谈会,将校园文化理念与家长互动,可以有效地推动家校合力的形成,增强校园文化建设实效。重视社会力量对校园文化建设的作用,组织学生深入社区开展文艺演出、医疗服务、法律宣讲、环境保护等社会实践活动,可以积极探索学校与社会合作育人的良好机制。

(五)建立一套评价指标体系:探索建立相应的评价指标体系和考核体系,推动民办大学文化建设的繁荣发展

以社会主义核心价值体系为基础,以交流互动为途径,以创造文化产品为动力,以机制建设为保障,可最终形成民办大学校园文化建设的评价指标体系和考核目标。2012年2月,中共中央宣传部、教育部印发了《全国大学生思想政治教育工作测评体系(试行)》。在这个文件中,二级指标为校园文化建设,并将校园文化建设分成了六项,其中四项是材料审核,两项是实地考察,对校园文化建设的标准做出了严格规定,并详细列出了指标体系。这是对校园文化建设评估的一项较好尝试。

三、在推动校园文化育人工作中存在的问题和建设途径

(一)存在的主要问题

在对民办大学校园文化建设的研究中,特别是在利用校园文化建设实现文化育人目的的实践中,应不断总结经验,针对存在的突出问题进行改进。

1. 民办大学对校园文化建设的认识程度不够

民办大学校园文化建设的研究是在整合以往的构建模式基础上,重新架构校园文化建设的方式和途径,因此是一个创新实践。在实践过程中,由于民办大学的特殊性,对校园文化建设的认知程度不足,特别是在如何将校园文化建设与新时期文化育人结合统一这个问题上,认知程度不足。

2. 民办大学对校园文化建设的侧重点不同

民办大学依托其优势学科建立,具有鲜明特色,有医学类、理工类和综合类等几个类型,所以,每个学校对载体的重视和利用程度不同。理工类学校侧重于创新创业和职业指导,并且效果十分明显;而医学类比较倾向职业规划和校园文化建设,并且专业化程度较高;而综合类学校在党团活动和网络建设上效果明显。将五大基本面综合运用,整体发挥作用,在不同院校效果不同。

3. 民办院校校园文化建设方式单一、体系建设尚不健全

尽管民办大学的校园文化建设已经积极展开,并取得了一定的成绩,但与其他普通高等学校相比,民办大学校园文化建设的方式、方法单一,过多重视校园文化建设的过程,较多的校园文化建设流于表面形式,但研究领域扩大,但对各个领域的研究程度和研究水平参差不齐,虽然成果较多,影响较大,但在创新性、实用性等方面的研究少之又少,对民办大学校园文化建设的整体发展和校园文化育人功能的落实问题指导作用十分有限。因此,民办大学校园文化建设的设立体系尚未健全。

(二)建设途径

民办大学校园文化建设具有高等院校校园文化建设的一般性,也有其特殊性,如何结合基本的校园文化建设规律,构建民办大学的校园文化体系,值得我们深入探讨。

1. 不断深化民办大学校园文化的构建

民办大学校园文化体系构建的研究,是一个长期过程,要实现文化育人的目标更是一个与时俱进的工程,需要各个层面和文化主体以育人为宗旨共同努力,才能更好的开展。因此,推动民办大学校园文化的构建,推进民办大学校园文化的整体发展,是一项长期工作,需要不断深化。

2. 不断加强民办大学思想政治教育队伍建设

思想政治理论课教师和辅导员是校园文化建设的指导者和推动者,要对这些教师进行系统性培训和指导,首先使他们能快速适应民办大学的文化环境,更好地开展工作;其次,要重视民办大学的教育教学,为教师的成长打造一个良好的氛围,使教师具有积极性和主动性,以便更好地开展校园文化建设工作。

3. 继续深入民办大学校园文化建设的理论及实践研究

继续深入研究民办大学以文化育人为宗旨的校园文化构建,为今后民办大学校园文化建设的开展提供理论支撑和借鉴。应将理论研究付诸校园文化建设实践中,切实地让学生受益;另外,在理论研究的同时,还要不断将各个方面的理论研究成果整合深化,形成具有系统性和规律性的校园文化建设理论基础,并努力将理论转化为实践活动,进一步推动民办大学校园文化的构建。

只有这样,民办大学校园文化才能成为思想政治教育走进人们心灵的另一种途径,才能对提高学生的素质和能力产生有针对性的、有吸引力的、不可替代的作用,以最终实现高校培养社会主义建设新时期所需人才之目的。

第三章

民办大学思想政治理论课教学与课程思政建设

习近平总书记在2016年全国高校思想政治工作会议上指出:"要坚持把立德树人作为中心环节,把思想政治工作贯穿教育教学全过程,实现全程育人、全方位育人,努力开创我国高等教育事业发展新局面。"思想政治教育作为高校育人的中心工作,是促进学生人格发展、素质提升的重要途径和方式,在人才培养中发挥着重要作用。思政课教学,作为思想政治教育的主要阵地,在高校日常教学工作中占据重要位置。在民办大学中如何发挥思政课教学的育人功能,实现全程育人、全方位育人的重要意义,需要加强思政课程与课程思政建设,探索思想政治理论课创新实践,促进思政课程质量保证体系的构建。

第一节　思政课程与课程思政建设

民办大学在思政课程与课程思政建设中,应明确作为民办应用型本科院校的思想政治课教学目标定位,不断完善思政课教育教学的基本内容,立足"大思政"格局,开展课程思政建设,进行全程、全方位育人。

一、应用型本科院校思想政治课教学的目标定位

民办大学在对大学生进行思想政治教育方面,应结合学校自身特点,以培养大学生的健全人格以及为社会发展培养应用型人才作为主要目标,来开展相关工作。

（一）培养大学生的健全人格

作为培养应用型人才的大学，民办大学加强思想政治教育工作的首要目标在于培养大学生的健全人格。每个人人格的形成并不是与生俱来的，而是要受到多种后天因素的影响。健全人格的形成需要教育的引导，这是一个不断发展和提高的过程，而大学的思想政治教育教学在这里发挥着举足轻重的作用。大学生在进入校园时正处于价值观念和思维方式逐渐形成的关键时期，对其进行必要的思想政治教育引导，是保证大学生正确价值观念形成的重要因素；反之，则不利于大学生健全人格的形成。

加强大学生的思想政治教育，就是要培养品格高尚的大学生，这是大学教育的本质要求，也是学校义不容辞的责任。民办大学应以培养应用型高素质创新人才为主要教育目标，兼顾对大学生的精神培养。及时引导并有计划地开展新生入学教育，可以使大学生抵制社会不良思想的侵蚀，避免对一些问题和现象的看法过于偏激，以及减少功利、以自我为中心、缺乏积极进取等心理。

民办大学所开展的思想政治教育工作大体上可以分为两类，一类是专门通过思想理论政治课对大学生进行系统的理论知识教育，有特定的政治教材，并采用一定的教学方法，一般可以通过考试的方式来评判大学生对这些问题的了解程度；另一类是党政领导干部和辅导员对大学生日常生活和学习的引导，以及由此而形成的校园文化氛围。思政课教学作为首要和主要的思想政治教育方法，应坚持培养大学生健全的人格，使大学生形成正确的世界观、人生观和价值观。

（二）为社会发展培养应用型人才

民办大学同普通高校一样，也肩负着为国家发展培育优秀人才的重任，所培养人才质量的高低对国家的长远发展具有至关重要的影响。民办大学作为社会主义性质的大学必须秉承这一基本原则，引导应用型本科院校大学生坚定政治立场，坚持马克思主义指导思想，将思想政治教育贯穿到学校一切工作过程中。

日常思想政治教育教学实践中应认识到，一名优秀的人才，不仅要具备精湛的业务能力，更要具备较高的职业道德，实现能力和道德的有机统一。因而应积极引导大学生坚定个人的政治信仰，形成正确的价值观念，并在实践中勇于创新，担负起中国特色社会主义事业建设者和接班人的重任。

"培养什么人、如何培养人，是我国社会主义教育事业发展中必须解决好的根本问题。"要提高大学生的政治素质和职业素养,就必须充分发挥思想政治教育中各要素的功能,培育大学生的国家认同感,增强其民族自尊心与自豪感,并使他们遵守基本道德规范,努力提高个人综合素质,从而能够为实现伟大民族复兴的中国梦而贡献力量。

与此同时,由于思想政治教育具有意识形态的特点,在当前各种思想文化碰撞交锋的背景下,如何让大学生牢固地坚持马克思主义信仰,形成正确的政治价值观是非常重要的。所以,加强思想政治教育教学工作也是对大学生进行国家文化安全教育、维护国家文化安全的必然要求。大学生政治价值观具有独特的功能,在延传和发展社会主流政治文化,维护社会政治稳定以及提高大学生自身政治素质等方面都具有重要意义。在当前互联网时代,西方的文化思潮大量涌入,对价值观尚未完全形成的大学生造成了思想冲击。其中如历史虚无主义、西方消费主义等不良文化思潮的影响,已导致一些大学生出现了政治信仰模糊、价值取向扭曲等问题。在这种情况下,必须发挥思想政治教育的价值引导作用,帮助他们坚定马克思主义信仰,形成正确的价值判断标准。只有不断改进思想政治教育的方法和内容,不断加强对应用型本科院校大学生进行意识形态教育,才能更好地培育大学生正确的价值观。由此可见,加强大学生的思想政治教育工作,也是维护国家文化安全的重要举措,归根结底是为了推动整个社会的发展进步。

二、完善思政课教育教学的基本内容

正向、积极的思想政治教育的基本内容,是高校思想政治教育教学成功的保证。民办大学思想政治教学研究部门在教育教学过程中,要淘汰以往陈旧的教育内容,推进思想政治教育内容与时俱进,将马克思主义中国化最新成果融入到教育过程中,从强化爱国主义教育、坚定理想信念教育、引导职业道德教育、完善心理健康教育四个方面着手,丰富大学生思想政治教育的内容,增强教育教学方式的灵活性与生动性。

(一)强化大学生爱国主义教育

强化爱国主义教育是社会主义精神文明建设的重要内容,在推进高校大学生思想政治教育方面具有不可替代的作用。爱国主义是集情感、理想及行为为一体,并反映个人与国家关系的一种阶级观念和价值准则。对大学生进行爱国主义教育,要结合大学生的实际特点,引导大学生关注社会现实,正确看待社会上的各类事件,将个人的行动融入到推进国家繁荣发展的层面,将爱国主义融入到对中国梦的教育过程中。习近平总书记指出:"实现中华民族伟大复兴的中国梦,是当代中国爱国主义的鲜明主题。"①民办大学在思政课教育教学中,应注意加强大学生的中国梦教育,以坚持爱国主义和社会主义相统一,将个人梦想与家国情怀高度统一。各高校思想政治教学相关部门应把加强对大学生的爱国主义教育置于首要位置,以爱国主义精神作为一名合格大学生的基本条件。一般来说,引导大学生形成爱国主义精神,需要坚持以下两个原则,一是坚持循序渐进的原则,爱国主义精神的培养是一个渐进的发展过程,要从启发大学生热爱家乡,热爱故土开始,注重教育教学的层次性。随着学生对家乡、故土感情的提升,再逐步将其引申为对整个民族和整个社会的热爱,让学生发自内心地想为国家贡献力量。通过循序渐进的教育教学,将爱国主义精神转化为学生日常强大的行为动力。二是坚持与时俱进的原则,中华民族的文化历史源远流长,蕴含着丰富的优秀文化传统。爱国主义的直接体现就是尊重和传承中华民族的历史和文化,并将传统与现代相结合,推动中华民族文化发展的与时俱进。在日常思政课教学中,应注意引导大学生感悟中华传统文化脉络,让学生自觉学习中华优秀传统文化,并结合当前思想政治教育的内容,逐渐形成坚定的爱国主义情怀,以此来抵制西方不良社会思潮的冲击。

民办大学在加强大学生爱国主义教育的过程中,须增强学生对中华传统文化的认同感,以此来建立其民族自尊心和自信心;通过引导大学生对中华民族优秀传统文化和发展历史的回顾与展望,增强其国家认同感,并形成爱国主义情怀。要教育并鼓励学生把个人的发展与国家的前途命运联系在一起,充分发挥其聪明才智,把自己塑造成有理想、有文化、有道德、有纪律的社会主义接班人。思想政治教学部门应充分发挥思想政治理论课的作用,加强对教育内容和教学方式的改革和创新,增加爱国主义教育内容,以此凸显国家利益和民族利益的至高无上。例如,在《中国近现代史纲要》课中,可以用历史事件中所体现出来的救国行为和爱国抱负,激发大学生的爱国情怀;在《形势与政策》课中,可结合国际国内形势,

---

①　习近平. 中国梦是当代中国爱国主义的鲜明主题. 人民日报,2016 – 5 – 10.

对社会热点问题展开讨论,让大学生充分参与其中,不仅增强了大学生的分析和思考能力,同时也增强了大学生的爱国意识。与此同时,还应注重发挥大学生的主体性,增强大学生的自我教育,并为大学生提供自我教育和相互学习的桥梁,使他们在独立思考中提升爱国意识,并将其自觉转化为实际的爱国行为。

在思政课之外,民办大学还应采取多种形式对学生进行爱国主义教育,并应注重灵活性、趣味性与有效性的统一。在重要纪念日、重大节日期间进行爱国主义教育内容的宣传,以讲座、辩论或者竞赛的形式,让大学生在增强理论文化素养的过程中接受爱国主义教育,从而起到知识提升和人文素养提升双重效果。另外,在大学生参与社会实践、毕业实习过程中,应根据实际情况开展不同方式的爱国主义教育活动,以达到培养大学生爱国主义情怀的目的。

(二)坚定大学生理想信念教育

习近平总书记曾说:"广大青年一定要坚定理想信念。理想指引人生方向,信念决定事业成败。没有理想信念,就会导致精神上'缺钙'。"①理想信念是人的精神支柱,缺乏理想信念的人生是没有价值的。大学生作为社会主义的接班人,要坚定理想信念,勇担青春使命,为推进国家发展的"两个一百年"奋斗目标和实现中华民族伟大复兴的中国梦而不懈奋斗。加强大学生的理想信念教育,需建立在对大学生心理特点充分认识的基础上。当前大学生的思维能力较强,且具备一定的判断能力,但是因缺少社会实践经验,民办大学应根据学生自身特点,在日常思想政治教育教学中,从多方面开展理想信念教育。

1. 加强大学生的理论教育,提升其理论修养,坚定其对马克思主义的信仰

马克思主义理论是一个庞大的理论系统,其中既包含有马克思、恩格斯所创立的基本理论,也包括后人对其理论的丰富和发展。学习马克思主义理论,既要研读经典著作,也要学习马克思主义中国化的最新成果。党的十八大以来,以习近平同志为核心的党中央提出了一系列治国理政的新理念、新方法、新策略,对丰富中国特色社主义理论具有重要价值。由此,要深入认识马克思主义的立场和方法,用这些最新成果来武装学生的思想,结合大学生的学习和生活实际,将其运用到自身综合能力的提高上。民办大学在思政课教学中,应注重马克思主义理论教

---

① 习近平. 习近平寄语青年. 人民日报海外版,2017 – 5 – 3.

育方式的改进。随着科学技术的发展,大学生在获取信息方面具有越来越明显的优势,给思政课授课教师带来了更大的教学压力。思想政治教学部门应针对不同课程,设立教学研究组,采取集体备课的方式,发挥不同专业老师的特点,群策群力,做好思政课教学设计,充分发挥日常教学的灵活性和多样性,以吸引学生关注。

2. 提升大学生的职业道德素养

在当前的就业状况中,大学生总体性就业质量不高,就业层次偏低,民办大学的学生毕业后在就业上更是存在一定的心理落差。针对这一现象,民办大学应增强对学生的就业理想信念教育,引导他们结合自身的专业所学和实际市场需求来从事相关工作;从实现职业理想和个人价值相统一的角度来考量,避免就业的功利化倾向。思想政治教育工作者可通过与大学生谈话和交流来了解大学生的就业愿望,并帮他们分析就业市场形势,引导他们形成正确的就业观。与此同时,还应对学生的就业类型和就业需求进行划分,有针对性地进行就业指导,将学校所在地区人才需求量较大的企业介绍给学生,以增强大学生就业理想信念教育的实效性。

3. 用中国梦凝聚大学生的理想信念,肩负起时代赋予的历史使命

加强大学生思想政治教育工作是一项铸魂工程,需要将实现中华民族伟大复兴的中国梦内化为学生的信念和追求,激励他们从实际行动做起,为推动国家发展和社会进步而努力。党的十八大以来,习近平总书记所提出的关于中国梦的一系列理论,是引导当代大学生的方向指南。当前大学生的生活时代发生了变化,其历史责任和使命也在发生相应的变化。当代大学生是我们祖国发展的主力军,是中华民族的未来希望,是中国梦的筑梦者,大学生的理想信念关系到中国梦的实现。

(三)引导职业道德教育

引导大学生职业道德教育是大学生思想政治教育的重要内容,从掌握的整体情况来看,大学生的职业道德状况较好,普遍具备良好的职业道德素养,在工作中态度积极、认真负责,能够胜任工作,但是仍有部分大学生存在对职业理想不明确、就业观念不正确的问题,以致在求职或是工作中屡遭挫折。针对这种情况,要从加强大学生的职业道德教育着手,提高他们的职业道德素质。

1. 培育大学生爱岗敬业、诚实守信的职业精神

当前我国经济发展迅速,人们的生活水平得以普遍提高,但是仍须坚持和继承艰苦奋斗的精神,只有具备勤奋努力、脚踏实地的工作态度,才能把全部精力用在工作上。这不仅是大学生个人成长的需要,同时也会对社会的发展产生积极的推动作用。针对有的学生认为"干一行,爱一行"的观念已经过时,凡事要从经济利益角度考量,哪些行业、哪个职业的薪水高就可以选择"跳槽"的情况,民办大学在对学生进行职业道德教育时,应注意紧密结合社会现实情况,引导大学生形成正确的就业观、择业观,让大学生认识到在工作岗位中磨练意志,自我提高的重要性,进而形成勤奋刻苦、热爱本职工作的就业心理。在此过程中,应特别加强大学生的诚信教育,培育大学生重承诺、守信用的基本职业品质。

2. 培养大学生遵纪守法、勇于奉献的职业品质

遵纪守法是每个公民的基本道德,大学生要知法、懂法,更要守法。当前我国正处于社会转型的关键时期,一些制度机制和法律规定尚不完善,这就使得一些不法分子采用投机取巧的行为获取利益,再加上一些错误价值观念的误导,一些大学生在求职以及工作过程中也存在着急功近利的心态,有的甚至走上了犯罪的道路。虽然这种情况的发生比例很低,但是在对大学生进行思想政治教育的过程中仍要将其作为重要内容,向大学生传递正确的法律常识,以增强他们的法律意识,提高其自身的道德判断能力。另外,大学生作为社会主义事业建设者和接班人,肩负着中华民族伟大复兴中的历史使命,这就对大学生的道德品质提出了更高要求,培育责任意识与担当精神也成了思想政治教育教学的重要内容。民办大学在日常思政课教学中,应结合大学生自身的心理发展特点,运用现实社会中,尤其是学院优秀毕业生的具体案例,让大学生认识到职业精神塑造的重要性。除此之外,在加强大学生职业道德教育的过程中,应以提升大学生的职业技能为基础,引导学生认识到只有具备扎实的专业基础,掌握必要的就业本领,才能更加直接有效地解决工作中可能遇到的难题。

(四)完善心理健康教育

有目的、有针对性的心理健康教育是提升大学生综合素质的必要条件。刚入学时,大学生综合文化知识不高,学习能力不强,在进入大学后,难以很快适应繁重的课业压力和复杂的人际关系,容易产生自卑、厌学、焦虑、恐惧、封闭、狭隘等

心理问题。当前在校的大学生均为95后,他们在思想上还未成熟,对一些问题的看法比较偏激、激进,有时会为一些小事而与他人大发雷霆;且常以自我为中心,当自己的利益受损时会产生极强的报复心理。这些大学生大多从小娇生惯养,容易形成自私自利的性格,没有经受过挫折教育,认为一切都是理所应当。而在走进大学后,有的大学生不愿意主动接触老师与其他同学,反而将自己封闭起来,长此以往他们的情绪难以得到发泄,易产生性格孤僻、心理压抑的现象,严重的则会成为心理疾病。

三、立足"大思政"格局,开展课程思政建设

民办大学在日常教育教学过程中,应注意把思想政治工作贯穿教育教学全过程,努力使所有课堂都有育人功能。习近平总书记指出:"要用好课堂教学这个主渠道,思想政治理论课要坚持在改进中加强,提升思想政治教育亲和力和针对性,满足学生成长发展需求和期待,其他各门课都要守好一段渠、种好责任田,使各类课程与思想政治理论课同向同行,形成协同效应。"①这就是当前实现全程、全方位育人的"大思政"格局。将思想政治教育等同于思想政治理论课的认识是狭隘的,要实现育人的全程、全方位,就要在观念上实现由"学科本位"向"教育本位"转换。思想政治教育的一个层次是"思政课程",即思想政治理论课;另一个层次是"课程思政",即在各个学科的教学中渗透思想政治教育,挖掘各学科的思想政治教育元素。

民办大学应注意提升专业课教师的教学引导能力,将思想政治教育融入专业课教学过程中。作为民办应用型本科院校的专业课教师,肩负着教书育人的使命,在培养应用型人才方面发挥着重要作用。这并不意味着专业课教师仅仅从事专业理论和社会实践教学,他们同时也应该承担一定的大学生思想政治教育工作,通过教学引导来促进大学生的思想政治教育。

民办大学在专业课教学过程中,专业课教师在传授专业知识的同时,还要向大学生渗透德育教育、思维方式以及社会人际交往等内容,使专业课教师不仅可以成为知识的传递者,也能成为道德的培养者和精神的塑造者。专业课教师从专

---

① 习近平. 把思想政治工作贯穿教育教学全过程　开创我国高等教育事业发展新局面. 人民日报,2016 - 12 - 9.

业教学的角度来探讨大学生的德育教育问题,发挥专业课教师的教学引导作用,并与辅导教师、思想政治理论课教师以及党政团组织共同发挥协同育人的作用。

在日常教学过程中,专业课教学包括理论教学和实践教学两种方式,专业课教师将教育学、心理学以及哲学观念等引入课堂教学过程中,采取适当的教学方法吸引学生的专业兴趣,以期达到提高大学生专业理论基础的目的。专业课教师不仅自身具备扎实的专业功底和较强教学能力,同时还要有严谨的教学科研态度和高尚的道德品质,通过个人的言传身教、率先垂范,成为大学生效仿和学习的榜样。在专业课教学过程中对德育教育进行适当的渗透,发挥一定的教学引导作用,从而促进大学生在学习专业理论知识的同时也能够进行自我道德教育。民办大学的专业课教师在推进大学生思想政治教育的过程中,应注重提升和改进教学理念、教学方法及教学行为,首先,在教育理念上,明确自身的教学职责,秉持全员育人的教育理念,把促进大学生全面素质能力提高作为专业课教师的工作内容,并通过所有老师的合力作用,实施全员育人的教育方式,以达到加强大学生思想政治教育的目标;另外,专业课教师应不断学习、创新教学理念,追求专业教学的高水平、高质量,以促进大学生的全面发展。其次,在教学方法上,应探索教育方式方法,提升教学效果,增强教育内容的融合性。针对民办应用型本科院校大学生基础不扎实,学习能力不强等特点,专业课教师应采取有针对性地教学方法,在课堂上增强对大学生的吸引力,培育大学生学习专业课理论知识的信心,并将其作为认真努力学习的动力。专业课教师还应注重教学方式的多样性,通过启发式教学、实践教学、案例教学等方式引导大学生积极思考和分析。专业课知识的教学同时还要注重从大学生的认知水平和心理情感出发,让他们在掌握知识的过程中,也能够深入思考人性道德问题。最后,在教育行为上,专业课教师要注意创新教学思路,实施寓教于乐,以增强思想政治教育的渗透性。专业课教师应努力走进大学生的日常社会生活,帮助他们解决具体生活问题或者心理困惑,通过与大学生之间的沟通,拉近与他们的距离;专业课教师还可通过这种方式了解大学生对专业知识的掌握情况,并得到教学信息反馈,以此及时改进教学方式。在耐心倾听大学生内心想法的过程中,应发挥思想政治教育入情入理的功能,促使大学生在专业学习中寓学于乐,以此达到事半功倍的教学效果。

第二节　思想政治理论课"三进"工作创新实践

党的十八大报告提出,"推动中国特色社会主义理论体系进教材、进课堂、进头脑",这说明党对新时期高校教育提出了新的要求。思想政治教育方法要随着思想政治教育内容的丰富和大学生心理变化的发展而不断创新。以往所采用的灌输式、说教式的教育,显然已经不符合思想政治教育的发展规律。在这种情况下,民办大学思想政治教学部门应积极创新大学生思想政治教育的教学方法,努力打破僵化的教育思维和固化的教育形式,通过创新思想政治教育方法为大学生思想政治教育的发展提供新思路,并为中国特色社会主义理论体系进教材、进课堂、进头脑探索新方法。

一、引导传统教育与现代教育方法的结合

当前高校的思想政治教育工作面临着严峻挑战,传统的思想政治教育方法已经很难发挥预期效果。根据这一情况,民办大学应积极运用现代教育方法来开展思想政治教育工作。

(一)遵循教育规律,适应个体发展需求

在传统的教育教学中,长期使用说理引导、榜样示范等方式,归根结底都属于理论灌输的方式,让大学生在说服中接受教育;虽然具有道理灌输、舆论引导的作用,但随着信息时代大学生接触信息的越发增多,其效果已经越来越小。另外,当前大学生思想政治教育存在着应试考核性特点,通过课堂教学、理论知识的传输以及考试考核的方式,通过一种整齐划一的教育模式,来促进大学生的发展。这都极大地忽视了思想政治教育的规律,没有从大学生个体出发来适应大学生个体性发展的需求。虽然大学生可以将学习到的理论知识生搬硬套地用于社会实践或外化为行为规范,却形成了内在的不一致性,不利于大学生自身综合素质能力的提高。民办大学思想政治教学部门在教学实践中发现,开展思想政治教育工作的基本前提在于思想政治教育者与大学生之间的平等交流。从师生关系来看,二者基本上处于地位平等、互动交流的状态,但是也有部分大学生因胆怯或其他心

理因素导致不愿与老师接触,不愿意对老师敞开心扉;长此以往心理困惑会越来越多,不利于个人健康心理的形成。在这种情况下,学校应积极建立相应渠道来促进大学生和教师之间提供平等对话沟通的桥梁;同时,思政教师也应注意在交往互动中的情理相融,特别是在对问题的分析上达到晓之以理、动之以情,以理服人,进而让思想政治教育深入人心,更加贴近大学生的日常生活。

(二)在继承传统教育的同时,坚持创新

运用现代教育方法推进大学生思想政治教育过程,并不意味着要完全抛弃传统的思想政治教育方式,而是要在继承传统思想政治教育方法的基础上进行有效地创新,如思想政治理论课程教学、校园文化熏陶等传统的思想政治教育方法仍然要在不断改革和创新中发挥作用。在此基础之上,思政教学研究部门、学生工作部门应积极推进思想政治教育与时俱进,将其发展与互联网技术联系在一起。网络对大学生日常学习生活的影响无所不至,在日益复杂的网络环境下,大学生面对各种诱惑,会产生盲从跟风、沉迷游戏等情况。在这种情况下,民办大学应积极研究对大学生开展网络思想政治教育方法,并有针对性地开展网络思想政治教育,及时解决大学生因受网络影响而产生的心理问题。在坚持传统教育方法与现代教育方法相结合的过程中,促进教育方法创新,通过优化评估监督机制、构建协同育人机制、健全信息反馈机制等为思想政治教育方法的创新提供机制保障。

(三)加强精品课建设

学校将思想政治理论课列入学院事业发展规划,并做重点建设。在完成基本课程建设任务的同时,也应积极进行精品课建设,如在落实思想政治理论课规定的课程学分和教学课时,严格按照国家规定设置课程的学分和学时进行教学,其中《毛泽东思想和中国特色社会主义理论体系概论》课可设置 6 学分、96 学时,《马克思主义哲学原理》课可设置 3 学分、48 学时,《思想道德修养与法律基础》课可设置 3 学分、48 学时,《中国近代史纲要》课可设置 2 学分、32 学时,《形势与政策》课 1.5 学分、24 学时,等等。民办大学应统一使用由中宣部、教育部组织编写的由高等教育出版社出版的全国统编教材。全体任课教师除了参加教育部、省教育厅组织的新课程培训外,还应以课程组为单位,通过集体备课等形式对教材内容和知识体系进行集中学习和研讨,努力将教材体系转化为教学体系,以保证教材使用质量,增强教学效果。另外,新媒体具有载体多样性、传播信息速度快等优势,将其运用在对大学生的思想政治教育工作方面具有重要的积极作用,对于大学生正确价值观的养成、良好社会公德意识的形成大有裨益。同时,民办大学应积极提高教师的新媒体素养,促进其灵活运用网络技术解决各类问题的能力,并使他们在思想上充分认识提高网络应用能力的重要性。

二、注重理论教学与实践引导方法的结合

大学生思想政治教育工作的展开要围绕将理论教学与实践引导相结合这一方法展开。民办大学应根据办学定位的要求,在教学方法上,改变过去单一重视理论知识教育的方式,加强对大学生社会实践能力的引导,坚持理论教学与实践引导方法相结合的方法。学生的专业理论课程都能够顺利完成,同时,应从社会发展的角度出发,重视大学生的实践动手能力,让理论知识为社会实践提供理论基础,以培育应用型本科院校大学生知行合一的能力。

(一)加强实践教学

民办大学应将实践教学纳入教学计划,并有稳定的实践基地。新课改以后,可从课程中至少划出88学时用于开展实践教学,约合5.5学分。同时,民办大学可为思想政治理论课实践教学划拨专项经费,以保证实践教学的顺利开展。

民办大学的思政教学研究部门应注重理论教学与实践引导相结合的方法,全面提高大学生的综合素养,以培养应用型人才,更好地为社会发展提供人力支撑。

(二)在专业技能提升过程中塑造良好的职业道德

大学生在学习过程中,专业技能指导虽然是主要方式,但加强对大学生思想政治教育工作仍然是不可忽视的教学工作,可以让大学生在专业技能提升的同时,塑造良好的职业道德,为真正走上工作岗位打下基础。例如,在加强大学生思想政治教育的过程中坚持理论教学与实践引导相结合的教学方法,思政教学与研究部门应高度重视大学公共政治课《思想道德修养与法律基础》,不断丰富这门课程的内容,创新教学方法,以引导学生在日常社会实践中践行社会主义核心价值观。任课教师应组织学生进工厂、进企业,让大学生切实感受到增强专业技能的重要性,同时让大学生在与企业职工的交谈中能从他们身上学到应有的职业道德素养;应采取组织丰富多彩的社会实践活动,通过辅导员以及其他老师的引导,让大学生在集体社会实践中锻炼自己的意志,提高自身分析问题和解决问题能力,增强学生的心理素质;同时,无论是理论教学,还是实践引导过程中,思政教学研究部门都应充分运用网络媒体技术手段,增强并改进大学生思想政治教育工作方式,通过 QQ、微信公众号、思想政治教育网络平台等让大学生在顶岗实习时期也能够接受到思想政治教育,在具体社会实践实习过程中培育自身的职业精神,从而为成为一名合格的应用型人才打好基础。只有大学生认同并接受思想政治教育,才能充分发挥思想政治教育的实效性。在坚持理论教学与实践引导方法相结合的过程中,民办大学思想政治教学研究部门应努力探索,对思想政治理论课的教学方式进行改革与创新,通过增强大学生思想政治教育工作,鼓励和支持大学生积极参与地区经济发展,引导大学生关注地区经济文化的发展现状,充分将马克思主义理论运用到现实热点问题的分析过程中,如运用政治经济学的理论来分析地区经济发展形势等,凸显理论与实践相结合的作用,以此来提高大学生的理论水平和综合实践能力。

三、强调课程教育与文化认同教育的结合

课程教育是开展思想政治教育工作的主要手段,但在多种文化价值导向传播浪潮的侵袭之中,高校思想政治教育所承载的主流文化认同不同程度地表现出传播的低效和边缘感。针对这种情况下,民办大学思想政治教学研究部门应在推动大学生思想政治教育过程中注重将课程教育与文化认同教育相结合,创新思想政治教育的教学方法,发挥思想政治教育的功能与作用。主流文化的形成需要一个长期过程,是随着教育对象在不断探索学习中形成的。当前,高校在德育教育中面临着前所未有的困难与挑战,不断涌现的新问题要求对大学生进行文化认同教育。民办大学思政教学研究部门在原有课程教育的基础上,应更加注重对大学生文化认同教育的培养,通过开展一些符合大学生个性倾向和个人兴趣的教育实践活动,使大学生在日常学习生活中增加社会阅历和实践经验。

四、建立文化自信,增强文化认同

民办大学思政教学研究部门应将课程教育的重点放在引导大学生建立文化自信、增强文化认同感上,以此来增强大学生思想政治教育的实效性。加强大学生思想政治教育工作要建立在大学生对其内容理解的基础上,认可思想政治教育

在提升个人能力上的作用。只有大学生认同并接受思想政治教育,才能充分发挥思想政治教育的实效性。思政教学研究部门应坚持课程教育与文化认同教育相结合,一方面,在课程教学中增强大学生对学校校园文化的认同,以提高大学生的思想政治敏锐度。大学生正处于思想逐渐成熟的关键时期,他们对社会问题、社会现象的思考也愈加客观全面,而在此过程中,要对他们进行引导,在课程教育的基础上夯实政治认同,提高他们明辨是非的能力及政治分析和思考的能力。另一方面,应整合教师、学生、教材和环境四个要素,坚持课程教育与文化认同教育相结合的原则。课程教育是一个动态的系统,其中教师和学生是主体,但也不能忽视教材和社会环境的因素。教材内容的科学性对于增强大学生的文化认同发挥着不可替代的作用,而社会环境所形成的文化氛围是增强大学生文化认同的催化剂。民办大学要积极探索,将思想政治教育的四要素统一到课程教育与文化认同教育相互结合的过程中,切实增强思想政治教育工作的实效性。

第三节　思政课程质量保证体系构建

民办大学应大力加强思政教师队伍、思政课教学管理机制等的建设,建立和健全思政课程质量保证体系。

一、加强思政教师队伍建设

大学生思想政治教育工作是一个复杂的系统工程,需要多个部门共同协调与努力,要求学校的思想政治理论课教师、党政团干部及辅导员三个方面共同推进,形成合作机制,发挥合力效应。具体来看,思想政治理论课教师、党政团干部及辅导员虽然在工作方式上各有不同,但目的都在于发展培养民办大学应用型高素质人才。

(一)增强思政课教师的理论研究能力

思想政治理论课教师直接参与大学生的思想政治教育工作,以授课的形式对大学生的思维方式和价值观念产生影响。思想政治理论课教师对大学生的政治素养和道德规范形成,发挥着不可替代的作用。一般说来,思想政治理论课所涉及的内容包括政治学、心理学、教育学、管理学等多个科目,再加上形势与政策是一个不断变化的内容,无形中给思想政治理论课教师增加了工作量与工作难度,但这也正是思想政治理论教师价值的根本体现。由此,思想政治理论课教师要不断学习,丰富自身知识体系,增强思政理论课教师的理论研究能力;只有这样才能更好地在课堂上引导大学生树立起正确的价值观念,促进大学生个体的全面发展。

思想政治理论课教师的理论研究能力关系着人才的培养质量,从目前思想政治理论课教师队伍的现状来看,这些教师大多思想活跃,视野开阔,学历层次高,且具备较强的创新能力,但也有部分教师存在着知识面过窄、科研能力不强等问题,这样往往会导致他们在教学过程中力不从心,影响了课堂教学的效果。针对这种情况,民办大学应从以下几个方面来促进思想政治理论课教师的理论研究能力:第一,改革思想政治理论课教师的管理方式和培训方式。增加教学培训,举办各类专题讲座等方式,促进思想政治理论课教师的教学和科研能力。第二,有针对性地对思想政治课理论教师的科研行为进行奖励。适当的物质奖励和精神奖励,在很大程度上能够增进政治理论课教师的科研动力,从而加强理论研究工作的开展,促进教师自身理论研究水平的提升。第三,思想政治理论课教师必须具备扎实的理论知识。区别于其他专业课教师,高校思想政治理论课教学内容更新得更加频繁,是随着党情世情国情的变化而不断调整的。在这种情况下,思想政治理论课教师要将不断学习作为一项持久的工作,时刻把握党和国家的方针政策,并将马克思主义中国化的最新成果运用到思想政治理论课的教学过程中。另外,因为教师的思维方式、价值理念以及道德情感会直接影响学生,只有当老师具备坚定的理想信念时,才能在教学中将正确的政治思想和政治观念传递给学生,并引导大学生树立起正确的理想信念和价值标准。随着互联网技术对大学生日常生活影响的日益深刻,高校思想政治理论课教师也应该提高互联网知识和新媒体素养,既要有了解和熟悉运用媒体信息的能力,也要将新媒体与思想政治教育教学相融合,提高教育教学效果。思想政治理论课教师要时刻紧跟时代发展的热门话题,充分关注新媒体的发展趋势,不断探索思想政治课教学与新媒体技术相融合的途径。新媒体为促进大学生思想政治教育提供了新的平台,但是更重要的在于如何将新媒体运用到课堂教学与平时的师生互动上,只有充分利用这些新技术才能更加全面了解大学生的心理状态,并通过及时反馈教学信息而转换教学方法,从而提高教育效果。

民办大学对思想政治理论课教师培训、研修、社会实践和学习考察等应安排得当。思想政治理论课教师在上岗前均应按时参加省级岗前培训,并通过培训考试,获得岗前培训证书。民办大学应积极为思想政治理论课教师参加社会实践和学习考察创造条件。

(二)提高党政团干部及辅导员的领导组织能力

党政团干部及辅导员作为学校思想政治教育的领导者、组织者和实施者,发挥着重要作用。民办大学应不断提高党政团干部及辅导员的理论素养、业务水平和工作方法,缜密分析当前大学生的心理特点,有针对性地提出加强大学生思想政治教育的方案,凸显学校思想政治教育工作的特点,以期更符合大学生综合能力提升的要求。

提高党政团干部及辅导员的领导组织能力,重点应做到以下三个方面:第一,在提高整体素质和知识水平上,通过定期、专业的培训来增强党政团干部及辅导员的业务能力,并重视培训结果的考核工作,对培训成绩不达标的进行教育批评,督促其认真对待培训,从而增强其自身的业务能力水平。为更好地提升对党政干部及共青团干部履行学生思想政治教育工作的效果,应制定相关规划或考核办法,并据此每年对党政干部及共青团干部履行学生思想政治教育工作的相关职责进行考核与评估。第二,党政团干部及辅导员要提高自身的道德修养,并运用到学校管理过程中。党政团干部及辅导员在推进校园文化建设的过程中要重视隐性的思想政治教育功能的发挥,也就是说在其融入到校园文化建设过程中时,应通过文化的渗透力和影响力来增强大学生的文化认同,自觉提高其自身的道德修养。第三,改善工作思路,创新思想政治教育的方法。互联网技术是一把双刃剑,要利用其优势促进思想政治教育工作的发展。党政团干部及辅导员作为学校思想政治教育工作的主力军,肩负着创新教学理念和开辟教学新方法的责任,要有效运用网络新技术变换组织形式、拓展活动空间,推进教育工作的网络化和信息化,从而为推动学校思想政治教育的发展提供良好的校园环境。

党政团干部及辅导员的领导组织能力关系着大学生思想政治教育工作的实效性和针对性,应加强对党政团干部及辅导员的培训,不断提高其领导和组织能力,从而确保思想政治教育工作开展的高水平、高质量。民办大学应坚持"养用结合""精心培育"的原则,把辅导员培养纳入学校师资培养规划和人才培养计划,与其他教师保持一致。同时,在实际工作中应给辅导员以更大的舞台和空间,通过多角度、全方位强化辅导员的培训,多渠道、分层次加强辅导教师的培养,使其向研究型、专业型转变。

同时,学生班级管理可实行"导师制"模式,班级所有教师均同时担任班导师,以形成全体教师"人人关心学生学习,人人参与教育教学管理"的全员学生教育管理体制。班导师按照学生个性化培养方案实施有效指导,能够有力地提高学校人才培养质量。

二、健全思政课教学的管理机制

机制建设是促进大学生思想政治教育发展的有力保证,要在推动各项机制的建设过程中,首先明确思想政治教育的目标、内容以及具体方法,只有这样才能在健全领导管理机制的过程中坚持党委领导下的校长负责制,协调推进各部门加强大学生思想政治教育工作,加强协同育人机制、激励约束机制、信息反馈机制、评价监督等机制。

（一）健全大学生思想政治教育的领导管理机制

思想政治教育工作要坚持党委负责制,习近平总书记曾指出:"党委领导下的校长负责制是行之有效的制度,要在总结实践经验、广泛听取各方面意见的基础上,抓紧制定党委领导下的校长负责制实施意见。"随着社会经济的快速发展,思想政治教育的环境也发生了深刻变化,这就要求党委领导要不断增强理论学习来提高自身的领导管理水平。当前,应用型本科院校的思想政治教育工作需要现代化的领导理念,应坚持精简高效的原则,将思想政治教育的各因素统一于有组织、有秩序的思想政治教育系统中。而校长则负责学生的德智体全面发展工作,须将思想政治教育工作与教育科研工作同等看待,并把思想政治教育贯穿到一切教育教学中;同时,还应不断创新决策机制、议事机制和沟通机制,从多方面、多角度完善党委负责制。

民办大学应不断健全各级组织领导机制,协调推进各部门加强大学生思想政治教育工作。健全的机制重点在于执行和落实,无论是校级层面还是院级层面,都要将思想政治教育工作落实到位,把工作机制落实到每个人身上,以凸显组织机构的专业性和服务性。民办大学至少应该成立以主管学生工作的副校长为组长,各分院院长、学生工作部门、教学管理部门、校长办公室、校团委、安全保卫部门、后勤保障部门等部门负责人为成员而组成的学校学生工作委员会,发挥宏观指导协调、队伍管理培养和指导措施落实的职能作用。学校实行校、分院、级队、班级"四级管理负责制",层层贯彻"以学生为中心,理论联系实际"的人才培养理念。人才培养工作是民办大学的中心工作,各部门职责是做好服务、管理和指导,是人才培养工作的保障,分院和级队是人才培养工作的核心,班级是人才培养工作的基础。任课教师都担任学生班导师,将教师的教学与学生教育工作有机地结合在一起,形成"人人关心学生,人人参与管理"的新型学生思想政治教育体制。同时,应将学生的思想政治教育工作纳入校长办公会议的议题中,并听取工作情况汇报,对工作进行指导。每学年均应组织召开思想政治教育工作专题会议,以研究部署学生思想政治教育工作。学生工作部门每月要定期召开学生工作例会及专题工作会议,并做完整的会议记录。学校应对党政干部及共青团干部开展大学生思想政治教育工作提出明确要求。

(二)构建大学生思想政治教育的协同育人机制

协同理论是关于系统科学的分支理论,从系统演变的角度研究人与社会系统内各要素之间因相互作用而形成的发展规律。推动大学生思想政治教育的发展可运用协同理论,让其与心理健康教育系统以及文化知识教育系统等处于相互协同状态,以此来促进大学生的全面发展。民办大学应从思想上和实践上推进协同育人机制的构建,由此推动大学生思想政治教育工作。

1. 构建职能部门的联动合作机制,实现各类教育资源的整合

推动大学生思想政治教育,需要通过各职能部门之间的联动合作,让不同部门认识到思想政治教育工作的复杂性和系统性,并切实从学校办学的实际出发,开展有针对性、实效性的思想政治教育工作,以联动合作的形式来打造思想政治教育工作的主阵地,从而形成联动合力,推动整个学校思想政治教育工作的质量。另外,整合教育资源,将思想政治教育与专业理论课教育、心理素质教育等相互融合,丰富发展思想政治教育的方式,推动其教育融入到大学生的日常学习生活中,让大学生自发感受到教育资源的整合对他们个人政治素养、文化素养以及心理素

质方面的显著提升。

2. 加强辅导员与思政课教师之间协同育人

辅导员和思政课教师重在增强大学生的道德品质,因辅导员和思政课教师是大学生思想政治教育工作的主力军,因此,学校特别注重发挥二者之间的协同作用,一方面,思政课教师不断创新教育教学方式,丰富课程理论教育内容,引导大学生接受系统的、专业的思想政治教育,另一方面,辅导员注重在日常生活中解决大学生面临的实际困难和心理困惑。很多思政课即由辅导员担任教学,专任思政课教师经常与辅导员进行沟通,以了解学生的心理动态。学校应积极鼓励思政教师与辅导员在工作中进行合作交流,激发他们协同育人的意识。

(三)建立大学生思想政治教育的激励约束机制

大学生思想政治教育的激励是用来诱导和释放教育者施教、教育对象受教的内在动力的手段。其中既包括对思想政治教育者的激励,也包括对大学生的激励。在相关工作中,一方面应加强对思想政治教育者的激励和约束,充分调动他们的积极性和创造性,并规范和约束他们的行为,最大限度地从学生角度考虑,发挥他们在促进应用型本科院校大学生全面发展的作用;另一方面,应对大学生进行激励和约束,采取积极手段挖掘大学生的潜能并提高其综合素质能力。

1. 以制度化建设促进激励约束机制的形成

学校的规章制度是大学生必须遵循的行为规范,根据制度对大学生行为进行综合评价,同时还应有相应的奖励制度,可对大学生综合能力或某一特长进行奖励。通过适度的奖励和约束,带动整个班级以及学校形成积极向上的校园风气,从而为大学生的全面发展提供良好的校园文化环境。在加强大学生激励教育的过程中,结合学校各专业大学生的特点,有针对性地对学生进行物质奖励和精神奖励,避免形式主义和不切实际,根据大学生活和学习的基本要求来进行奖励,特别是针对家庭经济困难的学生,要给予特殊的奖励政策。另外,民办大学在推进制度化建设的过程中,应合理优化激励目标,结合学校的办学目标和大学生的特点而采取不同的激励方式。与此同时,应完善业绩考核和惩处办法,以确保思想政治教育考核的规范化和制度化,让公平的考核成果作为激励和惩罚的标准。

2. 强化对思想政治教育激励教育方法的理论研究

激励约束机制的形成要以深厚的理论为基础,既需要继承和发展马克思主义的激励理论,又需要批判性地借鉴西方的激励理论。马克思主义的激励理论包括如何满足人的基本需要、如何调动人的积极性等内容,运用到大学生的思想政治教育中,就是如何通过激励来促进大学生在德、智、体、美等方面全面发展,如何让大学生积极参与社会实践活动。激励是发挥人们主观能动性的主要途径,由此要深入研究如何通过目标激励、政治激励以及自我激励等来发挥大学生的主观能动性。在此过程中,要注重激励对象的心理动态,根据激励对象的实际情况而采取有效的激励方法,以发挥激励在增强人的主动性方面的作用。民办大学在实践中通过将相关激励理论运用到思想政治教育方法中,研究激励教育的方式、方法、原则以及目标,以此来增强该机制建设的科学性和理论性。

3. 强化对思想政治教育工作的约束控制

激励和约束是一对矛盾统一体,在发挥激励作用的前提下要重视约束的控制性作用。在开展思想政治教育的具体工作中,应适时采取措施,约束和控制大学生行为。坚持适度控制,即"在控制范围、幅度、强度上要有一定的节奏和合理性,要根据大学生思想政治教育机制的运行规律和运行目标选择控制程度"。要根据各个学校学生的特点,在推进思想政治教育工作中进行有效的控制、监督和引导,以制定规章制度的形式来约束大学生的行为,让大学生在学习和生活中更有利地提高自身的综合素养,从而达到学院所要求的培养目标。

(四)完善大学生思想政治教育的信息反馈机制

思想政治教育是一项复杂的多层级系统工程,而其所教育的对象,也是一个较为复杂的群体。在推进大学生思想政治教育的过程中,建立信息反馈机制是增强思想政治教育实效性的必然要求。通过信息反馈机制,能够及时了解学生的思想动态,特别是在当前信息迅速发展的时代,大学生的心理动态深受网络各类信息的影响,一些消极、被动的信息资源很容易对价值观尚未形成的大学生产生不利影响。在这种情况下,建立系统的思想政治教育信息反馈机制则显得尤为重要。因此,思想政治教育信息反馈,是教育者收集和掌握教育对象受教育后做出反应的过程,是增强教育针对性、实效性的重要环节。

在构建信息反馈机制的过程中,应对大学生的生源结构、综合水平以及心理特点进行整体性的把握,以增强信息反馈机制的针对性和实效性。首先,畅通思想政治教育的信息反馈渠道。因对大学生信息的收集是经过学生干部、辅导员、教师等层层筛选与传递,最终将信息汇报给各分院、学生工作部门直至党委机关,期间经历了多个环节,而在此过程中可能会导致反馈的信息出现纰漏,不利于党委机关的决策。因此,要保证信息反馈的规范化和程序化,增强反馈信息的真实性与可用性。其次,丰富思想政治教育信息反馈的内容。辅导员、导师在搜集大学生信息的过程中,不仅要反馈大学生好的一面,还要将大学生自身存在的问题及时反馈,做到全面、客观地向党委决策机关反馈积极的和消极的信息。第三,运用现代网络技术创新思想政治教育的信息反馈方法。在构建信息反馈机制方面,充分发挥网络优势,让大学生和思想政治教育的专家、学者在网络平台上相互交流讨论,发表对等看法,进而搭建起任课教师与学生之间沟通平台,为大学生提供专业的心理咨询和学习指导,并充分发挥网络的高效性和便捷性特点来增强对大学生心理动态以及其他信息的收集。最后,应促进信息反馈的制度化建设,以规章制度的形式定期召开思想政治教育的汇报会议,让大学生参与其中,更加直接的了解大学生的基本情况,快速而准确地提出相应对策。

完善信息反馈机制是高校思想政治教育工作的重要环节,目的在于使整个学校的思想政治教育决策处于可控状态,通过及时了解大学生的一些心理动态和行为变化而采取有针对性的措施。组建一个信息反馈工作的组织机构对于健全大学生思想政治教育的信息反馈机制也十分必要,由固定的人员有计划地对大学生的学习、生活和思想动态进行收集整理、信息传递,能够简化信息反馈程序。辅导员、导师、思政课教师,在掌握校园发展现状以及学生思想动态的过程中,应发挥自身主观能动性,努力做到细心观察、深入调查、周密分析,确保学生信息的真实性,了解学生内在的真实想法,掌握大学生的心理动态以及发展规律,从而为党政部门制定思想政治教育方面的决策提供价值参考。

(五)创新大学生思想政治教育的评价机制

民办大学应根据自身培养模式要求,从社会发展的角度出发,重视大学生的实践动手能力,让理论知识为社会实践提供理论基础,培育大学生知行合一的能力。在这个过程中,应努力建立一套科学化、全方位的思想政治教育考评机制,并通过相应的考评手段和考评方式来检验思想政治教育工作成效。在考核过程中,既要以学校的办学定位为前提,同时又要符合思想政治教育的学科规律。加强大学生思想政治教育考评的民主化,让思想政治理论课的一线教师和学生都参与到考评表决中,邀请学生家长代表及外校的教育工作者参加,共同组成一个由不同成员组成的考评组织,以推进考评工作的公开化、透明化;将"量化考评"方式与"质化考评"方式相结合,既可充分评估大学生的学习成绩和能力水平,又能对大学生的道德品质、心理素质等方面进行考察,即坚持将综合能力考评与道德素养考评相结合的考评原则,通过日常学习生活中的表现以及老师和同学反馈等方式来加以实施;坚持系统化和可操作性的考评原则,以保证思想政治教育评价机制的有效运转。从系统和全面的角度把握思想政治教育工作的整体性,建立层次分明、标准统一的考评办法,将考评内容具体化,并将各个考核内容进行等级划分,以保证考评办法的可操作性。

民办大学应努力探索创新大学生思想政治教育工作的监督体系,对大学生思想政治教育工作的监督,可借助于学校与家庭的互动平台。应充分运用互联网的优势,与学生家长互相沟通,让双方的互动成为对大学生日常思想政治教育监督的重要形式,从而对大学生可能存在的错误价值观给予积极引导和纠正。与此同时,还要邀请专家学者和学生家长对学校的思想政治教育效果进行评价和监督,使之成为学校思想政治教育方式的重要途径。学校党委和学生工作部门等,应在学生社团活动的管理过程中发挥监督作用,对学生社团活动的思想政治教育的功能特点进行监控,并监督社团活动的申报主题和形式,让学生社会活动成为丰富大学生思想政治教育的重要内容,以促进大学生综合素养的形成。

第二篇 02

第四章

民办大学应用型转变与应用型人才培养途径

　　我国民办高等教育目前已经进入稳定与提高的新发展阶段,但民办大学在快速发展的同时,也积累了许多深层次的矛盾与问题,很多民办大学在积极探索变革之路,尤其在我国社会转型和产业结构调整的大背景下,向应用技术型转变,探索应用型人才培养模式,已成为民办大学的主要发展方向。但民办大学在向应用型转型的过程中还存在很多发展目标与发展现状有偏差的问题,如办学目的、办学规模、办学层次、专业设置等。因此,本章将主要探讨民办大学在向应用型转型的过程中,应用型人才培养机制和模式问题。

第一节　民办大学转型发展的必然选择

　　我国民办大学历经三十多年的发展,已经进入由"规模快速扩张"向"质量品牌竞争"转化的过渡期。为了从根本上转变民办大学的办学定位与人才培养机制,各高校纷纷提出解决方案;然而这些方案或建议等是否具有针对性、实践性和科学性,是否能在教育教学与管理中落实并取得预想成效,仍需要继续探索。显而易见的是,随着高等教育改革的深入推进,民办大学转型已成为必然,但在解决"如何转、转什么、向哪儿转"的核心问题过程中,仍困难重重,我们既需要认清民办大学转型的必然性,又要认识其艰难性。

一、生源质量的大幅度下降是民办大学转型发展的动力

　　长期以来,我国民办大学的成长与发展依赖于"以生养校",路径依赖的"锁定状态"意味着"生源"依然是民办大学生存发展的重要因素;然而,新时期阶段性生源剧减问题凸显。因出生率下降,2011～2015 年间,我国大学学龄人口规模将保持每年5%的下降速度,下降趋势要持续至2028 年。按照这种发展趋势,多年来依靠生源迅猛增长而达到规模快速扩张的民办大学将面临生存危机。在"以生养校"的传统思路不变的情况下,保证生源源源不断仍然是今后民办大学发展的前提,但是更为严峻的是,生源剧减背景下不公平竞争与恶性竞争所导致的争夺生源之战正愈演愈烈,又进一步恶化了民办大学的生源状况。

从高考录取分数线上看,民办大学与一本院校相比有大约 200 分的分数差距,是一本分数线的三分之一,差距之大可见一斑。但在研究中我们还发现,伴随着分数上的差距,还隐含着学生学习习惯、行为习惯、家庭教育方式等诸多问题上的差距,这些差距将带来民办大学在人才培养模式上与公立院校有很大差别。一方面,公办院校持续扩招极大地挤压了民办大学的生存空间。相比较而言,公办高校在学校品牌、专业设置、智力资源、校园文化沉淀、政策支持、社会关注度等方面具有明显优势,加上人们传统的重"公"偏"私"的社会观念,使得民办大学在政府主导高等教育的环境下无法与公办院校相提并论;另外,随着公办高校市场化和特色化办学思路的出现,众多公办院校纷纷拓宽办学思路,与国外优等教育资源或国内社会资源相整合,开展合作办学模式,也对我国民办大学的生存与发展造成了冲击,使得民办大学的生存空间进一步萎缩。另一方面,民办大学间的恶性竞争加剧。在生源相对紧张的大环境下,实现规模化办学已成为各民办大学发展的重中之重,因此各民办大学不得不采取各种方式或手段争夺生源,有的学校动员全体师生实行全民招生,有的学校在各地区设置招生代表,有的学校则与高中学校领导和老师联系试图通过私人关系招生,还有的学校通过媒体大做广告等,招生途径和招生方式真可谓名目繁多。这也导致了民办大学在招生过程中存在很多乱象,造成了不良影响;但对民办大学来讲是不得已而为之,因为生源是其办学的基础。

二、生源质量较低是民办大学转型面临的现实问题

民办大学必须完成的是大学本科教育,这一大的前提是不可动摇的。这就十分清晰地把如何面对层次相对较低的生源,完成目标相对相同的本科教育这一问题摆到了突出的位置,并成为民办大学的主要矛盾。目前我国共有各类民办大学700余所,均实行自主办学,学校定位及学生培养质量等诸多问题对学校的发展至关重要,而找到人才培养的正确道路和突出人才培养特色是民办大学求生存、谋发展、创品牌的关键举措,更是民办大学赖以生存的生命线。

在分析民办大学的各项办学条件中,我们也看到了一些可以加以发挥的积极因素,如目前我国的300所独立学院也属于民办性质高校,这些学校均依托其母体高校(均为公办高校,其中大多数为重点大学)实行联合共建,其主要依靠母体高校的实力与社会声誉,一方面借助母体高校的教学管理指导,另一方面依托企业办学可以为了解现代社会的人才需求变化提供许多方便条件。充分利用好这些综合因素,发挥民办大学自主办学的优势,也许能够找到一条适合民办大学发展的道路。

三、解决教师队伍流动问题是民办大学提升办学质量的关键

民办大学发展转型必须首先解决两个关键问题:一是教师队伍频繁流动,稳定性差;二是教学质量有待提升,学校品牌尚需创建。

民办大学教师队伍频繁流动难以扭转,其根源在于与公办高校相比,民办大学在教师队伍建设方面存在很大差距。首先,在教师收入和福利待遇保障方面,民办大学普遍低于公办高校,这使得民办大学教师无归属感,因缺乏最基本的工作满足感而无法全身心地投入到教育教学和管理工作当中;而公办学校教师则收入稳定,各种福利保障健全,尤其是公办高校教师所享受的事业单位编制是众多民办大学教师可望不可及的。其次,在社会地位方面,"民办"不如"公办"的固有观念伴随着收入与福利的差距在被不断强化,使社会常常以"另类"眼光看待与评价民办大学,不仅认为民办大学生源素质差、教学质量差、教师教学水平差,而且认为民办大学教师不如公办学校教师。再次,民办大学不重视教师的培养。民办大学教师的主要工作任务是教学,因而对教师在科研、学历提升、进修培训等方面的重视程度有限,甚至很多民办大学教师队伍存在"三多三少"的现象,即兼职教师多、专任教师少;退休教师和青年教师多、中年骨干教师少;低学历低职称教师多、高学历高职称教师少。这也导致了民办大学教师因缺乏归属感和安全感而频繁流动,甚至有很多民办大学高校教师干脆去了一些公办高职高专院校或中小学

任教。所有这些不利于教师队伍建设的因素应引起民办大学的高度重视,优良的师资队伍是民办大学教学质量的根本保障,也是其实现转型发展的基础。

第二节 应用型人才培养机制创新

教育部《关于大力推进高等学校创新创业教育和大学生自主创业工作的意见》从我国高等教育与经济社会发展的实际出发,将创新教育与创业教育相结合,深入诠释了"创新创业教育"的科学内涵与时代特征,对于我国高等院校创业教育的发展具有重要的指导意义。经过多年不断的探索和努力,我国高校的创新创业教育取得了一定的成绩和经验,业内也对创新创业教育的科学内涵以及功能架构达成了一定共识。应用型人才培养,除应具备创新创业教育的本质特征外,还必须突出社会服务与实践功能,要立足"教育"与"实践"的根本,在现有教育资源的基础上,重点突出专业社会服务与实践职能,强调创新思维模式,从根本上培养学生的基本创业素质和开创型个性,从而使学生真正具有鲜明的时代精神和开拓意识,具备较强的社会适应性和社会实践能力。

一、基于产学研的校企合作模式

基于产学研的校企合作模式是我国最早的产学研合作教育实践,主要表现为学校资源走出去,企业资源走进来的双向互动。这种模式通常以教学实习基地建设、企业定制培养、双导师指导、企业管理及技术顾问指导、项目委托与合作共建研发中心等方式对专业人才进行多元化培养。从传统产学研合作教育的模式发展来看,虽然有从"学校+企业"到"学校+企业+科研机构"再到"政府协同参与"等多主体合作的多种衍生模式,但合作教育的参与主体仍以高校、企业及科研机构三方为主。从产学研合作教育的内在机理来看,尽管产学研合作教育强调知识与实践的结合及教学与生产、科研的结合,但其中仍缺乏有效的运作机制来填补产学研机构的人才培养与企业人才需求之间的"缝隙"。因此,定位于应用型人才的培养,民办大学作为应用技术型人才培养的主要方式,需主动创新产学研合作教育模式,强化产学研的联动效应,以完善人才培养机制,提高教育质量。

二、基于多元化的人才培养机制创新

民办大学面对生源的实际水平,又要培养出合格的本科层次的工程技术人员,我们认为必须坚持理论联系实际的办学理念,具体地讲就是坚持"理论知识与实践能力同步增长,以理论知识引领实践能力发展,以实践训练激发理论学习的热情"的理论与实践形成良性互动。这种模式区别于一本院校依靠学生高度的抽象思维能力和孜孜以求的学习精神,先是完成大量的理论知识储备,然后再根据学生的发展意愿,确定是继续理论深造还是回到实践中去消化和应用知识;它也不同于高职高专学校只注重学生的技能培养,以掌握一种较为先进的技术生产手段为主要目的,而理论学习只是作为掌握技能手段的辅助工具。可以看出,扎实的理论基础和较强的实践能力是我们教学的核心追求,只有全面扎实地掌握了理论知识才可以为未来的发展空间做好准备。我们讲理论知识与实践能力同步增长,就是要强调我们的人才培养模式与一本院校不同;讲理论引领实践能力的发展,就是在强调理论和实践高度的依存关系和同步性,以及实践能力训练的高层次性;讲实践训练激发理论学习热情,是对实践训练的一种定位,即它不只是能力的训练,还要达到辅助理论学习的目的,还要帮助完成掌握理论知识这一更深层面的作用,以此来弥补民办大学学生理论知识学习能力相对不足的弱点。

实施大学生综合素质培养计划,是在多元化人才培养目标定位中非常有特色的一个环节。针对民办大学的学生特点,通过建设具有创新素质的教师队伍,整体优化素质创新教育体系,体现系统性、可持续性和与专业关联性的教学内容,强化学生的综合素质训练,使教育教学成效显著,从而成为学生实现终身学习的一个重要平台。综合素质培养计划的核心,就是让学生在诸多的社会实践活动中确定一个适合自己的任务和要求,让学生通过自主学习、创新实践或参与社会活动的形式,在各类活动中锻炼自己、增长才干。通过综合素质的提高,使学生在增长知识的同时,有目标地在进行着向"成人"角色的转换。组织各类科技竞赛,倡导学生参加科研活动,促进学生在以学习为主的前提下逐步由单纯的学习知识转变到发现、运用和发展知识,让每个学生从一入学就开始关注个人在不同的发展阶段的重点事项及应参与的综合素质活动。

第三节　应用型人才培养模式构建

民办大学旨在为社会培养经济建设和社会发展的应用型人才,而随着民办大学的不断发展壮大,其必然要经历从单纯教学型向教学研究型转变的发展阶段,所以应该为向其他高校进一步输送能深造的可塑型人才打好基础。基于此,本章结合民办大学的办学实际情况,将深入分析其在应用型人才培养模式构建方面的具体做法和措施。

一、人才培养模式构建的总体目标和思路

根据民办大学人才培养规划建设目标,各高校应明确其人才培养模式。当前很多学校所推行的多元化培养即是一种有效路径,它能够综合提高学生学习的主动性,因而可对民办大学多元化人才培养方案进行进一步探索与实践。所谓多元化人才培养,主要是指为学生考研、就业、出国深造这三个主要出口方向提供充分扎实的教育培养环境,使他们分别成为以应用型人才为基本特征的应用型研究人才、应用型技术人才和应用型复合人才。基于上述定位,民办大学多元化人才培养模式应明确提出人才培养的总体指导思想,即人才培养模式要在终身教育、素质教育的基础上,贯彻知识、能力、素质协调发展和可持续提高的原则。根据社会发展对不同层次人才的需求确定培养目标,即培养基础知识扎实、专业面宽、素质好、实践能力强、富于创新精神、外语和计算机应用能力强的应用型、研究型和复合型人才。

民办大学的多元化人才培养模式具有以下几个基本特征:

(一)完整性

人才培养模式应以多元化培养目标为核心,能够开展多元化人才培养所需的各项工作。

(二)可推广性

人才培养模式应兼顾相似专业的情况,具有一定的普适性,以覆盖工科类专业为主。

（三）可实施性

人才培养模式应结合民办大学学生实际情况，因地制宜。

（四）可扩展性

人才培养模式应能够进行自我修改，不断完善。

多元化人才培养模式应能使学生具有基础扎实、知识面宽、能力强、素质高、特点突出且符合社会发展需要的人才特征。

在遵循教育规律的原则下，从现行的应用技术技能型人才培养模式和层次结构出发，借鉴国内外高校的经验，根据民办大学学生的知识结构和个性发展的多元化需求，构建适合市场经济需要的、可操作的理工科多元化人才培养模式和层次结构。具体研究思路框架如图4-1所示。

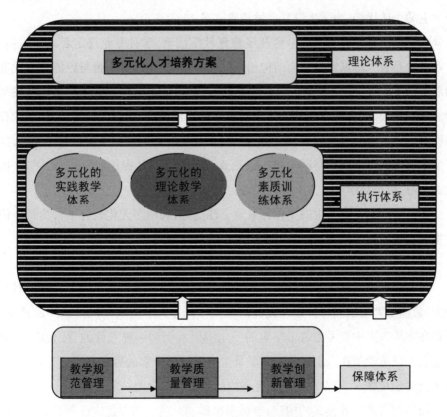

图4-1　多元化人才培养模式研究思路框架图

二、应用型人才培养模式的特点

（一）人才培养模式的制定以科学的教育思想观念为指导，遵循教学基本规律，符合普通高等学校本科专业业务培养目标和业务培养要求

确定共性的基调，以满足社会对本科毕业生的基本要求。应坚持本科教育内容的基础性，加强公共基础平台课、学科基础平台课的建设。公共基础课程强调基础性，打好基础，强化英语、计算机的教学；学科主要课程强调核心性，加强核心课程的教学，专业核心课程应符合教育部本科专业目录所列主要课程。同时设计专业方向平台课程模块，构建通识教育基础上的宽口径人才培养体系。

（二）针对社会发展对不同层次人才的需求确定培养目标，以市场为导向，结合学生的个体优势，为学生量身定做培养方案

大学以学科专业为基础平台开展教育教学活动，学科专业规定着人才指向，专业设置是否与区域经济社会结构相匹配，决定着人才培养能否与经济社会发展的需求精准对接，优化专业结构自然是转型发展的切入点。考虑到学生因在基础、兴趣、特长、能力等方面的差异而对教学的不同要求，进行因材施教，加强教育的针对性。适当减少必修课，增加选修课，设计模块化的知识结构和弹性课程，给了学生更多自主发展的空间。增加讨论式、研讨式课程，提倡启发式、案例式、探索式学习，以提高学生自主学习的能力。

通过导师制了解学生的文化背景及个性优势，利用多元化教育平台为每一位学生制定最有利于其自身发展的独一无二的培养方案。

（三）为学生终身的发展预留足够的空间

民办大学多元化人才培养模式要在终身教育、素质教育的基础上，贯彻知识、能力、素质协调发展和可持续性提高的原则。民办大学遵照"终身教育"的理念，强调在本科教育中要考虑每个学生的一生将要经历的一种人性的、社会的、职业的过程。以给学生在人生的各种阶段及生活领域所带来的启发及引导为目的，贯穿于全部正规教学、日常活动及交往在内的是一种综合统一的理念。

应用型人才培养模式的构建，遵循强基础、宽口径、增强适应性和职业转移能力的原则，以适应市场的不断变化和学生的个性化要求。按照"3＋1"执行体系下学生的知识结构体系兼顾素质教育、专业教育、实践创新能力及个性发展四大方

面,以制定多元化的人才培养方案。

三、应用型人才培养模式的构建

民办大学应逐步加强人才培养实践,完善人才多元化培养的途径,通过人才培养方案的多元化、教学方法与教学手段的多元化、教学管理模式的多元化等,结合企业与高校联合办学,根据自身的特点形成有特色的多元化人才培养模式。

(一)构建应用型人才培养模式的动力

应用型人才培养是对传统大学教学模式的一项重大改革措施,在国内还没有较好的可供学习和借鉴的经验,其实施难度和面对的风险显而易见。出于以下几个主要原因,促使民办大学选择构建应用型人才培养模式作为教育改革的一个重要突破口。

1. 在严峻的就业形势下,采取优选对策

在我国高等教育已进入大众化,经济发展与人才供需关系深刻变化的大背景下,国家做出引导部分地方普通本科高校向应用型转变的战略部署。自从教育部实行扩招政策以来,大批渴望受到高等教育的学生实现了梦寐以求的愿望,但同时也给大学生的就业带来了空前压力。能否使自己的毕业生如愿得到就业岗位,成了检验一所大学是否成功的重要标尺之一。国内大学一些传统办学模式培养的学生能力和知识不能同步增长,用人单位并不认可,"产品"在"出厂"时被检验为"不合格"。我们必须正视的一个现实问题是,许多企业,尤其是一些知名企业,在人才招聘会上,在招聘非技术设计的其他大量岗位的学生时,并不苛求毕业生的知识深度,而是较为关心毕业生的综合素质,如基本理论、基本概念和对某些问题的认识、态度,处理某些问题的能力,与人交往的表现等。在这样的选择标准中可以清晰透视出以下结论:一个合格的"产品"需要经过实践环境的磨合,而"磨合期"需要学校自己来买单,这就是激烈就业竞争环境下的无情现实。若用"实践是检验真理的唯一标准"来衡量,给学生一个适当的机会了解和学习社会就成了一种必然的选择。

2. 应用型人才培养模式是"理论联系实际"办学理念的突出体现

在这场转型大潮中,民办高校遵循高等教育发展的新要求,适应经济社会发展新形势,瞄准区域经济发展调整优化专业结构,全面推进专业的转型,把培养应用技术型人才与促进区域经济社会发展统筹规划,实现了专业建设与区域经济社会发展需求的"同频共振"。把培养目标定位在应用型人才的培养上,把"理论联系实际"作为办学的核心理念,很多高校为此做过多种形式的校企联合办学尝试,如在企业建立实习基地、与企业建立教学联盟进行毕业生定点培训等。

3. 应用型人才培养模式是实现个性化发展的重要手段

在应用型人才培养模式的尝试中,可使学生的个性化得以最充分的发展。学生可以选择到自己喜欢的企业里,做适合自己未来发展的实习工作;也可以充分利用所学知识,做考研或出国深造的准备;也可以选择在老师的指导下开展校内实践活动,到实验室研究设计调试各种电子产品。总之,应用型人才培养模式起到了学生在向新的目标发起进军前的备战作用,是学生和校方在共同为学生达到新的彼岸搭建的桥梁。

应用型人才培养模式的实施,使学生的精神面貌有了很大变化,许多老师在遇到从企业回校的学生时,都会发现有一种"士别三日当刮目相看"的感觉。学生变得很懂礼貌,有朝气有见识,也很有自信心。同样,选择考研的学生,通过潜心复习,以及在老师的帮助指导下,越来越多地考取了研究生,其中考取"211"和"985"大学的比例也在快速上升。

(二)构建应用型人才培养模式所面临的问题及对策

实行应用型人才培养模式是一个重大的教学形式调整,虽然对实现多元化人才培养目标起到了举足轻重的作用,但也必然会给教学带来诸多实际问题,能否有效地解决好这些问题,将直接决定多元化人才培养工作的成败。民办大学在应用型人才培养模式构建中需要解决的问题主要有以下几点:

1. 关于一些课程开课时间前移及应对的方法

三年时间学完四年的大学课程,必然会使某些课程的开课时间提前。一般本科大学工科专业的教学计划安排思路是数学外语开路,工科基础和辅科填缝(补充不足的课时),待到数学基础就绪之后,才开设专业基础课和专业课及专业方向课。这种安排的最大缺点是,学生接触专业课的时间大大后移,不利于学生接触实践和专业能力的培养。鉴于民办大学以培养应用型人才为主要目标,在做教学计划时可以突破传统的教学模式,从新生入学的第一学期就安排专业基础课。在学习专业基础课的初期,若遇到数学知识没有跟上的情况,可采取只讲推导结论和结论使用的方法,把重点放在揭示结论的意义和有关概念上,以掌握知识的核心和运用方法为主要目标。伴随着公共基础课的深入展开,课程衔接问题会一一渡过。

2. 关于解决课程密度加大、学生负担加重的问题

三年完成四年课程,简单看上去会使课程密度加大,出现学生负担加重的问题。在实际实施过程中,将部分人文类选修课设计为网络课程,学生可以根据个人的时间安排选择合适的时间进行修读。这样,学生就有了较为弹性的学习时间。只要教学计划能够紧紧地抓住培养应用型人才的教学特点,科学地甩掉不必要的陈旧知识点,用全新的教学理念,善于抓住每堂课的核心问题,用培养应用型人才的新视角,从概念、目的、方法和应用的层面不断深入,扬长避短,就可能有效规避这一问题。在作业方面,同样要抓住有代表性的、能突出和应掌握的概念性题型,对有考研愿望的学生适当布置一些有一定计算难度的题型,以达到减轻学生学业负担的作用。

3. 关于学生课余时间减少,解决自习时间不足的应对措施

课时密度增加,必然会挤占学生的课余时间。关于这个问题,分析得出的结论是只要教师在制定教学计划时,对学生课余的时间予以适当的注意,作业数量和难度适度,还是可以解决的。问题的关键是学生能否合理运用课余时间,是不是当课余的学习时间和玩的时间相冲突时,就把玩的时间摆在了第一位。为此,针对大一学生专门制定了集体晚自习制度,其用意是在学习的关键时期,在最需要养成良好学习习惯的时候,给予一个强制性的制度约束。待大一结束后,多数同学养成了按时自习,按时完成作业的习惯后,再改为自由安排自习活动。但是这不等于放宽了自习时间的要求,只是要求的形式发生了变化,改为经常性的随机抽查作业,对于没有按时完成作业的学生将实行严格的扣分制度,直至扣到该门课程挂科。

4. 发挥导师制度作用,加强学生学习管理

应用型人才培养模式必须是一个包括学生在内的高效的教学学习体系,调动学生的学习积极性,及时发现和解决学生的各种问题,是保证应用型人才培养模式顺利实施的、来自学生的重要条件。

5. 狠抓学风建设

正如前面所提到的,应用型人才培养模式需要学生积极投入到学习中去,这就需要有一个良好的学风来作保证,民办大学在学风建设上一定要注重投入力度,进而形成人人抓学风、处处抓学风的良好局面。

(三)应用型人才培养模式建设

1. 完善多元化课程体系的建设

培养模式是培养什么人和怎样培养人的完整做法,在总体上规定和影响着人才质量。人才培养模式的制定,遵循强基础、宽口径、增强适应性和职业转移能力的原则,以适应市场不断变化的要求。如工科类学生公共基础平台教育中除了保证要有扎实的自然科学以及工程技术的知识外,还应适当引导学生增加人文社科的选修课程;专业学科基础知识中不仅包括本专业学科基础,也应适当增加相邻(相近)专业学科知识。加强基础、拓宽专业口径还可通过在课程体系下设立公共选修课、公共基础课、学科基础平台课和专业基础平台课以及专业选修课程群(组)来实现。

应用型人才培养模式主要采取"3 + 1"的多元化人才培养方式,即在按专业大类培养的基础上,通过"平台 + 模块"结构的课程设置和共性培养,实施宽口径培养,即前期加强公共基础,后期按人才需求变化及个性发展要求设置柔性专业方向,对学生进行分方向培养。学生进校后,前两年在同一平台学习公共基础和专业基础;两年以后,学生可按照"志愿 + 考核"的原则在相应学院或学科内自主选择专业方向;在完成专业方向平台教育后,学生根据自己的志愿和分院专业教师指导选择最后一年在实践岗位或者校内深造的方式继续学习,实现二次分流。

2. 共性和个性发展相结合的高年级分方向指导体制

结合应用型人才培养模式,民办大学应充分分析学生的个人发展优势,在高年级采用分方向引导的方式来对学生进行个性化培养。协助学生建立个性化培养档案,课程设置中适当减少必修课,增加多方向选修课,让学生根据个人的兴趣、需要和爱好选择课程,从而达到因材施教的目的。同时,为相同发展方向的学生安排有该方向专长的指导教师,组建分方向引导小组,并经过专业讨论制定规范的培养计划,以保证培养方案的客观性,帮助学生在走上社会之前,做好相关领域的特色训练。

3. 教学管理模式多元化

民办大学应从新生入学开始,搭建公共基础课教学平台,为不同学科基础和不同学习基础的学生开设分层次的教学平台,即采用综合基础强化班模式。通过客观知识考核和学生自我选择两方面区分层次,学校进行统一教学管理。采取综合基础强化班管理模式进行学院和分院两级多层次管理模式。民办大学为形成不同学科交叉的育人环境,创办综合基础强化班,有利于基础型、复合型人才的培养。同时,在实践基础上作了适当改革,继续从相关专业中选拔优秀学生组成基础理科类、外语强化类、应用工程类三个综合基础强化班;在培养方式上以学院为单位组建前两个基础强化,并继续实行导师制。结合"3 + 1"培养模式和"高年级分方向引导"模式培养学科交叉、知识综合、具有较强适应性的复合型人才,新的教学管理模式,为多元化人才培养提供了充分保障。

第五章

民办大学教学质量体系构建和学科专业建设

第一节 应用型人才培养方案的构建

民办大学应积极进行人才培养模式、课程体系等方面的教学改革实践,根据实际情况制定多元化人才培养方案。多元化人才培养方案能够有效解决人才多样化发展需要与教学设置规范化、规模化的矛盾,打破高校人才培养"千人一面"的现状。本章提出的"3+1"教学模式,是高等教育阶段共性教育与个性优势培养有机结合的一种创新教学模式,是应用型院校专业人才培养模式的新尝试,对于高等教育的可持续发展和就业渠道的多方位拓展都有重要意义。

一、多元化人才培养方案实施背景

首先,从教育背景看,高等教育正逐渐由精英教育向大众教育转变,大众教育多样性与我国传统精英教育模式下的教育目标和教学形式相对单一的矛盾逐渐显现出来,同时,这种单一性也限制了高等学校的发展。从 2004 年开始,逐步有高等学校开始进行多元化培养目标的尝试和探索,而且越来越多的高校开始思考这一问题。

其次,从社会背景来看,改革开放以来,随着经济技术和各类产业的迅速发展,不论是科研院所还是企事业单位,其中的技术岗位、管理岗位、营销岗位等为应用类专业的大学毕业生提出了多样化的人才规格要求。尤其是在我国加入WTO 后,中国经济纳入了全球经济大环境,给国内人才需求格局带来了很大变化。这些变化直接体现在大学生就业出口的多样性方面,并且还在进一步显现出来。

再从学校背景和学生现状看,生源基础和学业标的差异较大,促使民办大学必须进行人才培养方案的改革。民办大学部分学生在外语、动手实践或者其他方面有特长或发展兴趣。很多学生在入学之初,就已经确定了个人的职业规划,如就业、考研、考公务员、出国、参军,等等,高校把人才培养仅仅定位在以就业为出口的应用型人才方向上太笼统,也不符学生和家长的愿望。

基于上述背景,根据社会发展对不同类型人才的需求差异,根据学生个人优势的不同,本着因材施教的教育原则,民办大学的人才培养目标改革为多元化培养目标,即培养应用型研究人才、应用型技术人才、应用复合型人才,并形成多元化人才培养方案。

(一)应用型研究人才特征

要使学生具有较深厚的基础理论知识,具备进一步接受硕士、博士研究生学历教育的能力,其共性基础教育阶段要突出知识的系统性和完整性,突出实验教学和培养研究能力,个人优势拓展教育要形成数学拓展能力、外语拓展能力、专业拓展能力。要注重学生的发展后劲,不能仅着眼于能考上硕士研究生,还要使其学有所成。

(二)应用型技术人才特征

要使学生具有较宽的基础知识,使学生在未来的职业竞争中具有较强的适应性和竞争能力。共性基础教育阶段注重知识的系统性和实用性,突出实验、实训教学,突出学生的职业竞争能力培养。个人职业能力拓展教育依托校内外实习实践教学基地,进行结合学生就业意向、结合企业用人要求的能力拓展训练。在课程体系构建和实施中贯穿"1 + M + N"目标培养,即通过大学四年学习,在让学生获得一个文凭的同时,能够使他们在学习过程中完成 M 个代表专业水平的实际设计作品,同时获得 N 个专业证书。

(三)应用型复合人才特征

要使学生在具备应用型技术人才特征的基础上,拥有更宽的知识结构,形成"外语 + 专业","管理 + 专业"的复合型知识和能力体系,以适应社会对应用型复合人才的需求。

多元化人才培养的改革方向与国家政策导向高度一致。2010 年《国家中长期教育改革和发展纲要》全面系统地阐述了我国中长期教育改革的核心思想和基本方向。教育多元化的思想在《纲要》中有多处体现,强调了要"加快解决经济社会发展对高质量多样化人才需要与教育培养能力不足的矛盾"。

实施多元化人才培养方案也是社会发展对高等教育的需要。目前,社会对人才的需要不再是基本需要,对人才品质和特征的要求越来越高。就业竞争的日益激烈要求高校必须适应社会的发展,满足人才的多样性需求,可以说,"因材施教""按需施教"是高校人才培养职能和社会服务职能的根本体观。

总之,基于因材施教原则的多元化人才培养方案是社会发展进步的需要,是人才自我发展的需要,也是教育改革发展的必然选择。

二、多元化的人才培养目标

以应用型人才为主体特征的多元化人才培养目标包括培养基础知识扎实,富于创新精神且具有进一步接受硕士、博士研究生学历教育能力的应用研究型人才,培养具有扎实基础知识和较强实践能力、较强适应性和竞争能力的应用技术型人才,培养知识结构更全面、外语和计算机应用能力强的应用复合型人才。简单地说,就是培养以应用型人才为主体特征的应用研究型人才、应用技术型人才、应用复合型人才。

三、多元化人才培养的思想

多元化人才培养方案的核心思想是贯彻因材施教的教育原则,坚持"以学生为中心,面向全体学生,关注每一个学生"的教育理念,总目标是将每一个学生培养成才。

四、"平台 + 模块"的多元化课程体系

多元化的人才培养方案既要保证本科教学的基本要求,使学生在知识结构和素质上达到高素质专门人才的标准,又要实现多元化的培养目标,使学生的优良个性得到发展,作为人才培养主体形式的课程体系改革与创新就成了此改革方案的"重头戏"。多元化人才培养方案从共性培养与个性优势培养相结合出发,兼顾

素质教育、专业教育、实践创新能力及个性发展四大方面,按照"3+1"教学模式建立了三个平台,形成了"教育平台+模块"形式的课程结构体系。如图5-1所示。

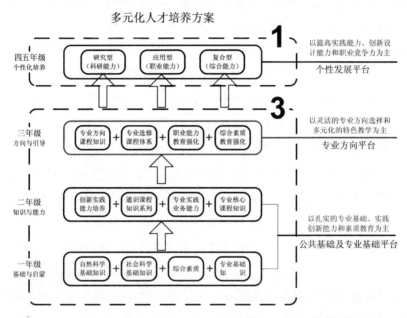

图5-1 "3+1"教学模式下的"教育平台+模块"化课程结构体系结构图

三个课程平台包含的内容和功能分别如下:

第一平台:公共及专业基础平台,主要包括:

(1)公共基础课模块:作为通识教育基础,对全校学生统一要求,实施分类教学,主要包括:思想道德素质、身体与心理素质、基础知识与能力类课程。

(2)学科基础课程模块:学科基础课是该学科门类中各专业学生均应修读的课程,包括:学科基础课、学科主干课、跨学科课等,在学科门类各专业中打通。

(3)专业基础课程模块:包括专业基础课、专业基础实践环节等,是该专业中各个方向的学生均应学习的课程。

这三个模块的课程层次不同但相互联系、逐层递进,基础平台课程是保证人才培养的基本规格和全面发展的共性要求。

(4)通识选修课程模块:人文、经济、技术、艺术等通识课程,面向全校全体学生,不受课程基础和专业的限制,主要是为综合素质教育需要而设置的。

第二平台:专业方向平台,主要包括:

(1)专业方向课程模块:一个专业一般至少设置三个以上跟踪专业发展趋势、体现地方经济发展需求的柔性专业方向模块,且每一模块课程包括必要的专业方向理论课、专业实习等。学生应至少选择一个专业方向模块,并按要求学完该模块的全部课程。

(2)专业选修课程模块:包括专业发展前沿选修课、跨学科选修课、学科选修课。该模块是根据学生的个性发展要求而设置的,主要体现了个性化教育。

第三平台:个性发展平台,主要包括:

毕业实践和毕业设计,结合"3+1"教育模式,民办大学应把教育平台的最后一年,即毕业实践和毕业设计(论文)阶段设计为个性发展平台。在毕业实践和毕业设计阶段,学生根据个人选择方向,可以去企事业实习岗位实践,可以在校内创新实践基地实践,可以在校内参加数学、外语、专业或职业素养训练的各类拓展班。学校指派专业指导教师为每一位学生制定符合个人发展的教学方案,对校外毕业实践环节安排督导教师督导,对校内有共同拓展需要的学生进行分类管理和教学,并把校内外的毕业设计课题与实践岗位需求对接,以完成从本科毕业生到准职业人的成长过渡。

该个性发展平台是根据社会需求、学生个性发展需求以及不同专业方向,对研究型人才的科研能力、应用型人才的职业能力、复合型人才的综合能力进行专门训练阶段。个性发展平台反映了人才培养的专业特征和个性要求,并解决了个性培养与不断变化的社会分工及学科发展的接口问题。

五、多元化人才培养方案实施路径

(一)多元化的理论教学体系

为实现多元化人才培养目标,改革传统的教学体系设计思路,特将具体方案设计为一套教学计划、多套教学大纲。理论教学体系设计以工程技术型人才培养为主体目标,搭建共同的专业基础学习平台,教学中采用分层次教学法,以实现课堂的"多元化教学"。

1. 一套教学计划、多套教学大纲,体现"多元化"人才培养目标

为使多元化人才培养方案具有可操作性,同一专业方向拟采用相同的教学计

划,其中的专业核心课程则根据不同的培养目标,设计 A、B 两类教学大纲,实行 AB 班分类教学。A 类课程教学大纲针对将继续深造作为学习目标的学生,在课程内容的安排上注重知识体系的完整性,要求实现"使学生知其然,又知其所以然",注重学生灵活运用基本知识的训练和培养;B 类课程教学大纲针对以就业为学习目标的学生,强调基础知识的扎实性和工程应用性,教学要求"从实际工程中来、到实际工程中去"。

2. 合理设计培养计划和教学内容,为"多元化"人才培养奠定基础

理论教学体系设计以工程技术型人才培养为主体目标,搭建共同的专业基础平台,以夯实学生的知识基础。为适应区域经济发展的需要,体现区域经济人才特点,在培养计划制定过程中,学院都要去企业走访,或请来自企业生产一线的技术人员帮助把关,对新的培养计划进行"诊断"和"分析";设置满足区域经济发展需要的新专业方向,以满足企业对人才的需求,使培养计划和课程设置紧跟行业和区域经济发展的变化;增加反映新知识、新技术的课程开阔学生的视野,让学生的学习内容更接近知识技术的发展前沿。

3. 采用分层次教学法,实现课堂的"多元化教学"

对于非 AB 分班教学的课程,按照分层次教学法实现课堂的"多元化教学",即将教学内容分为不同层次,并有针对性地采用不同的教学方法,以实现课堂教学的多元化。第一层次是重点掌握的内容,即课程的核心内容,包括基本概念、基本定理和结论,也是要求全体学生都应熟练掌握的内容。针对该部分教学内容,在课堂上应该展开讲解、重点介绍,要让学生知其然又知其所以然,并结合课内外的习题作业等形式进行训练,强化学生应用知识的能力,使其达到熟能生巧、举一反三的程度。第二层次为一般掌握的内容,针对这一层次的知识,可以简化推导,注重结论和应用,让学生达到会应用的程度。第三层次是了解的知识,此部分内容在讲解上点到为止,起到扩展知识面的作用,并通过扩展作业的形式,提供给期望深入学习的学生作为课后扩展练习,以发掘学生学习的积极性。

(二)多元化的实践教学体系

如何培养学生的实践能力是多元化应用型人才培养方案中需重点解决的问题,实践教学环节正是解决这个问题的关键所在。在多年教学研究和实践的基础上,总结出一套课内外结合的分层次、渐进式实践教学体系,可以较好地实现多元

化的实践能力培养。

1. 充分挖掘基础型实践教学环节的作用,训练学生基本实践能力

所有的专业基础课程、专业核心课程均配合相应的实验环节,强调基础性实验对学生深入理解基础知识的重要性,并在此环节中注重训练学生基本的实验方法、实践技能和实验分析等基本实践能力;专业课程和专业方向课的实验环节与理论课程紧密结合,更强调实验的综合性和设计性,在此环节中除了强化理论认识和知识理解外,更注重学生实践分析和设计能力的开发。其次,设置针对某一专业方向的综合专业实践环节,以进一步提高学生运用专业知识的综合实践能力。这个实践环节无论是学生投入的时间和精力,还是实践内容的深度和广度,都不同于基础型实践环节,属于综合专业实践性质,需要更充分的设计时间,需要涉及不同的课程,甚至不同的学科,更强调相关课程的综合运用,更加注重学生分析问题、解决问题能力的培养。同时,鼓励或要求学生在部分专业实践中设计制作出具有一定功能的产品实物,以便为未来的就业积累实践成果。此外,可通过校企合作的形式,开发特色实验室,设计体现区域专业主流发展方向的专业实践,使学生在校期间就能接触到企业的主流设备和软件,具有鲜明的区域人才培养特色,从而使学生更具区域行业竞争力。

2. 配合创新型实践教学环节,提升实践应用能力

组织产品设计大赛和选派优秀学生参加国家级创新实践大赛等,把实践教学向课外延伸,挖掘和提升学生的创新潜能,使学生的综合实践能力和创新能力得到有效的锻炼和提高。

3. 引入工程实战训练环节,全面提升工程素质和职业竞争能力

通过与区域内高端企业合作创建实践就业基地,学生在四年级毕业实践阶段就可进入企业见习或工作,以培养学生的职业素质和工程实践能力,形成人才对接通道,实现就业"软着陆"。

以上三个层次的实践环节,依据实践内容的不同要求,针对不同的学生群体。基础实践教学环节和综合专业实践环节的对象为全体学生,满足各类学习目标的基本实践能力培养要求;创新实践型教学环节的对象为基础较好、实践创新能力较强的学生;工程实战训练环节针对全体学生。这种分层次、渐进式的实践教学体系,既符合实践能力培养的基本规律,同时也体现了多目标、多元化应用型人才

培养目标。

(三)实施"3+1"教学模式,强化创新实践能力

"3+1"教学模式是多元化人才培养方案的另一重要改革点。所谓"3+1"教学模式,就是把共性培养和个性培养结合起来并协调进行的两阶段教学模式,即用三学年教学完成共性基础教育,一学年教学进行个人优势拓展教育。在个人优势拓展教育的一年里,学生可以选择去自己喜欢的企业里,在自己未来就业的岗位上实习;也可以充分利用这一年疏理所学过的知识,做考研或出国深造的充分准备;还可以选择在老师的指导下开展校内创新实践活动,在实验室、实训中心研究或设计产品。总之,这一年要起到学生向新的成长目标发起进军的备战作用,是学生和校方共同在为学生达到新的彼岸搭建桥梁。

1."3+1"教学模式是"理论联系实际"办学理念的突出体现

民办大学应把培养目标定位在应用型人才的培养上,把"理论联系实际"作为办学的核心理念,把加强学生到企业实践过程作为实现这一办学理念的有效途径。为此,民办大学应进行多种形式的尝试,如和企业建立教学联盟实习基地,进行毕业生的定点培训,建立短期学生实践基地,组织学生参观学习实践,等等。实践证明,只有在建立各种实践基地的基础上,把岗位训练等实践教学纳入到培养方案中,才能真正实现理论联系实际的教育理念。

2."3+1"教学模式是人才共性培养与个性培养有机结合的创新教学模式

以人为本的育人观和社会发展需求与高等教育规模化教育方案相矛盾的直接体现是共性教育与个性教育在培养方案中的不兼容性,这个矛盾一直是我国高等教育需要解决的问题。民办大学欲实施"3+1"教学模式,应力图找到一种人才共性培养与个性培养有机结合的新型教学模式。实践证明,三学年的共性教育是多元化人才共性培养的有效方法,一学年的个性拓展实践训练使毕业生具有不同特点,在某一方面具有竞争力和优势。个性拓展实践训练是解决个性优势培养的重要手段和可行方法。"3+1"的教学模式充分体现了多元化人才培养目标,破解了多元化培养目标与统一的教学设置错位的难题,能够有效解决人才多样化发展需要和高校人才培养"千人一面"的矛盾。

3."3+1"教学模式是受教育者主观发展意愿充分体现的教学模式

"3+1"教学模式尊重学生的主观发展意愿,"3"和"1"两个阶段都充分满足

了学生的发展需求,使受教育者主观发展意愿与培养方案高度匹配,能够激发受教育者的接受教育、主动发展的原动力,从根本上解决了因目标不完全一致而产生的教与学阶段性冲突,可使施教者与受教者在教学中形成合力,体现高等教育的人本观。

4."3+1"教学模式是对"卓越人才计划"的有效尝试和内涵提升

2010年6月,教育部启动了"卓越工程师教育培养计划",提出了高等工程教育的改革方向是强化培养学生的工程能力和创新能力。"卓越计划"中推行"3+1"校企联合培养方式,前3学年在校内学习,最后1学年在企业岗位学习。很多民办大学实施的"3+1"教学模式既是以应用型人才培养为目标的"卓越人才计划"的有效尝试,又在此基础上,把人才共性培养与个性培养有机结合,丰富了"3+1"教学模式的内涵。

六、多元化人才培养方案实施效果

民办大学实施"3+1"的教学模式,受到了广大学生和社会用人单位的广泛认可、欢迎,能够使人才培养的成效得到大幅提升,教学改革效果显著提高。

(一)学生和家长的发展意愿得到充分尊重和实现,激发学生的学习能动性

多元化人才培养目标下的"3+1"的教学模式从试行到推广目前已经过多年教学实践,持续受到广大学生、家长的欢迎和肯定,并取得了较好的教学效果。广大学生的发展意愿得到了充分尊重和实现,极大地激发了他们的学习能动性,能够使学校的整体学风明显提升。

(二)毕业生出口畅通,就业质量高,人才质量得到了社会广泛认可

近年来,民办大学毕业生出口畅通,就业质量高,就业率稳定保持在90%以上。毕业生以其扎实的专业基础、娴熟的业务实践能力和较高的综合素质深受用人单位及社会各界赞誉,毕业生考取研究生的比例和出国深造的人数几年来也持续增长。

(三)学生实践创新能力大幅度提高,应用型人才特征显著

今年来,民办大学学生的创新实践能力培养成效显著,师生在校外科技竞赛中屡创佳绩,展示出了较强的实践创新能力。显著的教学效果展现了多元化人才培养目标和"3+1"教学模式的优势以及学校的办学特色,说明此培养模式是一种

可行的应用型人才培养模式,多元化人才培养方案是符合本科教学特点的人才培养方案。

第二节　民办大学教学质量监控与评价体系管理

本着"以学生为中心,理论联系实际"的教学理念,民办大学应根据教学质量保障的内在要求,以科学、全面的质量观为指导,树立"保障质量人人有责"的思想,以落实组织和制度为核心,以教学质量的信息收集、处理、反馈、控制为具体内容,将教学质量保障贯穿在教学的全方位和全过程,以常态的规范管理保障教学质量。

一、组织机构

校长对教学质量全面负责,教学副校长协助校长工作,直接负责教学管理工作,教学质量管理和监控组织机构如图5-2所示。

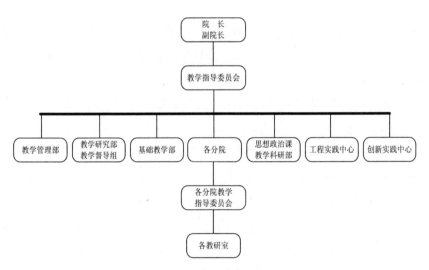

图5-2　教学质量监管组织结构图

民办大学可成立教学工作委员,对教学工作进行研究、指导和组织协调,在校长领导下开展工作,实行例会制度,例如每两周召开一次教学工作会议,协调教学工作,监督、控制教学过程,对各项教学检查、专家听课、学生评议等结果进行总结分析和通报,对教学中存在的问题提出整改意见;参加人员应包括校领导、教学管理部门、教学研究部门、各分院(部、中心)负责人等。教学管理部门负责全校教学工作的组织、计划、协调等;教学研究部门负责教学督导组工作协调、学生测评等工作;教学督导组负责对教师教学质量的测评。各教学单位对本单位的教学质量负责,各分院教学工作委员会对本分院教学工作进行分析、研究、控制。

二、制度建设

制度建设工作是促进学院健康、稳定的持续发展和依法办学、依法治校的重要保证。民办大学应坚持把规章制度建设作为一项基础性、根本性和长期性的工作,坚持完善各项管理制度,建立健全办事程序,夯实依法治校、规范管理的制度基础。民办大学建立起比较完整的制度体系,能够有力推进学校管理的制度化、规范化和科学化进程,初步形成有章可循、按章办事、规范高效的管理机制。

三、教学监控与测评

民办大学的教学质量监控体系由校级教学质量监控和分院(部、中心)级教学质量监控构成。校级教学质量监控由学校教学工作委员会全面负责和组织领导,教学管理部门和教学研究部门根据职责分工,对全校的教学状态和教学质量进行监控;二级教学单位对本部门开展具体的监控工作。经不断地实践与改进,可完善学校与分院共同组织的二级监控体系。

民办大学教学质量监控包括教学资源、教学环节、教学过程和教学效果的质量控制。教学资源的质量监控是对教学设施、人力资源、教学建设等要素的控制;教学环节的质量监控内容有课堂教学、实验(实训)教学、实习和毕业论文(设计)等主要环节;对教学过程的质量控制主要通过教学运行检查、教学专项检查和教学督导等方式进行监控;对教学效果主要从考试考核、毕业资格、学位授予、毕业就业等方面进行监控。

教学管理各环节的质量监控由教学管理部门通过专项检查等方式实施监控;教学过程的质量监控则主要通过专家听课测评和学生评议等方式来实施,由教学研究部负责组织实施,二级教学单位予以协助;分院(部、中心)对本部门的教学质量各环节实施监控;教学效果的质量监控由教学管理部门和招生就业部门以及分院共同完成。

学校课程教学质量评价工作通过日常听课、专家听课测评、学生评议、分院(部、中心)评价、专项教学检查等方式,采取定性和定量相结合以及过程和目标相结合的办法分级管理,并实行全校统一综合评定。

学校应成立教学质量测评专家组,聘请具有丰富教学经验的老教授担任教学质量测评专家,负责全校课程质量的测评与督察工作。专家组常年深入课堂听课,采集能够反映课堂教学状态和教学质量的各种数据,并对课堂的教学质量进行实事求是的分析评价,及时反馈给各基层教学单位,并形成"教学状态数据统计月报"。各教学单位能够及时准确地掌握教学一线的第一手资料,进行有针对性、细致的工作,教学管理部门应根据"教学状态数据统计月报"对学校的整体教学过程进行必要的宏观调控。实行专家测评制度能够有效提高学生的课堂出勤率,使课堂教学秩序井然,教学效果显著提高。

教学专项检查主要包括教学准备检查、实践教学检查、考试考场巡查、毕业论文答辩检查、毕业论文(设计)检查等等。对检查过程中所发现的问题及时反馈给相关部门,并及时采取措施加以改进,从而有效发挥了监督评价的作用。

建立教学质量评价动态交流反馈机制。这种动态的互动沟通包括听课后的沟通、专项检查后的沟通、分院(部、中心)领导与教师间的沟通、教学单位之间的沟通、教学单位与教学管理部门之间的沟通等等。专家听完课后与任课教师之间随时进行交流,与各教学单位领导每四周定期进行反馈交流,以座谈会的形式进行,交流双方对教学质量问题共同探讨,提出双方认可的改进方案。然后各教学单位根据教学质量实际情况向本单位教师传达评价信息,并把责任落实到人,采取有效措施提高教学质量;任课教师也可以把教学过程中存在的困难和问题反馈给领导,再由领导反馈给听课专家或教学管理部门,予以关注和解决。

定期召开教学质量座谈会,通过召开教学质量座谈会,集思广益,广泛征求各部门及教师的意见和建议,为不断改进学院的教学质量提供决策参考和有效监督。

民办大学应始终坚持"全程监控、全员评价、多元监督、持续改进"的工作模式,逐步形成教学质量监控与评价的长效机制,有效促进学校教学水平和人才培养质量的提高。

第三节 民办大学学科专业发展规划

根据国务院颁布的《统筹推进世界一流大学、一流学科建设总体方案》,根据地方政府对地方本科高校提出的"向应用型转变,把办学思路真正转到服务区域经济社会发展上来,转到产教融合、校企合作、培养应用型人才、增强学生就业创业能力上来"的指导思想,民办大学应结合自身条件,本着"合理定位、特色发展,为区域经济提质增效升级提供人才支撑"的思路,按照学科大类建设相关专业。在专业设置上,应坚持按行业岗位群设置、方向直指职业岗位、突出学校办学特色的原则。

为了提高专业建设水平,在体制机制方面,民办大学应设立教学指导委员会,负责对全校专业建设的顶层设计,对专业申报、建设进行审核把关,组织和指导各分院科学制定专业建设五年发展规划,形成每年一次的教育教学大讨论制度,即在每年年底以分院为单位,全体老师参与,坚持目标和问题导向,深入探讨本单位本年度工作的完成情况,查找工作中的不足,为下一年度的工作开篇布局奠定基础。

一、民办大学应用型人才培养模式下的专业设置与专业建设

关于专业的定义,学术界有着不同的表述方式,笔者认为,专业是指教育机构(学校)根据社会分工的需要所设立的各种类型的组织教学的基本单元。不同的社会分工衍生出了职业,不同的职业又衍生出了专业;因此,社会分工和职业是专业存在和发展的大前提,一切专业都必须根据职业劳动的专门性做出调整。同时,专业又是以各类学科的存在为理论基础的,专业的根本任务在于依照社会对人才规格的要求,将相关学科的知识融合起来,组织成合理的课程体系,以便培育出符合社会需要的人才。专业与人才培养紧密相连,教育部早在 1999 年就颁布了《高等学校本科专业设置规定》,"规定"要求:"高等学校的专业设置和调整,应

适应国家经济建设、科技进步和社会发展的需要,遵循教育规律,正确处理需要与可能,数量与质量,近期与长远,局部与整体,特殊与一般的关系。"高等学校的专业设置和调整,应有利于提高教育质量和办学效益,形成合理的专业结构和布局,避免不必要的重复设置。

（一）民办大学应用型人才培养模式下的专业设置原则

民办大学应用型人才培养模式下的专业设置要充分结合时代特点、市场需求、办学条件等因素,按照差异化、灵活性、超前性的原则来进行专业设置。

1. 差异化原则

民办大学在我国高等教育领域属于新生事物,建校初期在专业设置上必然会盲从一些所谓社会热门专业以吸引生源,这在初期无可厚非。但办学日渐成熟以后,其专业设置就应当表现出差异化和个性化,甚至是与普通院校专业的互补性。民办大学如果单纯地克隆普通院校的专业设置而不结合自身的特点,其应用型人才的培养目标是无法实现的,民办大学培育出来的人才就必定会失去市场竞争力。因此,民办大学的专业设置要遵循差异化原则,体现自身的个性化与特色化,尽量与普通院校的专业形成互补的态势,使之符合应用型人才的培养模式。

2. 灵活性原则

高等学校是以教育部的专业目录为依据设立专业的,在此基础上,民办大学可根据自身的特殊性更加柔性地拓宽专业口径,并根据市场的动态,在充分估计可行性的基础上灵活、自主地调整专业方向,微观上使人才培养具有相对的开放性,不拘泥于固有的专业模式限制。民办大学应用型人才培养模式对于专业的设置应当具有比较充裕的灵活性空间,应当密切注意专业所呈现出来的多维性,通过灵活地专业设置和调整,使专业展现出各种丰富的侧面,以这种柔性与开放性相结合的专业设置紧跟市场的需求变化,同时满足学生的多方面发展。

3. 超前性原则

市场对人才的需求永远是专业设置的首要因素,理性分析市场需求是民办大学开设专业的前提,但不能仅仅只分析眼前的市场,还要带有超前意识地分析现在和未来的市场,并对未来市场的需求走势做出一定理性的预测。这样一来就避免了在专业设置上专门挑热门专业设置,或者不顾实际情况,所有专业一起开的情况。在超前性原则指导下设置专业就必须舍弃与自身人才培养目标不相符的专业,正确认识市场所发出的人才需求信号,周全考虑冷门专业与热门专业的周期性,敏感对待对市场的人才需求趋势,选择有生命力的、前景广阔的、符合应用型人才培养的优势专业。

(二)民办大学的专业设置与专业建设

1. 精选专业定位和专业方向是民办大学专业设置的重要原则

民办大学的专业建设一定要结合社会需求、科技发展和地方发展,精选专业定位及专业方向,在专业设置上为每个专业量身定做全方位的专业方向及发展目标。专业设置力求精而新,即专业课程设置少而精,专业实践多而实;应不断汲取国内外大学教育先进经验,根据当前科技发展前沿应用需求,制定具有特色的专业方向课程,既要注重基础知识传授,也要突出专业方向的个性化课程,突出实践应用。

例如,当前信息技术与经济社会的交汇融合引发了数据迅猛增长,数据已成为国家基础性战略资源。大数据是以容量大、类型多、存取速度快、价值密度低为主要特征的数据集合,正快速发展为对数量巨大、来源分散、格式多样的数据进行采集、存储和关联分析,并从中发现新知识、创造新价值、提升新能力的新一代信息技术和服务业态。民办大学完全可以整合现有的计算机专业、软件工程专业、信息管理与信息系统专业、统计学、数学、物联网工程、经济管理、测绘、建筑等专业开发新专业方向:大数据平台、大数据应用开发、云计算、数据处理大数据分析、算法分析等,以便培养出大数据方向急需的应用技术型综合人才来。

2. 突出人才培养应用型专业型复合型特点

教育部在《关于做好普通高等学校本科学科专业结构调整工作的若干原则意见》中明确指出:"大力发展与地方经济建设紧密结合的应用型专业。随着我国高等教育规模的扩大以及产业结构调整步伐的加快,社会对高层次应用性人才的需求将更加迫切。高等学校尤其是地方高等学校,要紧密结合地方经济建设发展需要,科学运用市场调节机制,合理调整和配置教育资源,加强应用型学科专业建设,积极设置主要面向地方支柱产业、高新技术产业、服务业的应用型学科专业,为地方经济建设输送各类应用性人才。"[①]民办大学在专业设置方面,开办应用学

---

① 教育部. 关于做好普通高等学校本科学科专业结构调整工作的若干原则意见. 教育部印发,2001 – 10 – 25.

科和交叉学科一定要充分突出应用型复合人才的培养特色。这种应用型复合人才面向的是社会生产和生活领域中的职业群和行业，而不是岗位，因此在其知识、能力和素质要求上，应不过于强调技术的熟练程度以及岗位对应性操作能力，而是要强调其既具有宽厚的知识基础、应用性专业知识和技能，又具有转化和应用理论知识的实践能力，以及一定的创新能力，如对应用知识进行技术创新和技术的二次开发能力等。

3. 突出专业特色，优化课程体系

专业开的全并不意味着就具有教育竞争力，而特色才是提高高校竞争实力的坚实平台，民办大学可以在某个专业领域设置其他高等院校没有及时开设的专业，确立竞争优势，确立重点建设的学科和专业，运用差异化发展策略，走特色化专业之路，以形成在这一专业领域的绝对优势，大力打造具有品牌效应的专业；或者将原有的专业细化，衍生出不同的专业方向，使之更加适应应用型人才培养模式。同时民办大学可以利用校企结合的优势锻造特色专业，面向市场和地方经济的需要，整合办学资源，优化专业配置。笔者认为，民办大学的专业设置和建设的水平不在于是热门专业还是冷门专业，是长线专业还是短线专业，只要是有发展前景的具有特色的优质专业，都可以提高人才培养的水平，增强办学竞争力。核心是把学科专业建设的重点放在实践应用上，把学术研究转向知识的开发和应用性知识的转化上；转变以"学科专业知识"为中心、强知识弱技能的学科专业建设模式，把"知识"传授和运用知识的"技能"培养结合起来，凸显学科专业建设的知识应用性价值和目标。

民办大学要优化课程体系设置，强调以应用型人才培养为目标开展课程和教学体系建设。在课程体系建设上，转变以学科专业理论知识为中心的课程体系，打破"重理论轻实践应用"的课程设置框架，搭建以应用型人才培养为目标的专业基础知识、知识开发应用、素质拓展和实践技能训练一体化的四大课程体系平台，加强科学与技术、知识与应用、创业与生涯规划、素质与能力提升等模块化课程群的建设，把应用型人才培养真正落实在课程体系建设中，确保应用型人才培养的基本规格和多样化、个性化发展，增强学生的社会适应性和职业方向意识。

第六章

以应用为驱动的民办大学实践教学训练体系建设

第一节　应用型人才实践教学与训练体系构建

一、多元化实践教学与训练体系

民办大学可采用课内外结合的分层次、渐进式实践教学体系来实现多元化实践能力的培养。

(一)充分挖掘基础型实践教学环节的作用,训练学生基本实践能力

所有的专业基础课程、专业核心课程均配合相应的实验环节,强调基础性实验对学生深入理解基础知识的重要性,并在此环节中注重训练学生基本的实验方法、实践技能和实验分析等基本能力。

1. 专业课程和专业方向课的实验环节与理论课程紧密结合

强调实验的综合性和设计性,在此环节中除了强化理论认识和知识理解外,更应注重学生实践分析和设计能力的开发。

2. 设置针对某一专业方向的综合专业实践环节,以进一步提高学生运用专业知识的综合实践能力

这个实践环节无论是学生投入的时间和精力,还是实践内容的深度和广度,都不同于基础型实践环节,属于综合专业实践性质,需要更充分的设计时间。它涉及不同的课程,甚至不同的学科,更强调相关课程的综合运用,更加注重学生分析问题、解决问题能力的培养。同时,鼓励或要求学生在部分专业实践中设计制

作出具有一定功能的产品实物,从而为未来的就业积累实践成果。另一方面,通过校企合作形式,开发特色实验室,设计体现区域专业主流发展方向的专业实践,使学生在校期间就能接触到企业的主流设备和软件,具有鲜明的区域人才培养特色,从而使学生更具区域行业竞争力。

3. 配合创新型实践教学环节,提升实践应用能力

组织产品设计大赛和选派优秀学生参加国家级创新实践大赛等,把实践教学向课外延伸,挖掘和提升学生的创新潜能,使学生的综合实践能力和创新能力得到有效的锻炼和提高。

4. 引入工程实战训练环节,全面提升工程素质和职业竞争能力

民办大学可与企业联合建立实习基地,学生在四年级毕业实践阶段就进入企业见习或工作,以培养学生的职业素质和工程实践能力,形成人才对接通道,从而实现就业"软着陆"。

以上四个层次的实践环节,依据实践内容的不同要求,针对不同的学生群体。基础实践教学环节和综合专业实践环节的对象为全体学生,满足各类学习目标的基本实践能力培养要求;创新实践型教学环节的对象为基础较好、实践创新能力较强的学生;工程实战训练环节针对全体学生。这种分层次、渐进式的实践教学体系,既符合实践能力培养的基本规律,也体现了多目标、多元化应用型人才的培养目标。

(二)实施"3 + 1"教学模式,强化创新实践能力

在个人优势拓展教育的一年里,学生可以选择到自己喜欢的企业里,在自己未来就业的岗位上实习,也可以充分利用这一年疏理所学过的知识,为考研或出国深造的充分准备;也可以选择在老师的指导下开展校内创新实践活动,在实验室、实训中心研究或设计产品。

二、分层次、渐进式实践教学与训练体系

(一)概述

知识与技能是两种密切联系的不同的人类认知能力的体现。学习知识是掌握技能的基础,知识的多少决定着技能掌握的快慢和深浅;而技能的掌握又反过来影响知识的学习和发展。知识与技能又有明显的区别,知识可以从书本上学

到,也可以靠别人的灌输来获得;而技能只有通过实践和反复练习才能取得。教学实践证明,应用型工科专业如果缺乏实践训练,仅仅依靠课堂的理论教学是不能完全实现知识到技能和能力转化的。为此,高校教学过程中必须处理好理论教学与实验教学的关系,要改变传统教学中忽视学生在实践环节的培养,或者没有把两者有机结合起来的做法;要认识到实验教学不仅是理论教学的延续,更是一个相对独立的体系。它与理论教学关系密切、相辅相成,独立而不孤立、联系而不依赖。因此,在人才培养过程中要设计相对独立的渐进式实践与实训体系,才能实现从知识到技能和能力的转化。

从认识论的角度来看,技能和能力属于不同现象和范畴。技能是一种通过练习而巩固了的活动方式;能力是运用知识和技能去解决问题、完成任务而表现出来的个性心理特征。一方面,能力与技能的发展速度不同,技能的掌握较快,而能力则要以多方面的知识和技能为基础,并经过反复多次的练习才能形成;另一方面,能力是在掌握知识、技能的过程中形成和发展起来的,知识越多,技能越强,越有利于能力的发展。由此可见,具备基本专业技能不一定就能提升基本专业能力,只有通过有效训练,进一步巩固知识、强化专业技能,才能实现实践能力的固化和素质的提升。应用型人才区别于学术型人才,它更强调解决问题的实践应用能力,即运用理论知识在实践中发现问题、分析问题和解决问题的能力。如何在教学的各个环节体现应用型人才的培养目标,实现实践能力的培养与提升呢? 这就需要改变重理论轻实践的传统做法,需要依据应用型院校的培养目标和实际情况,构建有效的实践教学体系,将提高人才素质作为培养方案的重点,从而确定相应的培养模式。实践能力的培养是一个渐进的过程,应该分成两步来实现,第一步课程实践教学,完成理论知识到基本专业技能的转化;第二步工程训练,实现基本专业技能到专业素质和能力的转化。

(二)实践教学环节的设计

在上述思想的指导下,民办大学应贯彻落实"3+1"的应用型人才培养模式,形成课内外结合的渐进式实践教学体系。在"3+1"的应用型人才培养模式下,设计具有区域特色的实践教学环节,形成课内外结合的渐进式实践教学体系,以拓展教学空间,实现能力培养的教学目标。

1. 第一层次——基础性实践教学

所有的专业基础课程、专业核心课程及绝大多数的专业方向课程均安排相应的实验环节。例如自动化专业，专业基础课包括"电路""模拟电子电路""数字电路与系统"和"电机与拖动"课程的实验单独开设实验课，在此环节中，通过基础性实验使学生深入理解基础知识，通过实验操作训练培养学生的基本实验方法、实践技能和实验分析能力。专业课程和专业方向课的实验多数不单独设实验课，理论教学与实验操作作为一门课程考核，在实验内容上与理论课程结合更加紧密，更加强调实验的操作性，可以使学生的动手能力得到进一步的开发。

2. 第二层次——设计综合性实践教学

即各种小型的综合专业实践环节，以提高学生运用专业知识的综合实践能力。这个实践环节与多数高校设置的"课程设计"的区别在于，专业实践的设计时间更充分，涉及到的内容不仅局限于某一门课程，更强调多门相关课程的综合应用。如"单片机最小系统设计与实践"，就涉及到"模拟电子电路""数字电路与系统""单片机系统及应用"等多门相关课程。另一个区别在于，部分专业实践环节的内容更针对自动化行业的主流方向，具有鲜明的区域人才培养特色。民办大学可与区域内企业合作，建立体现区域行业特色的实验实践教学基地，比如开发楼宇自动化系统专业实践、通信网络工业控制专业实践等目前其他高校尚未开设的特色实践课程，使学生在校内就可以接触到企业的主流设备，从而使他们更具区域行业竞争力。在部分专业实践教学中，民办大学应鼓励或要求学生设计制作具有一定功能的电子实物作品，为他们未来的就业积累实践成果；毕业生可用实物产品和设计项目作为体现专业实践能力的标志，毕业时学生用自己设计的作品的光盘、照片、证书等去打开就业之门。

3. 第三层次——创新型实践教学

即课内外结合的实践活动，包括校内竞赛和校外的创新实践大赛。其中，校内竞赛又包括校内实验竞赛、电子设计大赛等活动。实验竞赛是以实验课程中具有典型性和设计性的实验为主要竞赛内容的课外实践活动，要求学生全员参赛；电子设计大赛则是以几门专业基础课程为基础、以专业实践为背景的设计性竞赛，主要面向二年级及以上优秀学生，学生自己选题、设计、调试，最后形成实物参加竞赛。通过这些竞赛机制，把实践教学向课外延伸，进一步强化了实践能力培养,并使学生的综合实践能力和创新能力得以有效的训练和提升。在此基础上,学校还可选派优秀学生和作品参加校外创新实践大赛。

4. 第四层次——工程实践训练

民办大学力求通过大四阶段与毕业实践结合的分类训练,提升工程素质和职业竞争能力,以体现人才的区域特色。

民办大学可利用专业委员会提供、教师推荐、学生自己联系等多种手段,安排部分大四学生在区域内企业进行半年以上的毕业实践,从而使学生能够提前熟悉以后的工作环境,增加工作经验,提前与社会及就业岗位接轨。毕业实践则将学生放归社会,其难点体现在对学生实践情况的监管方面。在这一方面,学校可制定实施《学生毕业实践管理办法》等制度,规范毕业实践的管理,并安排督导教师通过定期联系现场实践指导老师、到实践地实地考察等方式对学生的毕业实践活动进行监管,以保证毕业实践的有效进行。实践证明,有接近四分之一的毕业生在毕业实践之后,因专业能力强、表现优秀而留在了毕业实践的企业工作。另一部分大四学生安排在校内开展专业培训实践,即在指导教师的指导下,学生在实验室中开发、设计具有工程背景的综合性项目,或者对现有的实验设备进行二次开发,以强化工程实践能力的训练。

针对部分以外资企业为就业目标的学生,毕业前除安排工程实践训练外,还应安排外语和外企的职业素质培训,来提升学生的职业竞争能力。民办大学可积极开发实践就业基地,逐步形成人才对接通道。部分毕业生在大四的毕业实践阶段可进入知名企业见习或工作,实现就业"软着陆"。

不论是理论课教学还是实践教学,高校都应遵循学习知识、训练技能为培养和发展能力服务的原则,引导学生自觉地把学习知识、掌握技能转化为实际能力。上述渐进式的四层次实践教学体系基本结构与能力培养关系如图 6-1 所示,该体系中每一层次的实践教学都以某种能力培养为目标。事实证明,渐进式培养方式符合人类的能力形成发展规律,具有较强的教学针对性和可操作性。

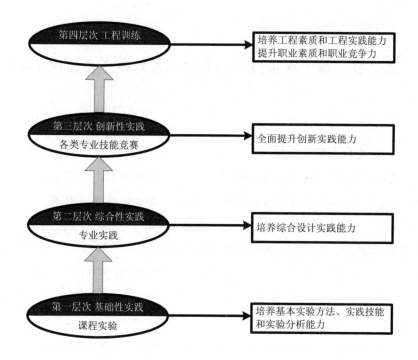

图6-1 分层次、渐进式实践教学体系结构图

（三）工程素质培养

民办大学应坚持把工程素质教育贯穿教学始终,要求专业任课教师必须在教学中渗透工程素质教育内容,教给学生从专业角度、工程角度理解各种专业的基本概念,适当拓展专业外延。同时,在学习方法和学习行为习惯上对其严格要求,在课内外教学中纠正他们各种不规范、非专业的书写形式,规范各种控制系统设计图的画法、各种专业问题的专业用语描述等。课堂教学和实践教学中留出学生思考空间,把少量知识点和部分专业难点留作课后知识扩展课题,由学生通过查资料、小组分析研究,写出研究论文。在专业实践和毕业实践等环节,均应按照实际工程标准和要求严格规范学生的设计图纸、实践报告、设计方案说明书等文件。

第二节　基于真实技术和流程构建的校企合作模式实践

一、校企合作模式介绍

民办大学应坚持把实践教学作为培养学生素质和能力的基本渠道。为把培养学生综合素质、专业能力落到实处,学校应从教学模式、教学体系、教师队伍、实践基地等多方面整体推进,扎实有效地开展实践教学。同时,要强调打牢基础、注重实践,全面培养学生能力素质,提高其职业竞争力。

在教学模式上,根据应用型人才的培养规律和实践教学的客观需要,实行"3+1"教学模式,即安排一学年的时间进行毕业实习、毕业设计,以及个性化拓展教学。

在教学体系上,除课程实验外,各专业都应安排一定数量的专业实践,以便为学生将知识向能力转化提供必要的平台。

在教师队伍上,实行引进和培养并举的做法,引进具有实践能力的双师型教师,培养在职教师提高实践能力,使教师队伍自身的实践能力和指导实践教学的能力能满足实际需要。

在实践教学条件上,积极建设校内实践基地和校外实践基地,努力创造条件,不断加大实验室开放和管理力度,挖掘实验室的资源潜力,以满足学生的实践需求,并为学生个人优势拓展教育和实践创新能力培养提供条件。

二、校企合作模式实践

民办大学应始终将应用型高级工程技术人才作为培养目标,坚持推进校企合作的联合培养机制,探索和实践校外实践教育基地的建设与运营。

（一）校外实践基地的建设模式

近年来各高等院校纷纷寻求与企业开展多种形式的合作,目前大致有高校主导式、企业主导式和校企共建式等三种形式。由于受到诸如场地、资金、师资、区域等限制,多数企业尚停留在接收学生下厂参观或者轻培养重顶岗,更有甚者因技术保密而使学生只能学到一些皮毛。因而民办大学应着力加强校企合作,充分享受优势互补、互惠互利的双赢局面,主动积极地共建实践教育基地。

1. 校企合作,共推"3＋1"模式

(1)加强前三年教学与企业的合作力度

按照工程实践能力的培养应始终贯穿于全部教学活动的原则,教学的各个环节都应具备工程实践特征,实现全部教学过程的工程背景化。为此,应加强"3＋1"培养模式中前三年的教学活动与企业的合作力度,优化专业培养方案,重构课程体系。将前三年课程中与工程实践联系密切的内容进一步细分为不同层次,如基本实验实践内容、专业理论实践内容以及专业拓展技能三个层次,针对不同层次的内容,聘请企业不同岗位的人才参与相关的实践教学环节,使三年教学过程的工程实践特征更加突出。

(2)提升最后一年职业能力培养的质量

一方面,应通过扩大与企业合作的范围和合作企业的数量,使更多学生进入到企业中进行实习和锻炼,从而获得直接的职业能力培养,提升职业素质;另一方面,通过建立完善、可操作的毕业实习与设计阶段,学校督导教师与企业指导教师分工协作制度,进一步落实和加强对该环节的监督和管理力度,使该环节的教学质量得以提高。

2. 依托企业特色,构建不同技术类别的实践教育基地

民办大学应充分利用区位优势,结缘一批地域相邻、专业对口的企业,沟通密切、交流方便。另一方面,根据合作企业的技术优势和生产特点,从充分利用企业资源的角度以及学生的学习兴趣、就业方向出发,建立不同技术类别的实践教育基地,以培养适应不同岗位、不同素质与技能的人才。

(1)研发创新型企业

针对自动化类专业,可侧重培训电路设计与产品开发能力,学生可以得到嵌入式系统开发与电路设计能力的实践培训。

(2)系统集成型企业

侧重培训系统设计与工程现场能力,学生可以得到自动化控制系统设计与现场工程调试能力的实践培训。

（3）运行管理型企业

侧重培训系统运行与维护管理能力，学生可以得到自动化控制系统设计、运行与维护管理能力的实践培训。

在实践教育基地进行专业实践、毕业实习和毕业设计共计一整年的时间，可以完整地经历一个工程项目的方案设计、深度设计、软件编程和安装调试等全部过程，从而大大提高了学生工程实践能力、工程设计能力及工程创新能力，大大提高了专业就业率和就业质量；同时企业也可以从中选拔合格优秀的学生留岗任用。双赢的合作结果也激发了企业进一步合作的热情，为校企双方齐心合力、保质保量的培养人才奠定了良好的基础。

（二）校外实践教育基地的运行管理

虽然学校、企业之间对校企合作联合办学有了充分的共识，但要真正长远做到双方的资源共享、互惠互利和共同发展，还必须建立一个权威严谨的组织机构和一套科学规范的运行管理办法。

1. 成立校企联合培养教学指导委员会

成立由校、企双方共同组成的专业校企联合培养教学指导委员会（简称校企教指委），全面负责校企合作的相关事宜。"校企教指委"主任由学校主管教学的副校长担任，副主任由企业负责人和分院院长担任，委员由专业教研室主任和公司技术部、工程部负责人等组成。

（1）校企教指委基本功能

探索产学一体化、建设实践教育基地的创新办学模式，致力于推进学校与企业在人才培养、专业建设、课程设置、岗位培训、产品开发、技术咨询、项目申报等方面的全面合作，签订共建实践教育基地的相关协议，规范双方的责任和义务。

（2）校企教指委工作原则

优势互补、资源共享、互惠互利、共同发展，促进学校与企业进行深层次合作，共同培养应用型技术人才，打造应用型人才培养的教育品牌。

（3）校企教指委活动方式

通过定期会议、参观考察、高层会谈的方式，加强联系，增进了解。

2. 重构课程体系与教学大纲

通过实践教育基地的共建，企业实质性参与学校的人才培养过程，提供企业需求的人才规格信息,分析从业人员必须具备的知识、素质和职业能力。学校邀请企业工程技术人员参与课程体系的构建,遵循各个专业的集成与创新特征,以强化工程实践能力、工程设计能力与工程创新能力。增加企业参与专业课程特别是专业实践课程的教学环节,修改教学大纲,可以强化课程体系的工程实践特征。

在课程体系中增加相关的企业培训课程,即增加基于专业基础的与企业工作岗位密切联系的课程,并由企业来承担这些课程的教学,可采取从企业聘请相关人员进行教学,或安排学生到企业工作岗位进行实习锻炼等不同的教学形式。例如,自动化专业的《典型过程控制系统设计与实践》课程,原来在学校实验室,只能针对小型物理模型或模拟对象进行非实物设计或仿真设计,而在实践教育基地却完全在企业的设计和制造岗位,真刀真枪地完成工程项目,达到了真实的职场培训。这门专业实践课程的教学大纲——"典型过程控制系统设计与实践"教学大纲,也因此做了大幅修改,改为"起重机械安全监控系统硬、软件设计与调试"。

3. 共同实施培养过程与评价指标

(1)注重教学过程管理,保证教学质量

以实践教育基地为主要途径的校企合作实践教学活动,由于师资力量和场地设备分散在学校和企业两处,为了保证教学活动的顺利进行,必须加强对课程和学生的过程管理。一方面,可以通过制定严格的教学管理制度来规范学生的行动;另一方面,采取督导教师和指导教师联合负责制,督导教师由学校安排,指导教师由企业安排,即校企双方配备专门的管理人员,加强对学生学习和安全的管理,以保证这一教学环节的顺利进行,提高课程的教学质量。

(2)结合相关行业资质认证,完善课程评价方式

完善的课程评价方式是课程教学质量的有利保证,校企合作开展教学活动的课程,其考核和评价需要由专业教师和企业技术人员共同完成。

在共同评价的基础上,可以尝试将相关行业资质认证纳入到课程评价体系中,可以进一步提升评价的质量,提高学生的就业竞争力。例如近年来,部分高校与政府开展普惠制培训合作,在电工培训科目上,低年级专业基础实践课程"低压电气设备安装与布线"与普惠制的"维修电工"培训、"PLC 原理及应用"理论课程与"全国计算机信息高新技术可编程序控制器程序设计师"培训在知识内容与实训操作方面恰好互补,一方面使学生学到了工程实践的真实本领,大大提高了学

生的实践动手能力;另一方面学生还获得了国家认定的职业资格证书,增强了他们职场就业的竞争力。

(3)校外实践教育基地的队伍建设

企业根据联合办学协议向学校或学生提供一定的经费、生产实习场地及设备,而学校也要投入一定资金,共同建立与完善实践教育基地,并依托基地,按照"双师型"标准,建设专业师资队伍。

①实施教师到企业岗位锻炼机制

学校的一部分年轻教师从校门到校门未进入企业实践,或脱离生产实践时间较长,通常理论知识具备而工程实践能力薄弱。学校出政策,鼓励支持他们以定期轮岗培训的方式到企业工程岗位工作一段时间,积累了工程实践经验,提升了工程实践能力。

②聘请企业工程技术人员担任兼职教师

针对课程体系中与企业工作岗位密切联系的课程,依据教学内容,有计划地从企业聘请具有丰富工程实践经验的工程技术人员和管理人员担任兼职教师,承担部分专业课程的教学任务。比如,处于前沿技术的课程"工业控制网络技术",可聘请为学校研制专有实验设备的某公司总工程师及助手分别承担部分理论与实验课程的教学任务。

通过双方人员的优势互补,不仅提高了课程的教学质量和水平,专业教师通过与企业技术人员的交流与合作,自身工程实践能力也得到了较大提升;另一方面,通过聘请具有丰富工程实践经验的工程技术人员作为兼职教师,构建了一支专、兼职教师结合的"双师型"教学团队。

在多年的校企合作探索中,民办大学的校企合作可以逐步深入,进而形成多层面的实质性合作。企业接收学生参观实习,合作指导学生专业实践课程、毕业实习和毕业设计;企业在长达一年的毕业实习和毕业设计期间,不仅真刀真枪地指导学生,而且在这一过程中也挑选到了满意的优秀毕业生上岗就业。此外,学校可定期聘请企业高工到学校开设相关课程和讲座,选派年轻教师到企业进行实践锻炼;同时,学校的专家教授也能够为企业解决一些技术难题。

第三节　产学研相结合的技术创新基地建设

一、概述

20 世纪 90 年代以来,西方国家纷纷对本国的高等教育进行改革,这些改革促进了西方大学教育的发展。当时我国也在积极进行教育改革,除了提出素质教育的提案以外,还投入了大量的时间和精力来规划和完善我国的教育发展模式。我国高等教育在一定程度上受到了西方教育思想的影响,职业教育领域提出了具有中国特色的职业教育观念,即走产学研相结合的发展道路。产学研相结合的教学,是一种以服务为宗旨,以就业为导向的教学模式。产学研相结合,强调了理论联系实际的重要性。在这种教学理念的指导下,高校在实际教学中将教学和生产结合起来,同时也把教学与科技结合起来,不仅为国家输送了大量的复合式人才,也为高校的长期发展提供了保障。但我国产学研相结合的实训基地建设道路并不是一帆风顺的,在发展的过程上出现了很多问题,需要我们共同去面对。

(一)我国高校产学研实训基地建设的现状

我国的高校产学研基地建设起步比较晚,很多高校对于产学研基地的建设仍旧处于初步探索阶段。产学研基地建设经验的缺乏,加之对于高校产学研基地的建设并没有明确的指导和参考意见,所以我国很多关于产学研的相关理论知识是从西方高校借鉴而来的。但是从实际情况来看,西方高校的一些关于产学研基地建设的理论并不适合我国的国情,很多高校盲目借鉴和复制一些成功院校产学研基地建设的模式,不仅没有使本校实训基地建设变得成熟,还使得院校本身失去了自己的教学和发展特色。

(二)我国高校产学实训基地建设存在的问题

产学研相结合是高校长期发展的必然选择,同时也是经济发展对教育提出的一项重要的要求。产学研相互结合的重要性已经在历史的发展中得到了检验,产学研实训基地作为高校产学研相互结合的重要依托,在高校产学研相互结合的工作中起着不可低估的作用。然而,经过实际调查却发现,高校的产学研实训基地建设,无论是从政府方面看,还是从学校方面看,都处于好高骛远的阶段。存在着政府的财政和政策支持不足,学校过于注重利益等诸多问题。

1. 高校和企业对产学研结合认识不足

长期以来,我国的教育注重理论,而轻视实践的现象十分严重,这种现象不仅存在于学生之中,还存在于广大教师当中。他们认为自己是科学技术人员,重要的是拥有专业知识,至于实际操作则是技术工人应该做的事情。这种想法使他们在走向工作岗位的时候,经常力不从心,对一些基础性质的实践工作,完成的质量并不高。

我国一些企业缺乏足够的市场观念,只注重当前的发展,而不注重长远发展,没有将科技创新作为企业发展的第一要务,常常出于一些短期的考虑,生产一些科技含量较低的产品,对于高校提出的合作意向,则完全不采纳。考虑到做科研耗时大,且花费也较高,所以很多企业并不愿意作为高校的产学研实训基地。

2. 高校内部产学研实训基地的建设与管理存在着一定的不足

从总体上讲,在校内企业产学研实训基地的建设中,主要存在如下的问题:

(1)教学与生产之间存在着较为严重的矛盾

一些高校在产学研结合的道路上,弄错了生产和教学之间的主次关系,盲目地以生产为主,而忽略了对学生的教学,这种做法是十分不正确的,不利于学生专业水平的提高。

(2)科研与生产之间的关系没有得到平衡

很多人认为科研与生产之间是矛盾的,不能同时进行。其实不然,生产的过程是实践的过程,同样也是技术改进和科技创新的过程。

(3)校办企业和生产性企业之间的界限较为模糊

校办企业在生产上具有一定的特殊性,既不能完全忽略经济效益,也不能像生产性企业一样,把经济效益放在第一位。但是很多高校并没有意识到这一点,而是盲目地将这两者之间进行结合,严重阻碍了产学研教育基地的建设。

3. 高校外部产学研实训基地的建设与管理缺乏合理性

高校关于产学研的教育基地建设,不仅局限于校园内部,也延伸到了高校外部。但与校园内部的产学研教育基地建设一样,教育外部的产学研教育基地建设也缺乏一定的合理性。国家推行产学研实训基地建设以后,很多高校不能结合本校的实际情况,盲目申请产学研实训基地建设资金,不仅造成了经济上的浪费,也使得学校和学生花费了一些不必要的时间和精力。

二、民办大学产学研结合实训基地建设管理体系构建策略

建立以科学技术为基础,以市场经济为主导的产学研实训基地,需要高校对产学研相结合的人才培养战略有着清晰、准确的认识。各民办大学应该转变长期以来依靠政府办学的计划性经济思维模式,以现代生产教育过程和现代生产劳动过程为衔接点,努力为社会提供专业基础扎实、实践动手能力强的复合型人才。只有这样,才能提升高校对企业发展的贡献率,使得我们的产学研实训基地建设,能够得到社会大众的广泛认可。

(一)加强民办大学和企业对于产学研教育基地建设的认识

从高校方面来看,长期以来,我国高校过于注重对学生理论知识的教育,而忽略了学生对知识应用能力的培养。目前我国高校的成绩评价体系,大多是以学习成绩的高低为主。高校教师们为了显示自己的教学成绩,一味地强调学习理论知识的重要性。教师的这种做法,在一定程度上给学生带来了误导,使他们觉得实际操作能力并不重要。所以,高校应该及时更新自身的教育观念,提高对学生实际操作能力的重视,进而促进高校的产学研教育基地建设。

对于企业方面,学校要积极与企业进行对话和交流,让企业意识到对学生进行产学研教育基地建设,不仅对高校有利,也会对企业的发展起到一定促进作用。只有让企业充分意识到产学研教育基地建设对于企业自身发展的重要性,企业才会支持高校的产学研教育基地建设。

(二)完善高校内部产学研实训基地的建设与管理

我国实行素质教育以来,传统的课程结构和教学内容已经无法适应新的教学理念的发展。为此,国家对课程结构和教学内容作了一定程度上的调整。而应用型人才培养的课程设计,使得校园内部产学研基地建设成为不可或缺的组成部分。

校内专业产学研实训基地是集教学、生产和科研功能于一体的开放式实践教学基地。学生可以在基地学习专业生产和工业设计、加工、安装等方面的基本知识,这对培养和提高学生的工程实践能力有显著的促进作用。民办大学应充分利用校内实验室资源,开展与企业合作的产学研结合,注重应用型人才培养目标的实践训练。充分结合专业特点,瞄准专业发展的各种应用需求,将高校、工厂或企业有机结合起来,细化行业要求,在教学过程中着重培养学生的动手能力、创新能力以及应用能力,通过组织鼓励学生参加各种大学生竞赛使其能力得到提高,以项目制实习实训让学生提前了解企业文化,毕业后能很快适应工作环境,最终达到无缝对接,以完成校企合作的办学使命。

(三)加强高校外部校企联盟产学研基地的建设与管理

党的十八届三中全会通过《中共中央关于全面深化改革若干重大问题的决定》,提出深化科技体制改革,健全技术创新市场导向机制,可以发挥市场对技术研发方向、路线选择、要素价格、各类创新要素配置的导向作用。建立产学研协同创新机制,可以充分发挥科教人才资源优势,大力提升自主创新能力,加速推进科技成果转化,不断强化科技对经济发展的支撑和引领作用,加快现代职业教育体系建设,深化产教融合、校企合作,培养高素质劳动者和技能型人才。当前社会各界及高校都高度重视校企联盟建设,校企联盟集合了行业内各类院校、企事业单位、科研院所、行业组织、政府机构,具有很强的产学研融合功能。民办大学应该积极投身参与,以技术创新需求为纽带,以契约关系为保障,有效整合产、学、研、用各方资源,充分发挥自身优势,充分利用校企联盟合性公共服务平台,探索科技成果和人才培养产业化融汇共赢新机制、新模式,加强与社会各界的联系,建立校企合作长效运行机制,深化产教融合,为大学生校内学习阶段职业规划、创业及职业技能培训等提供支持,强化对应用型人才培养的支撑和引领作用。

民办大学与企业的产学研结合要以互惠性为原则,互惠互利是产学研基地建成的重要基础。它的实现途径主要有两种,第一种模式是强强联合,第二种模式则是优势互补。目前,民办大学与企业的产学研结合主要是以优势互补为基础,产学研基地建设的参与者,各自都有着明确的目的性。对民办大学方面而言,我国传统的教育模式使学生形成了重理论轻实践的意识,很多毕业生在实践方面显得过于生疏,不适应企业发展的需要。为了改变这一局面,民办大学最有效的办法就是与企业合作,利用企业优越的实践实训条件来弥补自身的不足。从企业方面讲,在经济飞速发展的过程中,尤其是在中国加入了世贸组织之后,很多企业由于没有专业的技术,对产品的更新换代不够快速,面临着破产倒闭的危险。由此可见,有相当大一部分企业需要高校帮助扭转企业发展的困境。但是实际情况却不是如此,在民办大学产学研实训基地建设的路上,都是高校在单方面联系企业,而企业本身并不期待与高校的合作,主要原因有:第一,企业对高校的科研水平不够了解;第二,民办大学的研究能力过于薄弱,并不能为企业的发展带来优势。这就要求民办大学要从本校的实际情况出发,着力提高本校的科研能力。在产学研基地的建设方面,只有校企双方做到互惠互利,民办大学的产学研基地建设才能更加成功。

综上所述,为了满足经济发展过程中对应用型人才的需求,对大学生进行实训教育是十分有必要的。各民办大学建立产学研相结合的校企联盟实训基地,是实习顺利开展的有效保证;同时,对高校产学研实训基地建设管理体系,进行合理化的构建,也是高校和企业合作的重要保障。民办大学应该积极主动地寻找合作企业,并在公共平台上对本校进行一定宣传。在实训基地建成以后,还要对合作的双方制定明确的合作规定,在最大限度保证学生专业课学习的前提下,加强本校的产学研实训基地建设。

三、技术创新基地建设

民办大学要十分重视创新基地建设,有条件的学校可成立创新实践中心来专门负责创新基地的建设和管理,积极拓展学生创新创业实践能力培养平台,深入研究创新创业教育与应用型人才培养的内在要求,将其与专业能力素质培养融为一体,与"3+1"人才培养模式有机结合,充分利用"3+1"人才培养模式为开展创新创业教育提供的空间,发挥创新创业教育对提升专业能力素质和职业竞争力的作用。在课程体系上,专业教育与创新创业教育紧密结合;在培养机制上,校内校外、课内课外形成一体,通过对科技成果、生产实践产业化各环节的服务构建,实现在校大学生对产业化全过程的了解把握。探索出引导、激励学生参与创新实践的有效机制,建立有效融合教育教学与技术、产品和服务的创新平台,实现平台对技术、产品、人才和服务的多维辐射功能,通过对科技服务体制和人才培养机制的完善,推动全社会对科技资源和人才资源的共享。

第三篇 03

第七章

民办大学就业创业体系建设

第一节 以就业能力为导向的全链就业体系构建

一、构建和谐高效的就业指导服务体系

（一）提高服务意识，工作尽职尽责，拓宽就业渠道

大学生就业工作是关系到国家稳定、社会和谐的民生工程，更是关系到民办大学持久良好发展的重大问题。民办大学领导应对就业工作给予高度重视，要秉承"抓好入口出口关，提高招生就业工作质量"的理念，提高工作人员服务意识，热心解决师生关于就业政策、办事流程等方面的疑难问题，积极搜集用人信息，利用好政府部门组织的招聘会，组织好本校的校园招聘会，用好用足国家政策，为毕业生就业创业拓宽渠道。

（二）制定工作计划，突出工作要点，责任落实到位

民办大学应制定详细的工作计划，按计划实施就业指导的各个环节，突出工作要点，提出工作目标及保证措施，并分解出每月工作内容及日程安排，做到有布置，有督促和评估，最终结果可以与二级院系的考核结果挂钩。在提高认识基础上，二级院系可以成立以分院院长为组长的就业工作领导小组，副组长为分院副书记，成员包括毕业年级辅导员和毕业班督导老师。副书记、辅导员和班督导老师之间分工明确，责任到人。就业主管部门规范业务流程，将招生与创业工作、就业与创业指导工作、市场信息管理工作、信息化管理与国际合作、毕业实习与校友

会等工作的业务内容按时间分解并具体落实到人,而且做到忙时有人帮,闲时帮别人,既各司其职,又有效补位。

(三)加强就业指导,实现课程的体系化和队伍的职业化

民办大学加强大学生的就业创业专业化指导,需要以课程建设为引领,应设置《职业生涯与发展规划》与《就业与创业指导》为主体授课体系,科学运用霍兰德的职业兴趣理论和马斯洛需求层级理论,教师要考取国家职业指导师资格证书并且要持证上岗。就业指导课程中的职业测评、价值观评价、任职条件分析以及信息收集方法等内容,为毕业生了解自己想干什么、能干什么、为什么要做以及早确立就业意向起着重要作用。成立就业指导中心和就业创业课程教研室,教研室要定期组织任课教师集体备课,广泛收集课程资料,包括图片、视频、实例,以及广大毕业生就业过程中所遇到的问题等,对于授课对象专业的就业方向,搜集对应专业的职业资料,做到抓住兴趣点因材施教。要根据教学中的实际情况,不断完善教学大纲和课程体系计划安排;多多听取行业专家的意见和建议,及时调整课程内容,在教学方法设计和内容安排上不断提高。在稳定教师队伍的同时,应做好教师教学能力的提升,有计划地安排教师参加课程培训,提高就业指导教师就业指导与服务工作的专业化和职业化水平,调动就业创业指导教师工作的积极性。

表7-1 《职业生涯与发展规划》教学内容与学时分配

序号	单元	讲授课时	实践
1	职业与职业生涯规划概述	2	
2	自我认知	2	2
3	职业社会认知	2	
4	职业生涯决策	2	
5	大学生涯规划的制定与实施	2	
6	大学生就业能力提升	2	
7	职业生涯管理	1	
8	结束语、答疑及布置大作业	1	
	合计	14	2

表7－2 《就业与创业指导》教学内容与学时分配

序号	单元	讲授课时	上机实验
1	职业基础知识与就业观念	2	
2	就业制度与就业政策	2	
3	求职准备	2	2(简历制作)
4	面试礼仪与求职技巧	2	
5	就业心理准备与职场适应	2	
6	信息收集与创业认知准备	2	
7	考试(课堂完成大作业)	2	
合计		14	2

（四）狠抓实习环节,做好毕业实习检查和整改促进工作

加强毕业实习过程化管理是促进毕业生由实习到就业的转化率,提高就业质量的重要一环。根据民办大学的学生特点,在毕业实习环节要严格管理,有效督导。走访毕业生实习单位是一个行之有效的工作方法,通过走访毕业生实习单位,既可以严肃毕业实习纪律,加强校企之间的联系,同时也能及时发现解决部分毕业生在实习过程中出现的思想问题,为有效落实毕业实习培养模式起着促进作用。为此,需要制定相应的管理办法。

（五）案例——学生毕业实习管理办法

毕业实习是应用型人才培养十分重要、具有专业特点的综合实践性课程,是学生巩固和深化所学理论知识,培养创新与创业意识,进行基本技能训练不可缺少的重要教学环节。为了加强我院毕业实习教学管理,提高毕业实习教学质量,更好地完成教学计划规定的实习任务,特制定本办法。

1. 教学目的

通过毕业实习,训练学生从事本专业技术工作、业务工作或管理工作所必需的各种基本技能,提高实践动手能力;了解和掌握本专业业务范围内的工作组织形式、管理方式及技术方法;向一线工人、技术和管理人员学习,培养良好的职业道德,为走向社会打下良好基础。

2. 教学组织形式

各二级学院应根据专业性质、专业特点、实习要求等,采用多种方式,有组织地进行毕业实习工作,要使实习工作更适应本专业人才培养实际,以确保学生毕业实习基本教学任务的完成。

学生毕业实习原则上应安排在校内外实习、实训基地进行,也可根据学生多元化发展需求及个人发展目标需要,进行考研学习和出国学习。

3. 工作程序

(1)制定《毕业实习实施计划》

在进行毕业实习前,各二级学院应以专业《毕业实习教学大纲》为基础,根据每次学生实习的特点,制定专业的《毕业实习实施计划》,明确学生毕业实习的任务和具体要求,保证毕业实习有序进行,搞好毕业实习教学。

毕业实习尽可能与学生毕业设计(论文)、就业结合起来进行,使毕业设计(论文)和毕业实习、就业都获得良好效果。

(2)确定督导教师

毕业实习前,各二级学院要及时安排本部门教师担任毕业实习督导教师,密切与毕业实习单位的联系和配合,解决有关校企衔接和协调事宜,保证毕业实习顺利进行。

(3)落实实习单位和指导教师

选择和落实学生毕业实习、实训的场所,是决定毕业实习教学质量的关键点。各二级学院要结合本专业学生特点落实毕业实习单位,选择毕业实习、实训场所应重点考虑以下基本条件:

①实习、实训单位专业基本对口,生产比较正常,技术、管理水平比较先进,能够基本满足实习教学要求;

②有相对比较稳定的毕业实习岗位,学生能得到实际锻炼;

③重视学生毕业实习工作,有单位的指导教师进行毕业实习指导。

(4)做好毕业实习动员

在毕业实习前,各二级学院要认真开展毕业实习动员工作;通过动员,使学生了解毕业实习的目的、任务、内容、方法与时间安排。同时,还要对学生进行纪律教育、安全教育等。

(5)毕业实习的过程管理

毕业实习教学由招生就业部和各分院共同管理,以各二级学院为主。招生就业部负责全院毕业实习的计划、管理和协调,各分院负责安排毕业实习单位、组织实施和具体管理等。

①在学生进入毕业实习前,学生本人应将在毕业实习单位办理的《同意接收学生毕业实习函》交回分院;分院同意后,将《毕业实习申请表》《毕业实习平时考核表》发放到学生手中,以方便学生申报及保证在毕业实习过程中指导教师对学生的考核;

②各二级学院在学生进入毕业实习岗位一周后,填写《＊＊＊＊届毕业实习统计表》报招生就业部备案。

③二级学院允许学生更换毕业实习单位,但学生需及时填写《更换毕业实习单位登记表》,经二级学院同意后,报招生就业部备案。招生就业部将按已变更的毕业实习单位进行走访。

④对已签就业协议或可在毕业实习单位就业须要留在实习、实训单位工作的学生,必须填写《毕业实习到期后留岗工作申请表》,经二级学院批准后存各分院备查。各二级学院要安排好学生的毕业论文(设计)和答辩工作。

⑤为加强管理,若同一实习、实训单位接受较多学生(30人以上)进行毕业实习,各二级学院应派督导教师带队,以加强对学生的管理和及时做好与毕业实习单位的协调工作。

⑥为确保毕业实习教学质量,各二级学院要经常保持与校外实习、实训单位和在校外进行毕业实习学生的联系和实地巡视,及时掌握实习情况,督促学生按时完成实习任务。招生就业部也将不定期到毕业实习单位走访,并将走访结果及时通报各分院。对于不在毕业实习岗位或未及时反馈两周一次毕业实习过程信息的学生,各二级学院要进行批评教育,督促其尽快上岗实习或及时反馈毕业实习过程信息。

⑦各二级学院要加强对考研学生的组织管理,拓展课程由二级学院统一安排集中授课,对分散学习的学生要安排教师进行管理。考研结束后要继续完成三周以上的毕业实习教学任务。

(6)实习考核与成绩评定

毕业实习成绩评定按教学大纲要求执行。

①学生毕业实习平时成绩由指导老师和督导老师各占50%综合评定。

②学生必须完成毕业实习的全部任务,并提交毕业实习报告(作业)、实习单位和督导老师的鉴定,方可取得成绩。

③毕业实习课程成绩按二级分制(P,F)计分;P代表通过,F代表不通过。

成绩评定的标准是:

通过:达到《毕业实习教学大纲》的基本要求,有较全面的实习报告(作业),毕业实习平时成绩合格。

不通过:请假超过10天(含病、事假);无故旷工3天;没有达到《毕业实习教学大纲》的基本要求;实习报告(作业)简单或有明显的错误(或未通过毕业实习答辩);毕业实习平时成绩不合格。具备其中之一即为不通过。

④考研、学习外语拟出国留学学生的毕业实习成绩的评定。考研学生毕业实习成绩由考研和毕业实习两部分组成。考研部分凭考研成绩单,后续实习部分与其他正常毕业实习的学生考核标准相同;对学习外语准备出国的学生必须提交由所在学习单位提供的学费收据、考试成绩单(GRE、TOEFL或IELTS)等能够证明确实在进行外语学习的相关材料后方能给予毕业实习成绩。

⑤毕业实习不通过者(包括报考研但无考研成绩、学习外语拟出国留学学生无GRE,TOEFL或IELTS成绩的),必须重修。

(7)做好毕业实习的总结工作

为了不断提高毕业实习质量,毕业实习结束后,各二级学院应对毕业实习工作进行全面总结,有条件的可以召开毕业实习工作总结会,书面总结于毕业实习结束二周内交招生就业部。

4. 督导教师、指导教师的条件和职责

(1)督导教师的条件和职责

督导教师原则上由各二级学院相关专业具有一定实践经验的讲师以上的专业教师担任。

督导教师担负着代表学校与学生毕业实习所在单位联系协调,以及对学生毕业实习进行管理的重要任务,其具体职责如下:

①按专业《毕业实习教学大纲》要求,以及专业《毕业实习实施计划》,对学生毕业实习工作全面负责。

②负责与毕业实习单位的联系工作,落实有关毕业实习岗位和指导教师。

③密切与毕业实习单位配合,及时解决毕业实习中的问题。

④对毕业实习学生进行管理。

⑤评定学生毕业实习平时成绩。

⑥负责毕业实习的总结工作。

(2)指导教师的条件和职责

指导教师一般由学生毕业实习所在单位具有中级以上技术职称的技术或管理人员担任。指导教师是学生毕业实习的主要指导者,其具体职责如下:

①按《毕业实习教学大纲》要求,指导学生毕业实习,完成毕业实习教学任务。

②协调学生在单位内的有关事宜。

③负责学生的日常考勤、纪律和毕业实习考核。

④检查和掌握学生的毕业实习情况,为学生毕业实习写出评语和评定成绩。

⑤与督导教师密切联系和沟通,保证毕业实习按计划进行。

5. 对毕业实习学生的要求

毕业实习是学校为学生安排的重要教学环节,每位学生必须充分重视毕业实习,认真参加毕业实习,通过毕业实习充实自我,完善个人的知识结构,尽快掌握本专业业务范围内的基本技能,为走向社会奠定基础。为此,特对参加毕业实习学生提出如下要求:

(1)学生应按《毕业实习教学大纲》《毕业实习实施计划》的要求,认真完成规定的各项毕业实习任务。

毕业实习期间,要增强安全防范意识,注意安全,防止发生意外。

尊重实习单位指导教师,认真执行岗位工作纪律和操作规程,服从单位工作安排。

(2)严格执行请假制度,未经允许不得擅自外出。如遇特殊情况(病、事假等),一天以内由指导教师和单位领导批准;三天以内由督导教师和单位领导批准;超过三天由分院副院长和单位领导批准;超过一周由分院院长和单位领导批准。

学生毕业实习期间,尽量利用公休日去联系就业事宜,若确需利用工作时间去联系就业,必须履行请假手续,凡未履行请假手续的,以旷工论处。

填写《学生毕业实习平时考核表》,并按规定分阶段记录实践过程中的具体内容。

(3)实习学生应每两周一次主动将本人毕业实习过程信息,以电子邮件形式及时反馈督导教师。

(4)毕业实习结束后,学生应对毕业实习工作进行认真总结,形成书面报告于毕业实习结束一周内提交督导教师。

二、建设校企合作协同育人的专业实践平台

(一)落实民办大学主体责任,开拓校企合作协同育人

1. 认真落实民办大学的主体责任

国家教育部、各地方政府都有关于高校毕业生就业创业工作的部署和规划,这就要求民办大学要把毕业生的就业创业工作放在更加突出的位置,并作为保民生、促振兴的重要任务来抓。要认真落实党政"一把手"抓就业主体责任,统筹全校毕业生就业创业工作,建立"学校领导包院系、院系领导包专业、教师包学生"的责任体系,逐级分解任务,层层传导压力、层层抓好落实。

2. 引导促进毕业生基层就业

民办大学要树立为地方经济建设培养人才的责任意识,教育毕业生树立服务国家振兴的担当精神。要充分运用课堂、报告会、互联网等多种方式,积极宣传国家就业政策,鼓励毕业生到基层建功立业。民办大学要加强理想信念教育和思想教育,引导毕业生转变择业观念,树立科学的就业观和人才观,自觉把个人理想同国家和地方发展紧密结合起来,激发高校毕业生到基层就业创业的热情。树立基层就业创业典型,发挥典型的示范引领作用,充分发挥"农村教师特岗计划""三支一扶""选聘高校毕业生到村任职"等基层就业项目示范引领作用,促进毕业生到基层就业。

3. 依托校企联盟助推毕业生就业

着力促进人才供需精准对接,民办大学要依托校企联盟,立足区域经济和社会发展,有效整合行业资源、社会资源、学校资源,深入开展与地方政府、行业企

业、产业集群的对接合作,建立健全校企联盟内校校间、校企间招生就业、学科专业建设、课程开发、学分互认、资源共享、学校管理等深层次合作制度,紧盯行业企业发展趋势,深挖就业需求和创业项目,通过校企联盟信息共享与服务平台,实时发布就业创业供需信息,促进供需精准对接。

4. 大力推进校企协同育人

民办大学要依据自身专业特色,依托地方政府、校企联盟、学校三级信息共享与服务平台,采集、发布按学校分学科、专业与企业在对口合作育人、科技育人、创业孵化育人等方面的情况,建立供需对接台账,总结成功经验,查找薄弱环节,不断明确办学定位和人才培养定位,优化学科专业结构。要组织成立相关专家委员会,研究制定专业人才培养标准,修订完善人才培养方案,共建实习实训基地,积极开展委托培养、定向培养、订单定制式培养,大力推进协同育人。

(二)加强创新创业孵化基地建设,发挥高校科技优势带动毕业生创新创业

1. 建立创新创业孵化基地

为培养大学生创新精神,提高大学生创新创业能力,促进高校毕业生高质量创业就业,各民办大学要结合自身的骨干专业、自身优势和学生群体情况,建立具有较强行业背景、产业特色鲜明的创新创业孵化基地,从而为大学生创新创业训练和创业企业孵化创造条件。

2. 完善孵化基地运行机制

民办大学要高度重视大学生创新创业孵化基地的运营和发展。对于创新意识强、有创业项目的学生,组成团队进入孵化基地进行创业孵化,实行实名制信息化管理,保证孵化时间达到半年以上。学校要选择一批具有专业特点和行业特色的创业项目进入孵化基地,由学校院系组织尚未落实就业岗位的学生与创业项目对接,在指导教师的指导下开展创业训练,培养创业意识和创业能力,促进他们自主创业或参与创业。

3. 积极支持学生参加科技创新活动

民办大学要高度重视并积极组织学生参加各类科技创新、创意设计等科技专题计划或竞赛,提升学生科技意识和创新能力。应制定相关政策,积极吸纳应届毕业生参加在研应用项目研究,大力培养学生的科学研究、创新创业的能力和水平,着力促进创新创业工作。

4. 充分利用科技成果转化推动学生就业创业

民办大学要大力推进科技成果转化工作,积极组织学生参与项目实践,将科技成果转化工作与学生就业创业能力培养有机衔接,指导和提升学生对科技开发和科技成果转化的理解把握能力,带领学生跟随成果进入生产一线,促进科技成果转化,让学生在成果转化中就业创业。

(三)做好高校毕业生专业转换培训工作,提升专业技能

民办大学要充分认识到职业培训对促进就业和高质量就业的积极作用,可以通过专业转换工作,切实提高毕业生就业创业能力,促进其实现技能就业、素质就业和稳定就业。高校毕业生参加专业转换和技能提升培训,以相近、相关专业为主体,应具有拟参加培训专业的兴趣爱好和基础知识储备。专业转换培训应该具有短期性、应用性、实训性等特点,把握以下原则:一是总量规模控制原则;二是贴近企业需求原则;三是技能水平可评价原则。通过政策制定、报名确认,管理实施、考核鉴定等流程强化管理,做到全程监控,以提升毕业生的专业技能。

(四)发挥新媒体的宣传优势,树立基层就业创业典型

新媒体是指依托于数字技术、互联网络技术、UI 技术(人机界面)、移动通信技术、三网融合技术等向受众提供信息服务的第五媒体。新媒体形式主要分为两种,一是以计算机为输出终端的网络媒体,主要包括搜索引擎、新闻网站、QQ 和MSN 等即时通信、微博、博客、视频、网络游戏、网络论坛社区和社交网站等;二是以手机为输出终端的移动数字媒体,主要包括电子书、数字电视与 IPTV、多媒体互动杂志、手机电视、手机报等。

创办高校官方微信公众号,设置"魅力学校""招生宣传""就业创业"等板块,包含学校概况、学校风光、学校网址、咨询电话、电子邮箱、招生简章、招生计划、专业介绍、录取查询、问题解答、就业指导、邀请函等多个栏目,通过官方微信平台,树立正确的舆论导向,宣传高校毕业生到基层就业的优惠政策,挖掘并宣传毕业生到基层就业创业的典型人物事迹。让毕业生了解区域经济发展战略,了解市场用人供需情况,宣传毕业生就业创业、成长发展的美好前景,引导毕业生树立正确的价值观和求职观念,提升职业竞争力。

基于霍兰德职业兴趣等理论,运用职业生涯规划平台,让学生通过测评了解自我的职业兴趣、职业能力、职业性格、职业价值观,进而开展职业探索,决策行动,规划蓝图。

新媒体可以跨越时空和地域获得信息,打破了学校与社会的界限,使思想政治教育内容更加有针对性、时效性,其相互性、个性化的特点极大地增强了受教育者的主体性。针对这一点,学校深入落实"关注每一个学生"的个性化培养工作,以新媒体为载体的个性化咨询与指导有利于导师制定一对一的职业规划指导方案。通过为每一名学生建立个性化指导方案,提供每个阶段的指导意见,记录每个学生每个阶段的分目标与成长效果,学生的自我教育、自我管理能力可得到明显提升。

第二节　大学生创新创业教育体系与训练平台

一、构建大学生创业教育的主体间性

党的十八大报告强调,要鼓励多渠道多形式就业,促进创业带动就业。李克强总理也提出"大众创业,万众创新"的号召,大学生是就业创业的生力军,是就业创业活动的主体。大学生创业教育是当前国家、高校、学生乃至全社会重点关注的问题,创业教育的核心是创新,大学生的创新思维和创新能力不可估量,但是还有待于进一步开发、引导和激活。如何创设和谐的教育环境,协调创业导师和大学生之间民主平等的交往关系,构建大学生创业教育,让创业教育得到接受主体的认可与自主推进,从而提高创业教育的接受效果,是大学生创业教育亟待关注和解决的问题。

(一)大学生创业教育主体间性的内涵

主体间性即人对他人意图的推测与判定,从社会学领域来说,主体间性是指社会主体的人与人之间的关系,关涉到人际关系以及价值观念的统一性问题;从认识论领域来说,主体间性意指主体之间的关系,它关涉到知识的客观普遍性问题;从本体论角度,主体间性意指存在或解释活动中的人与世界的同一性,它不是主客对立的关系,而是主体与主体之间的交往、理解关系。本体论的主体间性关涉到自由何以可能、认识何以可能的问题。主体间性是交往理论的核心范畴,是

"主体通过发挥自己的主体性与其他主体保持理解关系的属性,主要是理解性、通融性和共识性"。

在大学生创业教育中,教育者是创业教育的主体,受教育者是接受教育的主体,形成了主体——主体关系;他们把创业教育的资料作为共同的客体,形成了主体——客体关系。在这样的视阈下研究大学生创业教育,使教育者和受教育者作为创业教育中同时存在,形成相互依赖的主体,创业教育则作为双方共同的客体,表现为主体(导师)——客体(创业教育资料)——主体(创业学生)的模式。这个时候,导师不再是创业教育的主宰,学生也不再是被动的接受和依赖,双方的关系是建立在平等交流基础上的,会进一步促进双方思想、观念、知识、技能的提升,从而使学生主动接受创业教育的内容,并内化为思想,外显于行动。

(二)大学生创业教育主体间性构建的意义

1. 有利于营造和谐的教育环境和氛围

现代社会的师生关系是新型的,倡导民主和平等,在主体间性的环境下是主体与主体之间的对话。师者,传道授业解惑也。在大学生创业教育过程中,传道和解惑比授业更重要,创业导师要做的更多是"导",而不是"教"。大学生是走在时代前列的开拓者,他们有很多新奇的想法与创造性的思维,需要创业导师帮助分析将其转化为生产力的可能性,这个过程更是一个相互学习的过程。对比技术性指导,激发大学生的创新思维和能力更为重要,创业活动需要学生在实践中反复磨练,积累经验,所以要摈弃传统的老师教、学生学的教育模式,更多的是师生间平等的交流与互动,最后达到观念的融合,技术的创新,进而创造出新的价值。

2. 有利于改进大学生创业教育的手段和方法

媒介是传播学的核心概念之一,在英语中,媒介"media"是"medium"的复数形式,它大约出现于19世纪末20世纪初,其义是指使事物之间发生关系的介质或工具。新媒体是大学生创业教育的重要媒介,学习、新闻、社交、游戏等都可以成为师生交流的话题。主体间性的大学生创业教育重在关注教育主体和接受主体之间的关系,势必会督促和促进教育主体以新媒体等重要载体为媒介,引进先进的教育方法,采取大学生容易接受、乐于接受的手段开展教育活动。

3. 有利于大学生创新思维的激发和实践活动的拓展

美国教育学家克罗韦尔曾说,教育面临的最大挑战,不是技术,不是资源,不是责任感,而是去发现新的思维方式。主体间性的大学生创业教育有利于师生间敞开心扉彼此接纳,使导师成为大学生创业活动中的"朋友""引路人"和"帮助者",创业教育主体和接受主体朝着同样的目标携手共进。大学生在"被关注""被支持""被理解"的状态中建立自信,开发潜能,创新思维便得以最大程度的拓展,并在实践活动中勇克难关,愈战愈勇。

4. 有利于提高大学生创业教育的接受效果

"接受"不是强加,接受是主动的,在主体间性的创业教育中,大学生是创业教育的接受主体,他们的活动是自发的,有着强烈的主观意愿,所以势必会蕴含强大的战斗力。需要是人类一切认识活动和实践活动的出发点,马克思曾指出:"任何人如果不同时为了自己的某种需要和为了这种需要的器官做事,他就什么也不能做。"① 大学生创业是有目的的实践活动,就必然与主体的需要相结合,当接受主体的需要与教育者期望的目标相契合时,势必会提高大学生创业教育的接受效果。

(三)大学生创业教育主体间性构建的路径

1. 加强主体沟通,激发主体主动创新意识

创业课程是大学生创业教育的主阵地,它是引导创业意识的载体、传授创业知识的工具、训练实践能力的平台。创业课程要以符号和创业实践活动为媒介,通过平等对话进行知识、观念、技术、信息等方面的交流,激活创业教育的主体意识。在创业教育中,创业导师是传达观念、教授方法、指导实践的主体,学生是勇于创新、敢于动手、展示自我的主体,主体活动体现在创业活动的各个环节。主体间要互相理解,倡导"赞赏"教育,要允许差异性存在,建立起"参与——合作"的关系,在互相尊重、互相理解、平等的环境中交往和交流。

2. 坚守科技理性,倡导人本精神的创业实践

创业教育重在实践,大学生创业的立足点往往是自身所学的专业知识和专业技术。很多高校拥有自己的创业孵化基地,项目工作室有专门导师负责,工作室既是实现专业知识向生产力转化的场所,也是师生间磨合、交流、交往的地方。首先,导师要成为科技理性的坚守者,对创业教育的接受主体进行适度的、求真性

① 罗国杰. 论道德需要. 湖北社会科学,1992(9):10-12.

的、实践性的教育;其次,要对教育对象给与充分的照顾和重视,倡导人本精神,在主体间性中发挥创业的能动性和创造力。

3. 关注主体需要,实现有针对性的知识转移

知识转移是指从知识发送方传递到知识接受方的过程,知识发送方通过知识传输途径将知识传递给接受者,知识接受者通过学习将其转化为自身的知识并指导行为。需要是主体在生活中感到某种欠缺而力求获得满足的一种内心状态,它在现实中表现为愿望、意向等,是接受图式要素中的动力源。大学生创业教育尤其要关注接受主体的实际需要,实现个性化指导、量身定做指导方案,实现有针对性的知识转移。

4. 以新媒体为载体,建设创业教育亚传播圈

建设"校园网络亚传播圈",即在一些网络建设比较成熟的高校,大学生的网络行为以校园网为主,这种现象可以称为网络信息的"亚传播圈"现象。大学生的创业活动离不开网络技术平台。以新媒体为载体,结合高校的新媒体建设工程,为大学生创业教育"量身定做"主流文化氛围。

二、提高大学生创业教育的接受效果

大学生创业教育是高校思想政治教育中的重要组成部分,2014 年 9 月,在夏季达沃斯论坛上,李克强总理首次发出"大众创业、万众创新"的号召。2015 年的政府工作报告中又提出要"打造大众创业、万众创新和增加公共产品、公共服务'双引擎'"。大学生是就业创业的生力军,是就业创业活动的主体。大学生创业教育是当前国家、高校、学生乃至全社会重点关注的问题,创业教育的核心是创新,大学生的创新思维和创新能力不可估量,但是还有待于进一步开发、引导和激活。如何创设和谐的教育环境,让创业教育得到接受主体的认可与自主推进,从而提高创业教育的接受效果,是大学生创业教育亟待关注和解决的问题。

(一)提高大学生创业教育接受效果的现实意义

接受主体(即受教育者)在外界环境的影响下,尤其是在教育的控制下,选择和摄取思想政治教育信息是一种能动活动。在经济新常态下,创业是最好的选择。大学生是最具创造力的群体,也处在最有创造力的年龄段,是创新创业的重要群体之一,其创业意愿和创业能力的高低对整个国家的创业质量有着深远的影

响。但是,由于我国创新创业教育起步较晚,各高校开展创新创业教育的水平也良莠不齐;另外,我国还呈现出了各地区大学生创业率不均衡的情况。中国正处于经济转型升级的关键时期,需要大量的具有创新意识、创新精神、创新能力的科技人才。在这样的新时代背景下,创新创业教育的重要性也在不断凸显,创设良好的大学生创业教育接受环境,提升大学生的创业实践活动的主体意识,提高大学生创业教育的接受效果尤为重要。

(二)大学生创业教育的现状及分析

受到知识、经验、意识和能力等因素的制约,导致我国大学生创业的比例很低,不到毕业生总数的1%,而发达国家一般可占到20%~30%。

1. 课程设置不系统,知识结构欠缺

创业教育是指以创造性和开放性为基本内涵,以课程教学与实践活动为主要载体,以开发和提高创业主体综合素质为终极目标,培养其未来从事创业实践活动所必备的知识、能力、与心理品质等的素质教育。2012年,教育部印发了《普通本科学校创业教育教学基本要求(试行)》,对普通本科学校创业教育的教学目标、教学原则、教学内容和教学方法做出明确规定,强调各高校要把创业教育教学纳入学校改革发展规划,要创造条件,面向学生单独开设"创业基础"必修课。目前,各高校已经陆续把创业课程纳入了教学体系,但是创业课程教育的接受效果却不尽如人意,学生普遍认为课程偏重理论传授,实践性不够,缺少有指导性意义的案例分析。目前高校的创业课程体系还处于初级阶段,和专业课程缺乏有效衔接,课程设置不够系统和全面。

2. 创业愿望不均衡,缺乏实践经验

动机是行为的原形,行为又是动机的外显表现。创业动机是鼓励和引导个体为实现创业成功而行动的内在力量,它决定了创业项目和经营模式的选择。而不同学历的创业者创业动机存在显著差异,学历高的创业者更多是机会型创业,趋向于为了开创事业的追求,把创业当作一项具有挑战性的工作对待;学历低的创业者则以生存型创业类型为主导,更趋向于希望致富或为了生存的需要。在有创业愿望的大学生中,管理类学生最多,其次是文科学生,理工类学生的创业愿望最低。多数大学生认为创业的成功率较低,主要原因是创业项目和经营模式选择有偏差,缺乏实践经验,对市场的了解和预估不够,未能找到保证和提高创业收益的有效途径。

3. 综合素质不全面,创业能力不足

创业能力指拥有发现或创造一个新的领域,致力于理解创造新事物的能力,能运用各种方法去利用和开发新事物,然后产生各种新的结果。大学生创业实践活动不仅需要广博的专业知识,还需要创业者掌握财务、法律、人力资源等多方面的知识;不仅需要有灵活运用专业知识的能力,还要有自我认知和规划的能力,团队管理、信息管理、目标管理的能力,胆识和魄力,谈判、学习及处理突发事件的能力和社会交往的能力等。成功创业是一个大学生综合素质和能力的反映,导致创业孵化成功率低的一个主要因素就是大学生的综合素质不全面,社会经验不足。

(三)提高大学生创业教育接受效果的路径选择

1. 建设高水平的大学生创业教育指导队伍

提高大学生创业教育接受效果,必须建设一支职业化、专业化、高素质的创业教育指导队伍。指导队伍可以包括核心创业教育队伍、专业创业教育队伍、校外创业指导队伍。核心就业教育队伍由一线管理教师组成,应具备较高的专业理论水平和实践经验,熟悉学生的创业心理和思想动态,掌握创业政策和创业流程,能够实现对学生的分级分类指导;专业创业教育队伍由各学科带头人带队,由专业主任、专业教师、班级导师组成,他们对本专业的创业市场更为了解,掌握学生的个体化需求,可以实现对学生的分类指导和个性化指导;校外创业指导队伍是校内师资队伍有益的补充,可以由社会上各专业人员和业内资深人士组成"创业指导委员会",从他们的业务范围出发给学生带来更新、更直接的创业指导。应科学、合理、统筹地配置各种资源,以促进队伍整体的可持续发展。

2. 关注大学生创业教育的主体接受图示

接受活动是一个复杂的运动过程,教育主体对任何接受客体都要进行筛选,而接受客体对于接受主体来说也是一个复杂的刺激变量系统。大学生创业教育作为一种接受客体,其信息量巨大,往往存在无序性和不规则性特征。接受主体对创业教育内容是否接受、接受多少与自身的需要意识、价值观念及知识经验等原有的接受图示相关。当创业教育内容作为一种刺激作用于接受主体时,接受主体会在原有接受图示的基础上进行筛选,并且受到自身情绪、情感、意志、信念等心理素质的影响对刺激材料进行强化和调节,对于能够被主体接受的信息接受图

示会被激活,主动进行输入和加工;对于不能被主体接受的信息则会被摈弃,无法反映。需要是主体在生活中感到某种欠缺而力求获得满足的一种内心状态,它在现实中表现为愿望、意向等,是接受图式要素中的动力源。大学生创业教育要关注接受主体的实际需要,实现个性化指导、量身定做指导方案,实现有针对性的知识转移。

3. 构建主体间性的大学生创业教育

创业教育重在实践,大学生创业的立足点往往是自身所学的专业知识和专业技术。很多高校拥有自己的创业孵化基地,项目工作室有专门导师负责,工作室既是实现专业知识向生产力转化的场所,也是师生间磨合、交流、交往的地方。首先,导师要成为科技理性的坚守者,对创业教育的接受主体进行适度的、求真性的、实践性的教育;然后,要对教育对象给予充分的照顾和重视,倡导人本精神,在主体间性中发挥创业的能动性和创造力。

4. 运用新媒体建设创业教育校园网络亚传播圈

新媒体作为传播的载体和工具,有着信息容量大,传播速度快的特点,集知识性、娱乐性、趣味性和政治性为一体,图、文、声、像并茂。合理运用新媒体作为大学生创业教育的载体,精心设计教学和实践环节,让学生的感知更加直观、形象,思维更加发散、完善。大学生的创业活动离不开网络技术平台,以新媒体为载体,结合高校的新媒体建设工程,为大学生创业教育"量身定做"主流文化氛围,将有助于构建和谐的大学生创业教育接受环境,形成创业教育主体和接受主体在共在场域并实现有效互动。

第三节　大学生创业基地与保障体系建设

针对大学生校园创业的特点,结合民办大学创业孵化基地运行的实际情况,应给在校大学生创业者们提供一个公开、公正、公平的外部大环境,树立学生责任意识、规则意识。民办大学管理部门在详细调研的基础上要坚强制度建设。可以制定基地管理方面的制度性文件,并装订成册,例如:《大学生创业孵化基地管理办法》《大学生创业团队管理办法》《大学生创业孵化基地安全管理规定》《大学生创业工作室安全管理规定》《大学生创业孵化基地涉及稳定与社会安全突发事件预案》等。

一、《大学生创业孵化基地管理办法》范例

第一章　总则

第一条　为鼓励在校大学生积极参与创业实践活动,引导创业方向、培养创业意识、促进理论与实践的结合,学院设立大学生创业孵化基地(以下简称"创业基地")。为保障创业基地各项工作正常有序的开展,特制定本办法。

第二条　创业基地的入驻以在校大学生组建创业团队为主要方式自愿参与,学校招生就业部门负责基地以及创业团队的管理和指导工作。

第三条　创业基地是学校搭建的大学生创业实践平台,含有孵化功能,为具有创新技术或创新模式且有发展前景的创业项目提供免费的实践场所和开办企业所需的政策咨询服务。

第二章　入驻创业基地的条件、程序与退出机制

第四条　申请入驻创业基地的创业团队需具备的条件:

1. 团队负责人(一至二人)及其成员必须是在校生且大学二年级以上(含二年级);创业团队负责人能够较好的解决创学矛盾,学业成绩每学期专业排名前50%以上,重诚信、无补考及违纪记录,自觉接受基地管理部门的监督和考核;

2. 申请入驻创业基地的项目需具有创新技术或创新模式且有可预期的市场前景;获得经认定的省级创新创业大赛三等奖以上项目可优先入驻。

3. 创业团队开展项目运营需自筹资金,自担风险。开办前需取得所在学院学生工作办公室的同意以及家长的签字确认。

4. 创业团队需具有完备创业项目计划书。

第五条　创业基地对创业团队的审批程序:

1. 创业团队需向创业基地提交创业项目计划书、项目负责人的简历、学业水平证明、家长和分院同意等材料;

2. 创业基地根据创业团队提交的相关材料,组织校内创业导师集中评审,创业团队主要成员需接受项目答辩,经审核通过后,招生就业部门将与创业团队签署入驻协议书并给予其注册备案;

3. 正式入驻创业基地的创业团队,学校招生就业部门将颁发《校内经营许可证》,创业团队需在指定位置悬挂明示;

4. 项目注册备案后,创业团队需在十个工作日内开展运营。

第六条 创业基地中创业团队的变更和退出方式:

1. 创业团队负责人或创业项目的经营范围在实施期间发生变更,必须提前向创业基地的主管部门提交书面变更申请,经批准后方可实施;

2. 创业团队有下列情况之一者需退出创业基地:

(1)创业团队负责人毕业、退学或一学期内有两门考试不及格者;

(2)违反国家法律、学校及创业基地规章制度;

(3)团队连续亏损、经营业绩欠佳,无市场前景项目;

(4)严重违反入驻协议;

(5)审批手续完成后十个工作日内未入驻创业基地或对其长期利用率不高;

(6)私下变更经营项目或转包;

(7)创业基地认定的其他特殊事项。

第三章 创业基地的管理

第七条 创业基地在不影响大学生正常上课、学业成绩的前提下,每天开放经营时间为 8∶00 至 21∶00。不允许超时间经营;不允许超范围经营;不允许在创业基地内从事一切与核准经营项目无关的活动。

第八条 创业团队注册后,必须按照申报项目依法依规开展创业活动,自主经营、独立核算、自负盈亏。签署入驻协议书(为期一年)后,需编写《大学生创业孵化基地入驻经营计划表》,每季度结束后于下月初五个工作日内填报《月度经营报告》,每学期结束时提交《学期经营情况总结》。每学年结束后,创业团队需向创业导师团公开答辩项目进展情况。

第九条 创业团队日常经营需聘用员工时,必须优先选择我院"自强社"成员(贫困生),其数量不低于员工总数的30%。

第十条 创业团队负责人负责管理房间内的设备设施、资金、用电、防火以及室内的卫生环境等事项。如故意或过失导致了相关损失,直接责任人应承担赔偿责任。

第十一条 按要求参加创业基地举办的各类会议和针对创业团队的培训

项目。

第十二条 创业基地不定期对创业团队项目进行监督检查。

第四章 创业基地提供的服务

第十三条 免费为创业团队提供培训、咨询指导等服务。

第十四条 免费提供创业场地，不收取水、电、网、暖费。

第十五条 创业基地聘请校外创投专业人士、高校创业理论专家、校内指导教师等，为创业团队提供创业指导、咨询培训服务。

第十六条 年度考核优秀及具有发展前景的创业项目，创业基地可推荐孵化入驻市级或省级大学生创业基地，享受相关扶持政策。

第十七条 创业基地与天使投资、风险投资团队搭建融资平台，为孵化优秀创业项目提供有利条件。

第十八条 创业基地开辟专门区域，宣传创业团队项目，介绍创业经验。

第五章 违约责任及处理

第十九条 入驻创业团队不履行相关规定，经提醒仍不纠正的，或入驻团队严重违规，创业基地有权立即终止协议，收回场地，期间造成的损失由创业者承担。

第六章 附则

第二十条 本办法适用于入驻创业基地的所有组织和个人。

第二十一条 本办法及未尽事宜由招生就业部负责解释。

二、《大学生创业孵化基地涉及稳定与社会安全突发事件预案》范例

为了建立校园涉及稳定与社会安全突发事件发生的长效管理机制，提高有效预防、及时控制和妥善处置能力，将防患和处置工作纳入科学化、规范化的轨道，最大限度地降低突发事件发生的机率、造成的危害，维护和确保师生的生命财产安全和校园安全稳定，保障正常的教学生活秩序，特制定本工作预案。

（一）指导思想

牢固树立"稳定压倒一切"的思想，增强政治意识、大局意识和责任意识，积极主动扎实认真地做好预防和处置涉及社会稳定与安全突发事件的工作，保证大学生创业孵化基地安全平稳运行。

（二）适用范围

适用于涉及突发重大政治性群体事件,以及可能诱发重大群体性事件的其他不稳定事端的应急处置。主要包括:针对师生员工的各类暴力恐怖袭击事件;校园内外涉及师生的各类非法集会、游行、示威、请愿及集体罢餐、罢课、上访、聚众闹事等群众性事件;民族宗教事件、涉外、突发事件;重大校园治安刑事案件;各种非法渗透破坏和政治性活动事件;邪教组织和非法宗教针对师生组织非法活动的事件;师生非正常死亡、失踪等可能会引发影响校园和社会稳定的事件。

（三）组织领导

成立安全领导小组,负责指挥、协调和组织重大突发事件的预防和处置工作;对重大突发事件预防和处置工作作出决策,协调解决预防和处置工作中的重要问题。

组　　长:主管校长

副组长:主管部门领导、主管教师

成　　员:各学办主任、各创业项目指导教师

（四）原则

1. 统一指挥,快速反应,坚持"稳定压倒一切"的原则。增强政治意识、大局意识和责任意识,积极、主动、扎实、认真地做好预防和处置涉及校园稳定和安全的突发事件的工作,为维护社会稳定、推进社会主义现代化建设提供良好的社会环境。

2. 区分性质,依法处置,防止矛盾激化的原则。对参与或可能参与重大群体性事件的师生,要坚持可散不可聚、可解不可结、可顺不可激,以教育疏导为主,力争把问题解决在萌芽状态或初始阶段。对出现可能影响校园及社会稳定的言论、动向或事态,"宁可信其有,不可信其无",不可麻痹大意、掉以轻心,要做到早发现、早布置、早处理,力争把事态平息在萌芽状态。特别在三个主要环节上必须引起足够重视:一是问题发生前,要立足防范,超前工作,掌握主动;二是问题发生后,要迅速判明性质,依法办事,注意方法,及时果断处置;三是事件平息后,要做好善后工作,防止出现反复。

3. 本预案的遵循预防为主、分级负责处置的原则。安全领导小组组长对大学生创业孵化基地整体安全稳定负责,副组长对所有工作室安全稳定负责,学办主

任对各自分院的工作室安全稳定负责,各指导教师对自己指导的创业项目工作室安全稳定负责。突发事件一旦发生,必须在第一时间逐级上报,第一时间采取相关措施妥善处理,严防事态扩大以避免造成严重影响和损失。

(五)具体措施

1. 教师方面

(1)宣传校园稳定与社会安全对社会和谐及国家安全稳定的重要意义,不断增强师生的政治意识、国家安全意识、保密意识、责任意识,提高辨别是非的能力,要求创业孵化基地内各指导教师不得参与任何非法组织,发现身边有不良现象,第一时间向组长汇报。

(2)对孵化基地内师生进行网络道德和法制的宣传教育,树立良好的网络道德,自觉遵守网络管理法规,维护网络信息安全,思想上构筑抵制各种违法、淫秽、迷信、反动信息的"防火墙"。

(3)孵化基地内各指导教师要担起"教书"与"育人"双重责任,要将"育人"功能全面落实于大学生创业项目指导过程中,要向学生做正面的、积极的三观教育,培养学生爱国情怀、责任意识,以"大众创业、万众创新"为契机,树立为中华民族伟大复兴而努力的奋斗目标,不参与非法组织,并能够明辨是非,不被非法组织蒙骗利用。

(4)如果发生教师参与影响稳定与社会安全事件,第一时间上报给组长,同时要做好教育、疏导、制止、跟进及善后工作。

2. 学生方面

(1)注重学生的日常思想政治教育,加强安全稳定教育。

通过加强理想教育、道德教育、爱国主义教育,坚定学生的政治立场,增强学生的道德、法制、文明和安全防范观念,提高思想觉悟和分辨能力,养成遵纪守法的良好习惯,倡导文明新风,学会运用法律武器,维护自己的合法权益,勇于同违法犯罪和危害国家安全、稳定的现象作斗争,消除校园稳定隐患。

(2)严格执行《大学生创业工作室安全管理规定》

严格按照《大学生创业工作室安全管理规定》规范创业活动,任何工作室不得违反。

(3)各工作室确定学生负责人,尤其要发挥党员、学生干部的作用,发现情况随时上报。

(4)加强对工作室学生负责人的教育和培训,优先任用党员、积极分子、学生干部作为工作室的负责人,了解和掌控各工作室学生的动态,随时发现问题立即上报。

(5)充分发挥新媒体(微信公众号、朋友圈、QQ群、微博等)作用,宣传安全稳定。

(6)利用网络传播速度快、信息容量大、覆盖面广及交互性强等优势,加强网络建设,宣传党的路线方针政策,宣传创业政策和创业知识,保持正确的思想舆论在高校生活中的主导地位,不断营造网上良好的舆论环境,促进大学生创业基地的发展和稳定。

(7)如果发生学生参与影响稳定与社会安全事件,第一时间上报相关负责人,同时要做好教育、疏导、制止、跟进及善后工作。

三、《大学生创业工作室安全管理规定》范例

大学生创业孵化基地是鼓励在校大学生开展创新创业活动的场所,各创业团队需在创业工作室内开展创业活动。为保证校园的安全稳定和各创业团队工作的平稳有序进行,结合大学生创业活动的工作实际,特制定规定。

(一)严格遵照《大学生创业工作室入驻协议》约定的营业范围执行,不得从事超范围的经营活动。

(二)严格遵守创业工作室活动时间:周一至周日8:00-21:00(寒暑假除外)。

(三)工作室严禁改造,内部装修、大幅度装饰需经招生就业部门批准方可实施。

(四)工作室内严禁私拉电线、改动电源、使用明火、存放或使用违章电器,离开房间时务必切断所有电源设备。

(五)工作室内严禁存放易燃、易爆、易腐蚀、剧毒以及放射性物质等危险物品。包装纸箱、木制板条、泡沫塑料等物品要及时清理。

(六)严禁破坏创业孵化基地安全摄像装置、消防灭火装置、工作室门窗、走廊墙面等公共服务设施。

（七）严禁在工作室内从事做饭、聚餐、饮酒、打麻将、演奏乐器等一切与创业无关的活动。

（八）工作室内常驻人员应为创业团队登记人员，严禁将工作室钥匙借予他人，严禁私自换门锁或另加门锁。

（九）工作室内禁止留宿。

（十）注意防盗安全，工作室内不得存放贵重物品、现金等。

（十一）搬运物品出入孵化基地需到一楼收发室登记备案。

（十二）各工作室负责人是防火、防盗、卫生管理的第一负责人，每天须负责团队成员签到、签退工作；每天晚上做好本工作室水电门窗等安全检查工作，遇到节假日前后更要注意做好安全防范工作。

（十三）注意网络安全并规范网络行为，不得发布任何违法或不实言论，不得有任何欺诈行为，不得发布虚假广告，不得参与传销活动，不得参与校园贷等。

（十四）工作室内所有成员必须遵守国家法律法规和学院的各项规章制度。

（十五）各工作室负责人须每天检查本工作室内设施用电安全及使用安全，基地管理教师每周进行两到三次安全巡查；节假日、小长假前夕须集中巡查；各工作室寒、暑假前集中巡查后封闭。

本规定由学校招生就业部门负责制定并解释，如有未尽事宜请参照《学生手册》执行。如有违反，学校将收回工作室并按《学生手册》中的相关规定追究责任。

第八章

基于"互联网+"的民办大学立体化心理健康教育模式

第一节 相关概念界定及理论依据

一、相关概念的界定

(一)"互联网+"

"互联网+"是知识社会创新2.0下互联网发展的新业态,是互联网思维的进一步实践成果。"互联网+"的概念最早在2012年被提出,2015年李克强总理在政府工作报告中提出了"互联网+"行动计划,"互联网+"遂成为行业发展的新动向。"互联网+"有六大特点:跨界融合、创新驱动、重塑结构、尊重人性、开放生态、连接一切。在本章节中,心理健康教育就是探究"互联网+心理危机干预"模式,互联网既具有工具意义,又作为心理危机干预运行的空间和环境,利用信息通信技术和互联网平台开展心理危机干预工作,是对传统心理危机干预模式的颠覆和创新。

(二)立体化心理健康教育模式

民办大学心理健康教育工作与传统高校相比,大学生的心理危机事件更容易被"污名化",因此本书中民办大学心理健康教育主要以心理危机干预工作为核心,并充分借助新时代信息技术发展的优势,在传统心理健康教育模式的基础上,利用互联网,特别是移动互联网,通过线上与线下、虚拟与现实,连接心理健康教育主体与客体,搭建教育与预防、咨询与危机干预相结合的立体化心理危机干预平台,构建基于"互联网+"的立体化心理健康教育模式。

(三)基于"互联网+"的民办大学立体化心理健康教育模式

基于"互联网+"的立体化心理健康教育模式是一种"二元互导"模式,是现实空间的心理健康教育与虚拟网络空间的心理健康教育相结合,相互渗透相互促进的统一整体;不仅是传统心理健康教育在其领域、方式及手段上的拓展和延伸,更是一种全新的心理健康教育模式和理念,是心理健康教育发展和创新的一种新趋势,不仅可以促进心理健康教育内容、方法、手段的创新,更能以其平等、自主、交互性的社会性内涵推动心理健康教育理念的创新。它不仅仅是网络上的心理健康教育,更是心理健康教育的网络化。

二、"互联网+"立体化心理健康教育理论依据

(一)心理健康和心理危机的相关理论

心理健康和心理危机的相关理论研究始于20世纪中叶,美国、荷兰等国家开始针对自然灾害、突发事件对大众的影响进行探索,到今天形成了多种理论观点。本章节结合当代大学生的心理行为特点,筛选出基本危机理论、心理社会发展理论和生命结构理论作为本章节的理论支撑。

1. 基本危机理论

基本危机理论最早由林德曼(Lindemann)提出。危机事件后,在对被诊断为无生理疾病但表现出相关症状的人的干预和研究中,他发现哀伤的行为是正常的、暂时性的,可以通过短期的危机干预技术治愈。林德曼认为哀伤表现为总是想起死去的亲人、认同死去的亲人、表现出内疚或敌对、日常行为紊乱、躯体化症状等。林德曼否定了同时代的流行观点,认为应该把因哀伤而导致的危机反应为正常行为对待。

卡普兰(G. Caplan)在林德曼的理论基础上,把哀伤反应解决扩大到整个创伤事件。他认为危机是人的一种状态,产生的原因是生活目标的实现受到阻碍,而且自己的常规行为无法解决。危机的来源可以是发展性、境遇性和存在性的。卡普兰把林德曼的理论应用到发展性和境遇性危机事件,讲危机干预扩展到解决诱发心理创伤的认知、情绪和行为问题。

斯万森和卡本(Swanson & Carbon)在此基础上提出了比较全面的心理危机发

展模型,即危机前平衡状态、危机的过程和危机后平衡状态。危机前平衡状态是指个体运用日常的应对技巧和解决问题的方法来维持个体与环境之间的稳定状态;危机的过程是指个体在遇到不能解决的问题时出现的情绪脆弱期(vulnerable state)和危机活动期(active crisis state),这一过程大约持续四到六周,个体在此阶段会经历极度的紧张和焦虑,情绪会崩溃寻求解脱;危机后平衡状态是指个体在危机后恢复到危机前水平、低于危机前水平或高于危机前水平。

基本危机理论认为个体在生命发展中都会遇到心理危机,应激和创伤本身都不能构成危机,只有个体主观上认为创伤性事件威胁到需要的满足和安全时,个体才会经历心理危机。心理创伤事件既是个体的危机,也是成长的契机,成功应对心理危机可以发展个体积极的和建设性的行为。

2. 心理社会发展理论

心理社会发展理论是埃里克森(Erikson)提出的,他认为"自我"组织个人生活,保证个体与环境之间的平衡,而随着"自我"的发展变化,个体与环境之间就会出现危机。他把人生发展分为八个阶段,每一个阶段都可能面临相对应的危机,这些危机是可以避免的,也是可以促进"自我"成长的,如果处理不当"自我"就会产生消极行为。埃里克森提出的成长危机(transitional or maturational crisis)与社会精神病学所提出的境遇性危机不同,更突出了社会环境对个体在不同阶段遭遇危机起到的决定作用。

根据埃里克森的心理社会发展理论,大学生正处于青春期和成年早期两阶段过渡时期。在这一时期大学生既有自我同一性建立与角色混乱的危机,又有友爱亲密关系与孤独疏离的危机。一方面,在此阶段大学生开始对周围环境有了自己的认识和思考方式,他们开始考虑自己是怎样的一个人,从别人的态度、自己扮演的角色中重新认识自己。他们逐渐从对父母的依赖中挣脱出来,与同龄人建立了亲密的关系,对自己的过去、现在、将来产生一种内在的连续的认同感,认识到自己与他人方方面面的异同,这就是自我同一性的建立。另一方面,此阶段是大学生获得亲密感、避免孤独感的过程,亲密感包括友情和爱情。个体如果不能与他人建立亲密关系,不会互相关心帮助,不会与别人交流思想情感,就会陷入孤独寂寞苦闷的负性心境之中。

3. 生命结构理论

生命结构理论是莱文森(Daniel J. Levinson)提出的,他认为生命结构是个体在特定的时期所具有的潜在的生命模式或规划。生命结构有很多的成分,但只有一些重要的成分,如婚姻、家庭、职业等,是构成个人生活的核心。个体的生命结构具有独特性,每个个体在连续的阶段中必须处理特定发展任务,每个阶段都有过渡期和结构确立期。过渡期就是要打破原有的生活结构,发展出新的生活结构。

根据莱文森的生命结构理论,大学生正处于成人早期转折阶段。大学生要为自己的成人生活打下基础,他们通常会想办法把自己从父母的资助和权威中分离出来,包括离开家庭、经济独立、设定新角色。与原生家庭分离过程持续人的一生,在这个过程中个体必须放弃成人期个体和环境中的某些内容,同时又要内化另外一些内容。莱文森认为在此阶段,个体会形成某种梦想,形成自己在成人世界的自我意象,这会引导他们的发展。这一阶段个体还需要在自己踏入的领域,有经验丰富得足够辅助他们实现梦想的指导者的帮助,可以是年长的朋友、亲属、老师等。这些辅助者可以帮助个体提高解决问题的技能、熟悉社会环境的价值观和习俗、鼓励个体不断进步。在我国,高校学生工作队伍扮演着大学生梦想指导者的角色。

(二)心理危机干预的理论模式

心理危机干预模式的理论研究发展与心理危机的理论相比不太成熟,但干预模式的目标都是一样的,就是缓解受害者心理危机的应激状态,避免或减轻心理创伤。国外心理危机干预理论主要有林德曼提出的哀伤辅导模式,Belkin 等人提出的平衡模式、认知模式、心理社会转变模式,North 等人提出的支持资源的整合模式,Roberts 提出的 ACT 模式。

1. 哀伤辅导模式

哀伤辅导模式是由林德曼的"哀伤辅导"概念发展而来的。林德曼认为在面对哀伤事件时,当事人不能一直沉浸在内心的痛苦之中,要让个体认识到自己经历的痛苦,并且把这些负性情感通过哀号或哭泣宣泄出来,如果一直处于这种状态会使个体产生严重的后果。哀伤辅导模式包括对丧亲的哀伤体验哀痛,帮助他接受丧亲的事实,不断调整自我和生活。哀伤辅导被很多国家采用,对心理危机干预发展影响巨大,现在常见的"心理宣泄室"就是哀伤辅导模式的衍生物。

2. 平衡模式

平衡模式认为心理危机中的个体处于一种情绪失衡的状态,个体原有的应对方式不能够解决当前的问题。平衡模式比较适合心理危机早期干预,主要帮助个体重新恢复到以前的平衡状态。心理危机早期当事人处于慌乱、茫然和失控状态,这一阶段心理危机干预的工作重点应该放在个体情绪平衡方面,帮助个体宣泄负性情绪。平衡模式认为影响个体心理平衡的因素主要为对危机事件的认知、支持系统和应对方式。

3. 认知模式

认知模式认为心理危机的创伤主要是因为个体对心理危机事件的错误认知,而不是心理危机事件本身。认知模式是由艾丽斯的合理情绪疗法和贝克的认知疗法发展而来的,适合于心理危机稳定后的干预工作。该模式认为应该帮助当事人认识到自己的创伤状态是由自己的错误认知引发的,因而改变个人的错误认知,提高个人自我情绪控制能力可以缓解或消除心理危机的影响。

4. 心理社会转变模式

心理社会转变模式认为人的心理发展是先天遗传和后天环境共同作用的结果,对心理危机的干预也应该从个体内部和外部因素共同工作,在考虑个体的应对能力以外,还应该关注他的社会支持系统、家庭环境、教育经历等外部因素的影响。心理危机干预的原则是帮助个体把内部的应对方式与外部的社会支持和影响因素结合起来,使个体获得更多解决问题、应对心理危机的方式,提升对心理危机事件的控制能力。心理社会转变模式比较适合心理危机稳定后的个体。

5. 支持资源的整合模式

支持资源的整合模式是 North 等人在给一些出现临时性心理危机的社会团体提供危机干预支持的基础上提出的,其中比较有代表性的就是教育、支持和训练的社会资源工程模式。在专业人员缺乏时,通过团体训练的方式,提供解决问题的方法和减轻痛苦的技巧给团体成员,帮助每个成员从团体中得到更多的资源,从而摆脱心理危机的困扰。

6. ACT 心理危机干预模式

ACT 心理危机干预模式是 Assessment – Crisis Intervention – Trauma Treatment

的缩写,意思是评估—心理危机干预—创伤治疗干预模式。该模式是 Roberts 在对已有的心理危机干预策略进行整合加工后提出的干预模式。这个模式的特点是专业人员在短期内对当事人进行危机干预,引导当事人及时受到系统的心理干预,并摆脱心理危机的困扰。ACT 心理危机干预模式在美国"9.11"事件中对部分高危群体的干预取得了良好效果。

第二节　高校心理健康教育工作现状分析

一、国内高校心理健康教育工作的现状和存在的问题

（一）国内高校心理健康教育工作的现状分析

国内心理危机干预工作起步较晚,20 世纪 80 年代,我国学者开始关注自杀问题,直到 1991 年才在南京市成立了国内首家心理危机干预中心,国内学者才开始研究心理危机干预。自此以后,1994 年克拉玛依大火、1998 年长江特大洪水等大的灾难,国内心理工作者开始在危机事件后参与救援。2003 年"非典"爆发,心理学家对参与救灾的医护人员和高校的大学生提供心理疏导和心理援助,为心理危机干预,尤其是高校心理危机干预积累了宝贵经验。而在 2008 年汶川地震救援中,北京大学和北京师范大学等高校组成了专业的心理救援队参与了救灾的过程,其成果也是非常明显的,得到了社会各界和灾区人民的认可。这也是国内第一次有组织地进行大规模的心理危机干预工作,在我国心理危机干预工作的发展史上具有里程碑式的意义。

国内高校自 20 世纪 80 年代开始在高校设置心理学专业,部分高校开始设置专职心理健康教育工作人员,定期举行心理健康讲座、举行心理健康教育宣传活动。但直到 2002 年,在教育部办公厅下发《普通高等学校大学生心理健康教育工作实施纲要(试行)》之前,绝大多高校依然没有成立专门的心理健康教育机构,专职的心理健康教师更是缺乏。随着大学生恶性心理危机事件的频发,高校管理者对心理危机对大学生的影响认识不断提高,开始注重心理危机干预工作的建设和提升。自 2006 年国际危机干预和心理治疗大会暨第九届全国大学生心理咨询学

术会议召开以来,学术界围绕大学生心理危机干预而展开的会议、培训和研讨活动不断,在干预技术、预警机制和干预模式等方面取得了不错的成就。随着2011年教育部下发《普通高等学校学生心理健康教育工作基本建设标准》,国内高校心理健康教育工作有了建设规范,各省也开始了心理健康教育工作的评估检查,心理机构、专职教师、经费保障、课程建设和危机干预预案等都成为高校心理健康教育工作的标配,国内高校心理危机干预工作进入了新的历史阶段。

(二)国内高校心理健康教育工作存在的问题

1. 高校心理危机干预意识淡薄,干预工作理念落后

高校在处理大学生心理危机事件时,一直以来只重视心理危机事件的负性影响,而忽略了心理危机的干预,对心理危机事件的管理也与其他事件的管理相差不多。大学生也受对心理健康教育的种种误解认为只有心理有问题的人才需要心理帮助,因此遇到心理危机也不知道该不该去寻求专业帮助。高校管理者也认为危机事件处理时不需要心理工作者的参与,认为心理危机干预是"危言耸听""忙中添乱",抵触和回避的态度明显。高校课程设置的心理健康教育的相关课程不仅数量少学时少,而且一般为选修课,普及率不高。同时高校对心理危机干预的工作理念也明显落后,认为心理危机干预只是专职教师的工作,其他部门和教师不用参与。也有高校认为心理危机预防预警工作不重要,不用设立工作网络和干预预案。

2. 高校心理危机干预制度不完善,干预工作不规范

心理危机干预是一个系统的工作过程,需要相应的规章制度来规范管理。国内高校大部分都以文件的形式制定了心理危机干预的预案,但相关的规章制度存在很多问题,高校在处理心理危机事件时也不按照预案开展工作。制度的不完善使得心理危机干预工作的效果大打折扣,但不依预案开展工作,规章制度也就沦为了一纸空文。甚至在2012年我国颁布了《精神卫生法》以后,部分高校仍没有及时按法律的要求修改原有的规章制度,不仅影响心理危机干预工作效果,还有可能触犯法律。

3. 高校心理教育工作缺乏固定机构,专业工作人员严重不足

高校一般只是在应对心理危机事件时才会临时组建松散的工作小组,既缺乏专业的培训和工作经验,又缺乏系统的协调框架。这样"临时抱佛脚"式组建的工

作小组很难重视心理危机的预防和预警工作的开展,更容易忽视危机干预后的跟进和总结;同时我国高校的心理健康教育人员严重不足。教育部在《普通高等学校学生心理健康教育工作基本建设标准》中规定:"高校应按学生数的一定比例配备专职从事大学生心理健康教育的教师,每校配备专职教师的人数不得少于两名,同时可根据学校的实际情况配备兼职教师。"按照这个规定,很多高校的心理健康教育专职人员的数量不符合要求,而即使满足了这个要求对于心理健康教育工作而言依然是十分缺乏的。国外高校心理工作人员与学生的比例是1∶400,而国内的比例1∶10986,可见我国高校心理危机干预人员是多么的不足。

二、国外高校心理健康教育工作的经验及启示

(一)国外高校心理危机干预工作的经验

1. 美国高校心理健康教育工作现状分析

美国是最早开始研究心理危机干预的国家,早期的危机干预工作是由志愿者和民间组织完成的。后来,美国政府也开始支持心理危机干预工作的开展,1974年,美国联邦应急管理局(FEMA)资助了一个心理危机干预研究项目,由心理卫生服务中心(CMHS)的紧急服务及灾难救援项目组(ESDRB)负责开展。1978年,美国国家心理卫生署(NIMH)还根据其资助的心理危机干预项目的研究成果出台了《灾难援助心理辅导手册》。特别是1989年,美国政府针对战后老兵出现的心理问题,专门成立了国家PTSD(创伤应激障碍)研究中心。美国政府及州政府对心理危机干预工作设有专门的工作机构和工作网络,高校被作为公共心理危机干预的重要部分进行管理。

美国已经形成了一整套完善的危机管理体系,高校也依照这个体系进行管理。国联邦应急管理局(FEMA)是一个直接向总统负责、单独处理危机管理的政府机构,全权负责危机的预防、管理和心理干预等工作。高校出现危机事件时,先由州政府和地方政府解决,当州政府和地方政府不能处理时再上报联邦政府,由总统决策是否由联邦应急管理局介入。美国通过法律、法规或指导的方式来加强高校危机事件的管理,如2003年下发的《危机计划的实用资料:学校与社区指南》中规定了各种危机的类型、阶段,危机的预防和反应的措施等等。1994年颁布的《校园禁枪法(GFFA)》,要求所有接受联邦教育基金的州必须依据《改善校园环境法案(LASA)》或制定类似的法律,否则将被取消发放联邦教育基金的资格。在9·11事件后,美国政府更加注意高校的危机管理,对高校的安全也更加重视。

美国的高校危机管理预案一般包括以下几部分内容,危机的缓解和阻断:规范高校管理危机的行为,指出如何操作可以最大可能的保全生命财产;现有危机管理体系的评估:定期评估现行管理体系的问题,不断完善;工作任务的分配:明确危机管理中每个人的任务和职责,提升团队工作效率;畅通的沟通渠道:建立家长、学校和媒体的沟通渠道,保证信息畅通;危机关系者参与危机管理:可以考虑让家长、警察等关系者一起参与危机管理,更好处理危机事件;专业心理人员的工作要求:一方面是专业资质的要求,另一方面规定危机管理过程中专业人员必须参与的环节。

2. 日本高校心理健康教育工作现状分析

日本的心理危机干预工作始于灾后的心理援助工作。日本处于太平洋地震带上,属于地震多发地区,因此十分重视防震教育工作,经常会举行防震演习、疏散演习,并进行相关的教育活动。1993年北海道地震以后,日本开始注重震后的心理关怀工作;1995年阪神大地震以后,日本开始进行震后心理危机干预工作,并设置了心理热线为震后民众解决心理问题。

日本的心理危机干预工作受美国的影响较大,较早就在高校中开展了心理危机干预工作研究。1953年,东京大学最先成立了心理咨询机构,1954年,京都大学、日本女子大学、立教大学也相继成立了心理恳谈室。20世纪60年代以后,日本的大学都意识到了心理健康教育的重要性,大学设立心理健康机构遂进入高峰期。截止2002年,有90%以上的日本大学都设立了心理健康教育机构;2003年,日本千叶大学还设立了心理危机管理专业,可见日本高校是十分重视心理危机干预工作的。

日本高校心理危机干预工作的特色主要集中在三方面:一是特色教育活动。日本高校心理健康教育机构会针对学生常见的心理危机问题,开展有针对性的讲座、训练和体验活动,并通过心理测试、团体辅导等解决大学生面临的实际问题。二是专门的危机干预工作队伍。日本高校已经形成了由心理健康教师、管理人员和医务人员组成的心理危机干预工作队伍。一般公立大学每3000~5000名学生会配备一名心理咨询师,而私立大学每1500~2000名学生就会配备一名心理咨询师。三是高校的投入和保障。日本高校在心理危机干预工作上投入较大，最少的在 50 万日元左右，最高可达 500 万日元左右，同时高校更是配备了专业的高科技心理测量和心理咨询设备，为心理危机干预工作提供了物质保障。

(二)国外高校心理健康教育工作的启示

1. 建立健全相关法律法规，规范高校心理健康教育工作

心理危机干预是高校人才培养的重要工作内容之一，干预失败对学生、家庭和高校都有很大的负面影响。心理危机干预是一项专业性强、风险性高的工作，需要国家法律法规的规范管理。日本以《灾难对策基本法》为基础，制定了 52 部心理危机干预相关的法律，同时日本的都、道、县等的教育主管部门都制定并颁布了《危机管理应对手册》，一旦高校发生危机事件，马上可以依法进行干预工作。美国通过立法在高校里设立了校园警察，还颁布了《校园安全法》，各州教育部门也单独制定了相应的法律法规，用来指导高校的心理危机干预工作。我国在 2012 年颁布了《精神卫生法》，规范了心理健康工作，但缺少针对高校心理危机干预相关的法律法规。借鉴国外通过法律规范高校心理危机干预工作的做法，可以使高校心理危机干预工作有法可依，保证高校心理危机干预工作的顺利开展。

2. 转变工作观念，加强心理危机预防教育

心理危机干预应该遵循"预防为主"的原则，避免心理危机或减少心理危机的影响才是最主要的工作。不治已病治未病，预防教育工作远重要于危机后的补救措施。日本通过《危机管理应对手册》和《防灾教育指导资料》等指导高校开展心理危机的预防教育工作，有 76% 的学校对学生进行过应对心理危机的教育，67% 的学生接受过学校防范心理危机的训练；美国通过《危机计划的实用资料:学校与社区指南》对高校如何防范心理危机起到了较好的作用。同时日本高校特别重视心理危机知识的宣传工作，通过丰富多彩的活动宣传心理危机相关的知识，使得大学生在面对危机时能够保持冷静。我国高校也应该转变工作观念，加强心理危机预防教育，注重基本知识的宣传和普及工作。

3. 注重专业工作人员的培养，提升工作效果

西方发达国家的每个社区都会配备专业的心理工作人员。这些工作人员必须是经过专业培训并通过在职业资格认证的从业人员，如心理咨询师、心理治疗师、精神科医生等。美国的心理服务人员主要包括四类:临床精神科医生、执业临

床心理学家、执业心理咨询师和执业临床社区工作人员,一般要求具备心理学、医学的专业背景,学历要求为硕士或博士,或者进行过专门的进修,即使是志愿者也要进行短期的专业培训。1992 年,美国心理学会与美国红十字会联合设立了培养灾难反应系统(DRN)的公益项目,由 DRN 认可的专业人员为红十字会培训专业的心理危机干预工作人员,专业的心理危机干预工作队伍无疑可以提升心理危机干预工作的效果。

第三节　民办大学心理危机源及应对方式

一、心理危机源调查工作过程

(一)调查工具

心理危机源的特点和应对方式直接影响大学生对心理危机的效果,本章节通过问卷调查的方式对大学生的心理危机源及应对方式进行了调查。国内学者调查大学心理危机源及其应对方式所采用的量表较分散,既有成熟量表,也有自编量表,本章节调查心理危机源所采用的是刘玉新在其博士论文中发布的《大学生压力源问卷》(基本信息部分删减),该量表的内部一致性系数为 0.95,信度效度较好,符合本章节的要求。该量表共有 68 个问题 7 个因子,各因子分别是重大与突发性压力、家庭与经济压力、前程压力、学习压力、社会与人际压力、异性关系压力和自主与独立压力。每个问题按照压力强度和持续时间进行回答,压力强度采用 5 点计分法(0~4),持续时间采用 4 点计分法(1~4),每个问题的结果为压力强度和持续时间的乘积,结果数值越大说明压力越大。本章节调查应对方式采用的量表是段鑫星和程婧在其著作《大学生心理危机干预》中所发布的《大学生应激应对问卷》,该量表的内部一致性系数为 0.86,信度效度较好,符合本研究的要求。该量表共有 32 个问题 5 个因子,各因子分别是解决问题、合理化、退避、自责、幻想。每个问题采用 5 点计分法(0~4),结果数值越大说明被试倾向于此应对方式的程度越强。

（二）调查对象

为保证调查数据的有效性和代表性，本章节采取整群抽取的调查方式，针对民办大学学生共发放《大学生压力源问卷》和《大学生应激应对问卷》1200套，回收整理有效问卷862套，有效回收率71.8%。在抽样调查时注意了人口统计学变量的正态分布，有效样本的组成结构见表8-1。

表8-1　有效样本结构表

	性别		年级				专业		生源地		是否独生	
	男	女	一	二	三	四	理科	文科	城市	农村	是	否
人数	476	386	235	217	225	185	496	366	451	412	520	342
百分比	55.2%	44.8%	27.3%	25.2%	26.1%	21.4%	57.5%	42.5%	52.3%	47.7%	60.3%	39.7%

（三）调查实施与数据处理

本章节采取不记名的方式，要求被试完整填写个人基本信息，否则无效。以群体的方式集体宣读量表指导语，并进行适当的说明和解释，保证被试如实填写。量表的填写时间大概30分钟左右，回收的量表统一录入数据，并使用SPSS19.0进行统计学分析。

二、大学生心理危机源特点分析

（一）大学生心理危机源总体情况分析

对量表结果进行描述性统计分析，统计出大学生心理危机源七个因子分值，见表8-2。

表8-2　大学生心理危机源各因子分值表

	重大与突发	家庭与经济	前程	学习	社交与人际	异性关系	自主与独立
均值	1.24	1.91	3.32	2.13	3.83	2.96	1.59
标准差	1.43	1.77	2.53	1.41	2.82	1.92	1.16

从表8-2的大学生心理危机源七个因子得分由强到弱的排序可以看出，大学生所面临的最大的心理危机源是社交与人际关系压力，结合高校大学生主要存

在的心理问题可以推论,受价值观的冲突、自我为中心的个性和社会环境的不良影响,一进入大学,室友关系、同学关系、师生关系以及与陌生人的关系等就成了大学生必须面对的主要问题,这也是大学生心理危机的主要来源。排在第二位的是前程压力,未来的就业和个人发展是大学生在大学期间非常关注的问题,按照通常的理解,学习应该是提高个人能力,获得更好就业、升学和发展机会的途径,然而与之对应的却是大学生的学习压力却排在了异性关系压力之后,数值也相差较大。这也表明大学生理想与行动的脱节,一方面希望有更好的前程,另一方面却不想通过个人努力而获得成功。排在第三位的压力是异性关系压力,大学生对爱情、性和婚姻的态度是十分不成熟的,他们对爱情理解简单、想法单纯,缺乏与异性沟通相处的技巧,遇到问题不知如何解决;同时受网络信息传播和网络聊天软件发展的影响,大学生对性行为呈现出行为开放和内心保守之间的冲突。这些行为都引发了大学生对异性关系的压力。这一结果与樊富珉、李伟和段鑫星、程婧的研究相比差异较大,可以推断在过去十几年的时间里大学生心理危机源的变化是显著的,由前程压力、学习压力转为社交与人际关系压力。

(二)大学生心理危机源的群体差异性分析

为进一步了解大学生心理危机源的群体差异性,分别以性别、年级、专业、生源地、是否独生子女等五方面因素作为自变量,把心理危机源的各因子作为因变量,进行心理危机源的差异性检验。因重大与突发性压力受偶然性因素影响较大,差异性检验结果不具备对比意义,所以本章节不对此因子进行差异性分析。

1. 心理危机源性别差异检验

表8-3 心理危机源性别差异分析表

	家庭与经济	前程	学习	社交与人际	异性关系	自主与独立
总体	1.91	3.32	2.13	3.83	2.96	1.59
男	1.98	3.91	2.26	3.77	3.27	1.54
女	1.82	2.59	1.97	3.91	2.58	1.65
t	0.714	4.161*	0.984	-0.427	1.723*	-0.925

注:*表示 $p < 0.05$

从表8-3的数据可以发现,大学生的前程和异性关系因子在性别方面的差异达到了显著性水平,其他几个因子在性别方面的差异均未达到显著性水平,可见男大学生的前程压力和异性关系压力远大于女大学生。需要注意的是男女大学生在社交与人际关系压力方面差异不显著,但也表明他们的人际关系压力都很大,高校管理者应该重视大学生的人际关系问题。

2. 心理危机源年级差异检验

表 8 - 4 心理危机源年级差异分析表

	家庭与经济	前程	学习	社交与人际	异性关系	自主与独立
总体	1.91	3.32	2.13	3.83	2.96	1.59
大一	1.97	3.73	1.87	4.53	3.05	1.61
大二	1.88	2.72	2.03	4.07	2.89	1.56
大三	1.93	2.95	2.63	3.21	2.84	1.53
大四	1.84	3.97	1.97	3.42	3.09	1.65
F	0.314	4.281 *	3.427 *	6.054 *	4.328 *	1.183

注:* 表示 p < 0.05

从表 8 - 4 的数据可以发现,大学生的前程、学习、社交与人际和异性关系因子在年级方面的差异达到了显著性水平,而家庭与经济和自主与独立因子在年级方面的差异均未达到显著性水平。为了更清晰地了解前程、学习、社交与人际和异性关系因子在年级方面的差异,本章节对以上因子进行了 LSD 检验,结果显示:大一、大四学生的前程压力高于其他年级,这说明大一学生对未来发展都有过深入的思考,但在大二、大三却没再继续注意前程问题,而等到了大四则必须要面对就业问题。大三学生的学习压力高于其他年级,这可能与高校大三学年的课程安排或者大四就业前想通过努力学习获得知识、技能和职业资格认证有关。大一、大二学生的社交与人际关系压力高于其他年级,可见大学生的人际关系问题主要出现在大一、大二阶段。但需要反思的是,大学生在大三、大四可能会不再关注人际关系问题或有问题不去处理。大一、大四学生的异性关系压力高于其他年级,这可能与这两个时间段大学生结束恋爱关系较多有关。

3. 心理危机源专业差异检验

表8-5 心理危机源专业差异分析表

	家庭与经济	前程	学习	社交与人际	异性关系	自主与独立
总体	1.91	3.32	2.13	3.83	2.96	1.59
理科	1.89	3.67	2.43	3.89	3.26	1.56
文科	1.94	2.84	1.72	3.75	2.55	1.63
t	-0.217	3.232*	2.251*	0.353	1.837*	-0.406

注:*表示 p<0.05

从表8-5的数据可以发现,大学生的前程、学习和异性关系因子在专业方面的差异达到了显著性水平,而其他因子在专业方面的差异均未达到显著性水平。理科大学生的前程压力远大于文科大学生,这可能与理科学生的就业期望值高于文科学生有关。理科学生的学习压力远大于文科大学生,这可能与理科学生的学习难度大于文科学生有关。理科学生的异性关系压力远大于文科大学生,这可能与理科学生的思维方式和认知有关。

4. 心理危机源生源地差异检验

表8-6 心理危机源生源地差异分析表

	家庭与经济	前程	学习	社交与人际	异性关系	自主与独立
总体	1.91	3.32	2.13	3.83	2.96	1.59
城市	1.62	3.26	2.11	3.91	3.03	1.38
农村	2.23	3.39	2.15	3.74	2.87	1.82
t	-1.935*	-0.206	-0.146	0.573	0.424	-2.438*

注:*表示 p<0.05

从表8-6的数据可以发现,大学生的家庭与经济和自主与独立因子在生源地方面的差异达到了显著性水平,而其他因子在生源地方面的差异均未达到显著性水平。农村生源大学生的家庭与经济压力和自主与独立压力远大于城市生源大学生,这表明农村生源大学生更希望通过自己的努力缓解经济压力。

5. 心理危机源是否独生子女差异检验

表8-7 心理危机源是否独生子女差异分析表

	家庭与经济	前程	学习	社交与人际	异性关系	自主与独立
总体	1.91	3.32	2.13	3.83	2.96	1.59
独生子女	1.86	3.42	2.15	4.21	3.05	1.43
非独生	1.99	3.17	2.10	3.25	2.82	1.83
t	-0.319	0.613	0.238	2.174*	1.131	-1.827*

注：*表示 p<0.05

从表8-7的数据可以发现，大学生的社交与人际和自主与独立因子在是否独生子女方面的差异达到了显著性水平，而其他因子在是否独生子女方面的差异均未达到显著性水平。这说明独生子女不擅长处理人际关系问题，非独生子女对自主独立的愿望更强烈。值得注意的是在异性关系因子方面的差异虽未达到显著性水平，但独生子女与非独生子女相比可能存在问题的概率更大。

（三）民办大学大学生心理危机应对方式分析

1. 大学生心理危机应对方式的总体情况分析

对量表结果进行描述性统计分析，统计出大学生心理危机应对方式五个因子分值，见表8-8。

表8-8 大学生心理危机应对方式各因子得分表

	解决问题	合理化	退避	自责	幻想
均值	1.98	2.42	2.87	1.23	1.36
标准差	0.56	0.58	0.65	0.59	0.54

从表8-8的大学生心理危机应对方式各因子得分从高到低的排序可以看出，大学生应对心理危机时惯用的应对方式依次是退避、合理化、解决问题、幻想和自责。这个结果与张建卫、刘玉新和段鑫星、程婧的研究结果相比差异较大。退避成为首选应对方式，说明大学生应对心理危机的方式由积极向消极转变，这需要引起教育部门、高校管理者、思想政治教育工作者、心理健康教育工作者、家

长及社会各界的重视。结合各因子排序及大学生应对心理危机事件的案例,可以推断大学生应对心理危机时首先采取的是退避的消极方式应对。当退避不能应对心理危机时,大学生转而采用合理化的中性方式应对,试图通过降低自我防御的方式进行调节。当合理化依然不能应对心理危机时,大学生才会选择解决问题的积极方式应对心理危机。总之,大学生心理危机应对方式是消极和不健康的,退避和合理化可以暂时性缓解大学生心理危机,但也埋下了爆发更大危机的隐患。

2. 大学生心理危机应对方式的群体差异性分析

为进一步了解大学生心理危机应对方式的群体差异性,本章节分别以性别、年级、专业、生源地、是否独生子女等五方面因素作为自变量,把大学生心理危机应对方式各因子作为因变量,进行了应对方式的差异性检验。

(1)应对方式性别差异检验

表 8 - 9 心理危机应对方式性别差异分析表

	解决问题	合理化	退避	自责	幻想
总体	1. 98	2. 42	2. 87	1. 23	1. 36
男	1. 73	2. 48	2. 98	1. 38	1. 31
女	2. 29	2. 35	2. 73	1. 04	1. 42
t	- 2. 184 *	0. 917	1. 124	2. 373 *	- 0. 809

注: * 表示 $p < 0.05$

从表 8 - 9 的数据可以发现,大学生在应对心理危机时采用解决问题和自责方式在性别方面的差异达到了显著性水平,其他因子在性别方面的差异未达到显著性水平。这表明应对心理危机时女大学生比男大学生更多采用解决问题的方式,而男大学生则比女大学生更多采用自责的方式。可以推断女大学生比男大学生更加理性、成熟和自信,男大学生更愿意把心理危机归因为自身因素。

（2）应对方式年级差异检验

表8-10　应对方式年级差异分析表

	解决问题	合理化	退避	自责	幻想
总体	1.98	2.42	2.87	1.23	1.36
大一	1.93	2.41	2.93	1.18	1.37
大二	1.97	2.37	2.86	1.16	1.43
大三	2.01	2.52	2.82	1.28	1.31
大四	2.02	2.36	2.87	1.31	1.33
F	0.536	1.124	0.637	1.327	0.893

注：* 表示 $p < 0.05$

从表8-10的数据可以看出，大学生在应对心理危机时采用解决问题、合理化、退避、自责和幻想方式在年级方面的差异不显著，其他因子在性别方面的差异未达到显著性水平。这表明不同年级大学生在选择应对方式时差异不大，也可以推断高校在大学生危机应对方式方面的教育效果不好，大学生四年在心理危机应对方式方面进步不大。

（3）应对方式专业差异检验

表8-11　应对方式专业差异分析表

	解决问题	合理化	退避	自责	幻想
总体	1.98	2.42	2.87	1.23	1.36
理科	1.93	2.17	3.05	1.37	1.34
文科	2.05	2.76	2.63	1.04	1.39
t	-0.327	-2.134 *	1.846 *	2.383 *	-0.209

注：* 表示 $p < 0.05$

从表8-11的数据可以看出，大学生在应对心理危机时采用合理化、退避和自责方式在专业方面的差异达到了显著性水平，其他因子在性别方面的差异未达到显著性水平。可以推断文科大学生更愿意采用合理化的方式应对心理危机，理科大学生更愿意采用退避和自责的方式应对心理危机。这种情况可能与文理科学习内容和思维方式的差异有关。

（4）应对方式生源地差异检验

表 8 – 12　应对方式生源地差异分析表

	解决问题	合理化	退避	自责	幻想
总体	1.98	2.42	2.87	1.23	1.36
城市	2.21	2.48	2.81	1.21	1.46
农村	1.73	2.35	2.94	1.25	1.25
t	2.124 *	0.318	-0.169	-0.185	1.831 *

注：* 表示 $p < 0.05$

从表 8 – 12 的数据可以看出，大学生在应对心理危机时采用解决问题和幻想方式在生源地方面的差异达到了显著性水平，其他因子在性别方面的差异未达到显著性水平。可以看出城市生源大学生更愿意采用解决问题和幻想的方式应对心理危机，这可能与家庭经济水平有关系。

（5）应对方式是否独生子女差异检验

表 8 – 13　应对方式是否独生子女差异分析表

	解决问题	合理化	退避	自责	幻想
总体	1.98	2.42	2.87	1.23	1.36
是	1.96	2.44	3.17	1.24	1.39
否	2.01	2.39	2.41	1.21	1.31
t	-0.226	0.237	2.324 *	0.323	0.452

注：* 表示 $p < 0.05$

从表 8 – 13 的数据可以看出，大学生在应对心理危机时采用退避方式在是否独生子女方面的差异达到了显著性水平，其他因子在性别方面的差异未达到显著性水平。可以看出独生子女大学生更愿意采用退避的方式应对心理危机。

（四）民办大学大学生心理危机源与应对方式的相关分析

为进一步分析大学生心理危机源及其应对方式之间的相关性,本研究对七个心理危机源因子和五个应对方式因子进行了皮尔逊(Pearson)相关性分析。

表 8 - 14　大学生心理危机源与应对方式的相关性检验

	解决问题	合理化	退避	自责	幻想
家庭与经济压力	0.052	0.134 *	0.113 *	0.137 *	0.042
重大突发压力	-0.018	0.028	0.051	0.193 * *	0.024
前程压力	-0.133 *	0.067	0.124 *	0.052	0.021
学习压力	-0.046	0.119 *	0.108 *	0.181 * *	0.072
社交与人际压力	-0.084	0.252 * *	0.275 * *	0.118	0.116 *
异性关系压力	-0.056	0.121 *	0.292 * *	0.237 * *	0.173 * *
自主与独立压力	-0.081	0.075	0.129 *	0.121 *	0.037

注:＊表示 p＜0.05 ＊＊表示 p＜0.01

从表 8 - 14 的数据可以看出,大学生心理危机源与应对方式之间的相关性很大。

解决问题与心理危机源七个因子的皮尔逊相关系数均为负值,并且与前程压力的相关性达到了显著性水平(p＜0.05);合理化与家庭与经济压力、学习压力和异性关系压力的相关性达到了显著性水平(p＜0.05),与社交与人际压力的相关性达到了极显著性水平(p＜0.01);退避与家庭与经济压力、前程压力、学习压力和自主与独立压力的相关性达到了显著性水平(p＜0.05),与社交与人际压力和异性关系压力的相关性达到了极显著性水平(p＜0.01);自责与家庭与经济压力、社交与人际压力和自主与独立压力的相关性达到了显著性水平(p＜0.05),与学习压力和异性关系压力的相关性达到了极显著性水平(p＜0.01);幻想与社交与人际压力的相关性达到了显著性水平(p＜0.05),与异性关系压力的相关性达到了极显著性水平(p＜0.01)。

数据表明解决问题是民办大学大学生应对心理危机的有效途径,尤其是对前程压力具有一定的消解作用,但与其他因子不相关也说明大学生还未养成用解决问题的方式应对心理危机的习惯。而采用合理化、退避、自责和幻想等应对方式时对心理危机源没有积极作用,甚至还会加剧部分心理危机源的压力程度。同时数据也表明大学生面对家庭与经济压力更多采用合理化、退避和自责方式应对,面对重大突发压力更多采用退避和自责方式应对,面对前程压力更多采用解决问题和退避方式应对,面对学习压力更多采用合理化、退避和自责方式应对,面对社交与人际压力更多采用合理化、退避、自责和幻想方式应对,面对异性关系压力更多采用合理化、退避、自责和幻想方式应对,面对自主与独立压力更多采用退避和自责方式应对。

(五)调查结果讨论与总结

民办大学学生心理危机源和应对方式调查的数据分析结果与其他学者的早期研究相比,其心理危机源和应对方式特点都发生了明显变化。

心理危机源方面:大学生主要的心理危机源是社交与人际关系压力、前程压力和异性关系压力。男大学生的前程压力和异性关系压力大;大一、大四学生的前程压力大,大三学生的学习压力高,大一、大二学生的社交与人际关系压力高,大一、大四学生的异性关系压力高;理科大学生的前程压力、学习压力和异性关系压力高;农村生源大学生的家庭与经济压力和自主与独立压力高;独生子女的社交与人际关系压力高,非独生子女的自主与独立压力高。

应对方式方面:大学生选择心理危机应对方式的顺序是退避、合理化、解决问题、幻想和自责。女大学生更多采用解决问题的方式,男大学生更多采用自责的方式,各年级采用的应对方式无显著差异;文科大学生更多采用合理化的方式,理科大学生更多采用退避和自责的方式;城市生源大学生更多采用解决问题和幻想的方式;独生子女大学生更多采用退避的方式。

心理危机源与应对方式的相关分析:大学生心理危机源与应对方式的相关性较高,解决问题的方式是应对心理危机的有效办法,合理化、退避、自责和幻想方式不能有效应对心理危机,消极应对方式会影响部分危机源压力值升高。

综上所述,民办大学应该重视大学生心理危机及其应对方式的特点,重视大学生心理危机积极应对方式的培养,提升大学生心理危机的预防教育工作水平,利用新媒体,在传统心理危机干预模式的基础上创新工作机制,全面增强高校心理危机干预工作,以减轻心理危机对大学的影响。

三、基于"互联网＋"的民办大学立体心理健康教育模式构建

基于"互联网＋"的民办大学立体化心理健康教育模式是一套随社会发展、大学生心理危机特点变化而不断发展完善的动态工作系统。本章节在国内高校现有心理健康教育模式基础上,结合民办大学心理危机干预工作的现状和当下大学生心理危机及其应对方式特点,以"互联网＋"创新危机干预工作的方式、平台,构建由预防教育体系为核心、预警体系为重点、干预体系为基础、管理体系为平台的心理健康教育模式。其结构如图8－1所示。

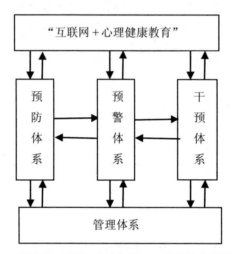

图8－1 基于"互联网＋"的高校心理健康教育模式结构图

（一）预防教育体系构建

预防教育的目标是消除心理危机发生的隐患,降低心理危机的发生率,促进大学生全面成长和发展。心理危机的演变具有一定的规律,大学生的心理发展也有其自身特征。预防教育就是在心理危机发生前,对大学生进行危机教育,提升大学生应对心理危机的能力,从而实现对心理危机的预防教育。在传统心理健康教育的基础上,构建"互联网＋预防教育"体系,突出传统的形式、时间和空间,有利于预防教育的普及,是新媒体环境下的尝试和创新。预防教育体系的目标是危机教育和生命教育,载体是宣传教育、特色活动、心理课程,而平台和运行空间是"互联网＋"。如图8－2所示。

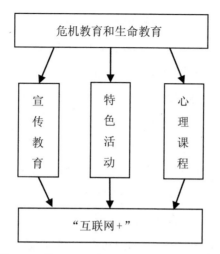

图8-2 基于"互联网+"的高校心理危机预防教育体系结构图

1. 开展危机教育和生命教育,增强大学生应对危机的能力

心理危机事件对大学生的影响是不言而喻的,但大学生对心理危机的相关知识十分匮乏。民办大学应该重视心理危机教育,尽量将心理危机消除于萌芽之中。心理危机意识教育的重点在于心理危机的内涵、成因、类型、演变特点等知识,让大学生意识到心理危机在每个个体成长中都会遇到,只要有预防意识,很多发展性心理危机是可以避免的。应对能力培养的重点在于心理危机的识别、应对方式的选择、寻求社会支持和专业的心理援助等能力,只要应对得当,心理危机也不是不可以战胜的。同时民办大学应该重视生命教育,指导大学生积极思考生命的意义,尊重生命、热爱生命,以积极的人生态度面对心理危机,以积极的方式应对心理危机,避免因心理危机事件伤害大学生的生命安全。民办大学可以开展大学生自我意识、适应能力、抗挫折能力、完善人格、恋爱与性心理、人际关系、生涯发展、压力应对、情绪管理和生命教育等专题教育活动,促进大学生心理危机教育和生命教育的全面开展。

2. 打造心理健康教育"两微一端"新平台,提升宣传工作效率和效果

民办大学管理者应该重视心理健康教育知识的宣传和普及工作,突破传统渠道的宣传形式,利用新媒体新技术创新宣传渠道。现代社会是网络信息时代,尤其是移动互联设备的普及,"两微一端"(微博、微信和客户端)已经逐渐在传播领

域成为主角。大学生对校园内传统的宣传媒介关注度下降,网络新媒体已经成为他们重要的关注对象。高校也应该顺应时代潮流,充分利用大学生网络生活特点,把心理健康教育工作与网络融合在一起。民办大学可以通过官方微博、微信公众号、心理健康教育专题网站和校园心理健康教育 APP 等搭建心理健康教育宣传平台,通过大学生喜闻乐见的表达形式,宣传心理健康知识。例如传统的宣传一般以报刊、宣传栏、海报等形式进行宣传,宣传的范围和效果都是有限的,但通过微信公众号发布同样的内容,其宣传的效率和效果都会显著增强。

3. 创新线上与线下结合的特色心理教育活动

当下大学生参与心理健康教育活动的积极性不高,心理工作者精心设计的主题活动也可能因为学生缺乏热情而流于形式。民办大学心理健康教育机构可以通过微信、APP 软件搭建网络互动平台,利用大学生乐于参与网络互动活动的特点,把传统线下的教育活动与线上的网络互动活动结合起来,创新心理健康教育活动的形式和内容。例如心理健康教育主题活动"心灵护蛋",传统的活动形式是学生每天写下护蛋日记,因为缺乏监督和反馈,很多学生坚持几天就放弃了。新的活动形式在传统形式的基础上,把护蛋日记搬到了微信朋友圈,这样即符合当下大学生的网络生活特点,又能通过朋友圈点赞获得监督与反馈,大大提升了学生参与的热情,活动效果也得到了显著提升。同时学校也可以通过微信、APP 软件直接组织线上主题教育活动,突破传统活动的时间和空间限制,开发出更多别具特色的心理健康教育活动来。

4. 传统课堂与网上课堂相结合,创新教学新形式

心理健康教育课程是民办大学心理健康教育工作的主渠道,课程开设的种类、学时以及师资力量等问题一直制约着民办大学心理健康教育教学工作的开展。基于网络技术的慕课(MOOC)、微课等新型教学形式已经成为高校教学发展的新风向标。心理健康教育课程也应该借"互联网 +"的东风,在教学形式上进行大胆的创新和突破。以传统的课堂教学为基础,一方面把网络资源作为课堂教学的延续,可以通过网络完成课堂互动教学、教学资源的分享以及完成课后作业等内容,提升课堂教学的效率;另一方面还可以通过网络课堂的形式,结合大学生对信息"短平快"的要求,开设大学生心理健康教育网络微课,把课堂内的理论与社会热点话题结合起来,为大学生提供喜闻乐见的教学内容,提升心理健康教育课

程的教学效果。

(二)预警体系构建

预防教育并不能完全消除心理危机,民办大学要在预防教育体系的基础上建立和完善心理危机预警体系。高校心理危机预警体系是指通过一套科学有效的预警指标和评估模型对收集到的信息进行分析,及时发现潜在的诱发心理危机的因素,并向管理者发出危机预警,对学生进行紧急干预,以减轻心理危机影响的管理系统。基于"互联网+"的高校预警体系包括预警指标、预警工具、工作体系、预警结果评估与反馈和心理档案等内容,做到早预警早处理,以提升预警体系的工作效率。

1. 扩展心理危机预警指标

预警指标是心理危机预警体系最重要的内容,传统预警指标重点关注学生即时的危机反应状态,如认识状态、情绪状态和意志状态等,预警结果的预测性和准确性不佳。综合学生心理危机源及应对方式的特点和民办大学心理危机干预案例的研究,本章节扩展心理危机预警的指标内容,包括成长环境、既往经历、个体因素、心理状态和危机源。成长环境包括父母婚姻状态、父母教养方式、依恋关系等内容,既往经历包括重大事件、童年创伤等内容,个体因素包括人格、应对方式、社会支持、价值观等内容,心理状态包括认知、情感、意志、行为、生理、学习等内容的状态,危机源包括重大与突发性危机、家庭与经济危机、前程危机、学习危机、社会与人际危机、异性关系危机和自主与独立危机等内容。扩展后的心理危机预警指标能够更好地预测学生可能存在的心理危机风险,更好地判断学生的心理状态,对预防教育和干预都有重要的意义。

2. 基于"互联网+"的预警模式

高校一般通过心理普查的方式对在校大学生进行心理筛查,采用的预警工具一般为症状自评量表(SCL—90)、大学生心理健康量表(UPI)、艾森克人格问卷(EPQ)、卡特尔十六因素人格测验(16PF)心理量表等量表,通过比对常模进行危机预警。但我们应该看到这些量表有编写年代久远、常模过时、问卷题目过多等问题,会经常出现假阳性和假阴性,严重影响着危机预警的效率。本章节在扩展心理危机预警指标的基础上,结合互联网技术提出两种预警模式:一是在传统普查模式的基础上,采用自编量表和成熟人格量表、抑郁量表结合的方式,减少测试题目,涵盖成长环境、既往经历、个体因素、心理状态和危机源等内容,从心理危机产生的源头进行分析,以便更全面准确地进行心理筛查;二是采用互联网大数据预警模式,通过校园网的数据终端对大学生的上网内容进行筛查,一旦发现学生浏览或发布自杀、死亡等内容,直接通过网络进行预警。这两种预警工具的运行效率和效果是传统预警工具无法比拟的。

3. 建立和完善三级预警工作体系

网络预警模式也不是全能的,不能保证百分百地预警心理危机,因此心理危机预警也要在现实世界建立预警工作体系。根据国内各类高校心理健康教育工作的经验,应该建立和完善学生、院系和学校等层面的三级预警工作体系。第一级预警体系由学生、学生干部、心理委员和心理协会等组成。共同生活在一起的大学生彼此了解,同学之间最容易发现谁有情绪波动或行为异常。民办大学应该注重学生心理危机意识的培养,组建学生助人自助的朋辈心理援助社团,发挥大学生的能动性,发现同学出现异常情况及时上报。这也是三级预警工作体系的基础。第二级预警体系由辅导员和院系学生管理人员组成。学生工作队伍应该定期接受心理危机干预培训,对大学生常见的心理危机具有一定的判断力,也是三级预警体系的中坚力量。辅导员和院系学生管理人员负责对收集到的信息进行梳理和判断,并参与心理危机干预工作全过程。第三极预警体系由心理机构和主管部门组成。负责预警体系的运行协调、心理筛查、信息反馈和心理评估,判断心理危机发展的动向,判断是否需要转介到心理医院或者精神科医院。三级预警体系相互协作,以提升预警工作效率,并可使预警体系与预警工作体系相结合,使预警工作 360 度无死角。

4. 完善预警评估与反馈制度

心理危机预警结果要进行评估和反馈来确定是否需要进入干预体系,民办大学需建立相应的工作制度保证预警评估与反馈工作的顺利开展。一是要建立心理危机事件反馈制度。预警工作网络的信息要逐级上报反馈给心理机构进行评估,网络预警平台和心理机构发现的信息要反馈给相关院系及家长。二是要完善心理咨询制度。高校要充分利用网络平台开展咨询预约和网络咨询活动,同时设立 24 小时心理热线,以保证心理危机预警信息传递通道畅通,也可保证处于心理危机状态的学生可以快捷有效地得到心理援助。

5. 建立动态网络心理档案

传统的心理档案一般由学生的基本情况、心理普查数据、心理咨询记录及重大事件记录等纸质材料组成,查阅效率和评估效果是传统心理档案的缺陷。基于"互联网+"建立动态的网络心理档案是心理健康教育发展的必然选择。网络心理档案包括预警指标和预警模式的全部信息,同时辅导员适时更新学生学习情况、突发事件等内容,心理咨询师也动态地更新学生心理咨询记录。网络心理档案通过分级授权的方式进行管理,心理机构、院系及辅导员可以查看不同的范围和内容,既保证了心理档案的安全性,又满足了心理机构和院系不同的工作需求。

(三)心理危机干预体系构建

心理危机干预体系主要是为了消除或降低心理危机对学生的危害,帮助学生渡过心理严重失衡阶段,避免学生产生创伤后应激综合征(PTSD)。传统的心理危机干预体系将心理危机干预作为核心工作,而在"互联网+"的心理危机干预机制中,本研究重点关注了预防教育体系、预警体系和干预管理体系,但不意味着干预体系不重要,干预体系仍是干预机制的基础和重要组成部分。干预体系包括干预系统、干预实施、支持系统和干预制度。

1. 构建心理危机干预系统

心理危机干预工作是民办大学各部门统一协调、全员参与的系统性工作。民办大学应该组建由主管学生工作的校长负责,各部门、各院系组成的心理危机干预工作领导小组,全面规划和协调心理危机干预工作,各部门团结协作、齐抓共管,以构建民办大学心理危机干预系统。干预工作领导小组下设院系干预工作小组,负责心理危机干预工作的实施及后续处理,是心理危机干预系统的主体。心理危机干预工作具有很强的专业性,一方面民办大学要加强一线学生工作者的专业训练,另一方面院系的心理危机干预工作要在心理机构的指导和帮助下完成,保证心理危机干预的效果。

2. 大学生心理危机干预实施

心理危机干预工作由辅导员、院系负责人和心理咨询师共同完成,目标是缓解学生的心理危机状态,使危机状态转向心理问题状态。心理危机干预遵循快速解决原则,利用心理危机干预技术实施干预,对于特别严重的,要及时转介到心理医院或精神科医院进行干预。民办大学应制定完备的心理危机干预预案,一旦发生心理危机事件,各部门应按照预案各司其职,有序完成心理危机干预工作。常用的干预技术有无条件积极接纳、关注、倾听、提问、支持、适度引导、风险评估等,常见个别干预、团体干预、电话干预和网络干预等形式。特别需要注意的是当学生出现自杀倾向时,学校需要高度重视,坚持生命第一原则,实行 24 小时监护制度,并及时通知家长和相关部门,避免造成不良后果。

3. 构建心理危机干预家校支持系统

学生在应对心理危机的过程中,社会支持系统对当事人具有重要的意义。家庭可为大学生提供安全感和心灵上的藉慰,同学和朋友可为大学生提供理解和支持,民办大学可为大学生提供管理方面的便利。同时家长作为学生的监护人对心理危机干预具有决定权,心理危机干预必须要求家长参加。基于此,本章节所构建的心理危机干预家校支持系统主要指:一是同辈支持系统。同龄人更能理解当事人的心境状态,也更愿意接受同学和朋友的帮助和支持,高校应动员当事人的同学和朋友参与对其进行帮助和支持。二是家庭支持系统。家庭可以提供最大的物质支持和精神力量,组织当事人的父母和亲属为孩子提供支持和帮助。三是教师支持系统。与学生接触多的辅导员、任课教师和其他相关教师也可以根据实际情况为当事人提供必要的支持和帮助。四是学校支持系统。学校各部门应该为当事人提供高速有效的政策和物质支持。

4. 完善大学生心理危机干预制度

心理危机干预是一项高风险的工作,必须通过一定的制度规范工作流程,以避免心理危机给大学生造成不必要的困扰,也应避免干预工作出现失误。一是建立心理危机 24 小时监护制度。对处于心理危机状态的大学生应采取生命第一原则,在通知家长到校的同时,学校要采取 24 小时监护。对处于行为异常、精神状态失常的学生,学校可按照《精神卫生法》的规定,在征得家长授权的情况下,可以将其送至精神专科医院或心理医院救治;而对潜在威胁的大学生,学校应该安排相应的老师和工作人员进行 24 小时监护,实行轮班制,每八小时一班,每班人数不少于两人,直至家长到校后进行完安全责任交接工作。二是建立危机干预效果评估制度。对于心理危机事件处理结束后需要复学的学生实行干预效果评估,学校要联合学生辅导员、心理教师和精神科医生组成评估小组,对学生的危机复发风险进行评估,评估不合格的不能安排复学,以避免学生心理危机复发造成二次伤害。三是建立回访制度。学校要责成心理机构的专业教师和辅导员定期回访因心理危机事件复学的学生,并给予一定的心理咨询服务,直至复学后一年时间,以预防学生心理危机复发。

(四)基于"互联网+"的民办大学心理健康教育管理体系

预防教育体系、预警体系和干预体系是传统高校心理健康教育模式的内容,在此基础上本章节基于"互联网+"模式提出了新的管理体系,即基于"互联网+"的民办大学心理健康教育管理体系。该体系从系统论的角度出发,以互联网为预防教育体系、预警体系和干预体系的工作平台和运行空间,把三个工作体系及线上与线下、虚拟与现实的心理健康教育内容整合为统一的"二元互导"工作体系。基于"互联网+"的心理健康教育管理体系既可以提升危机干预工作的效率,又可以促进心理危机干预工作的科学化和专业,更可以提升心理危机干预工作的效果。

1. 管理体系理论框架

危机管理体系以共同数据库为基础,通过"两微一端"的网络形式,建设具有预防教育模块、朋辈互动模块、测评与预警模块、咨询与干预模块、评估模块和管理模块等内容的"二元互导"系统。如图8-3所示。

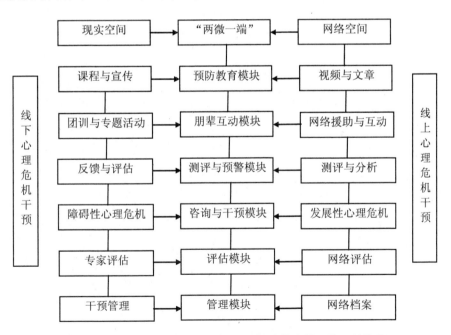

图8-3 基于"互联网+"的高校心理健康教育管理体系结构图

2. 管理体系各模块内容

管理体系是一个宏观的方法系统,各模块内容联系紧密,协同工作。"两微一端"基于共同的数据库互为补充,既是管理体系的运行平台和媒介,又是管理体系的外在形式;既是心理危机干预工作的信息收集工具,又是心理危机干预工作的实施工具。预防教育模块由心理健康教育课程、心理危机常识宣传、心理教育视频、心理微课、心理文章和话题讨论等内容组成,朋辈互动模块由朋辈团训、心理专题活动、朋辈心理援助(微信、QQ群、在线倾诉)等内容组成,这两部分是预防教育体系的具体形式。测评与预警模块由心理普查、心理测评、危机筛查、危机预警等内容组成,是预警体系的具体形式。咨询与干预模块由咨询预约、网络咨询(微信、QQ、在线咨询、即时倾诉)、面对面咨询、网络干预、现场干预等内容组成,评估模块由心理危机评估、干预效果评估等内容组成,这两部分是心理危机干预体系的具体形式。管理模块由干预预案、干预流程、干预制度、干预报表、基本数据、测评数据等内容组成,是整个系统的神经网络。各模块间相互渗透、信息共享,彼此互为宣传媒介,互为内容支撑,从而形成了一整套心理危机干预工作体系。

第九章

民办大学师资队伍建设与管理

第一节 民办应用型大学双师型教师队伍建设

《中国教育改革和发展纲要》指出:"振兴民族的希望在教育,振兴教育的希望在教师。"①2018 年 1 月 20 日,中共中央、国务院下发了《关于全面深化新时代教师队伍建设改革的意见》,明确提出,要建设一支高素质创新型的教师队伍,着力提高教师专业能力,推进高等教育内涵式发展。面对应用型大学,要全面提高教师质量,建设一支高素质双师型的教师队伍,并继续实施职业院校教师素质提高计划,引领带动各地建立一支技艺精湛、专兼结合的双师型教师队伍。支持高水平学校和大中型企业共建双师型教师培养培训基地,建立高等学校、行业企业联合培养双师型教师的机制。切实推进职业院校教师定期到企业实践,不断提升实践教学能力。美国于 1986 年发布了《国家为 21 世纪的教师做准备》的报告,报告中提出:"只有保留和造就最优秀的教师,这个国家才能摆脱他所陷入的困境。"②由此可见,世界不少国家都把教师素质放在了教育工作的头等重要的地位。

当前民办大学普遍认识到要以引进与培养双师型教师为主要师资结构构建方向,但是实际落实不足,往往仍在延续旧的师资结构。民办大学要发展,要培养出优秀的应用型人才,构建出应用型人才培养模式,师资是关键。

总体上,在民办大学发展的初始阶段,其师资力量需要依托公办大学既有师

---

① 孙晓红. 谈谈公安院校教师的素质教育. 公安教育,1999(4).
② 白萍. 高校教师在新时期面临的机遇和挑战. 职业技术教育研究,2004(11):53-54.

资资源,这一有利条件提高了整个教师队伍的水平。公办大学既有教师在理论教学方面有绝对的优势,通过引用公办大学既有的教师,加速了年轻民办大学专职教师的成熟。但是,民办大学培养应用型人才的定位,使得公办院校的教师在实践教学方面尚无法完全达到其要求,且教学侧重点存在差异,因此,随着民办大学的发展壮大,应当发掘自身潜力,统筹兼顾,增加专职教师的比重,提高专职教师的综合素质,努力打造一支稳定的适合应用型人才培养的师资队伍。民办大学师资结构的最理想状态是拥有一批专职骨干教师,既能够承担起教学任务,保证教学质量,还能与外聘内外结合,形成稳定的师资队伍。

首先,民办大学应当注重对专职教师的培养,建立起长期、细致、全面的教师培养机制,建设一支稳定的专职教师队伍。专职教师在教学活动中的作用不可代替,在专职教师的选择上,应当利用竞争机制,注重专职教师的综合素质。同时,民办大学还应当加大对专职教师的培训力度,尤其是全面促进中青年专职教师综合素质和业务素质的提高。可安排中青年教师分批到相关企业实习,进行社会培训,向双师型教师引导,增加其实践经验和应用能力,以此来提高实践水平,保证教学质量。

第二,民办大学应当适时引进教学经验丰富的外聘教师,除了完成教学工作外,优秀的外聘教师还可以对专职中青年教师进行指导,相互沟通,扬长避短,以提高整体师资队伍的素质。引进的外聘教师应当通过正规渠道,从公办高校聘任教学经验丰富的高职称教师,从企事业单位聘任具有实践经验的兼职教师,或者聘任离退休的优秀高校教师,这些外聘的优秀教师具有一定的影响力,能够带来最前沿的教学信息,在一定程度上能够帮助民办大学整体师资队伍的建设。

第三,根据自身情况打造双师型教师队伍。所谓双师型教师,是指从事理论课程教学工作,同时具有与其所传授的课程相关联岗位实际工作经验的教师,即通常所说的双工作岗位教师。双师型教师不但具备扎实的学科理论知识,同时也具有较强的实践教学水平。打造双师型教师队伍的途径是多元的,可以通过引进的方式,具有目的性地引进双师型教师为专职教师;也可以加大原有中青年专职教师的培养力度,通过各类学科培训、社会交流考察、岗位实践等培训方式,激励专职教师积极投身实践锻炼,提高专职教师的学科能力和业务实践能力,成为名符其实的双师型教师;同时,民办大学需要建立符合自身情况和应用型人才培养的双师型教师考评机制,从科研、实践、职称等多个方面对教师进行考核,从而督促教师努力提高自身的教学水平和实践能力。

一、民办应用型大学双师型教师的内涵和应具备的能力素质

(一)双师型教师内涵

双师型教师的最早提出是在 2004 年,在教育部办公厅下发的《关于全面开展高职专院校人才培养工作评估的通知》的附件《高职专院校人才培养工作水平评估方案(试行)》中,对于双师型教师标准做出了明确的规定,指出"双师素质教师是指具有讲师(或以上)教师职称,又具有下列条件之一的专任教师:(1)有本专业实际工作的中级(或以上)技术职称(含行业特许的资格证书;(2)近五年中有两年以上(可累计计算)在企业第一线本专业实际工作经历,或参加教育部组织的教师专业技能培训获得合格证书,能全面指导学生专业实践实训活动;(3)近五年主持(或主要参与)两项应用技术研究,成果已被企业使用,效益良好;(4)近五年主持(或主要参与)两项校内实践教学设施建设或提升技术水平的设计安装工作,使用效果良好,在省内同类院校中居先进水平者。

概括地讲,双师型教师就是指既具有教师职称,又有技能或工程技术资格证书的教师,或称为"双职称""双证"教师。在"双师"概念的背后其实还蕴含了对教师"双能力"的要求。双师型教师既要有理论教学能力,又要具备指导实践操作的能力。虽然双师型教师的概念最初的提出是在高职专科院校范围内,但随着经济的快速发展和产业结构的迅速调整,实用型、技术型人才成了社会紧缺人才。一方面是大量的实用型人才缺口,一方面是日益严峻的大学生就业形势,这种矛盾倒逼着高等院校必须要关注应用技术型人才的培养,要对学科设置、教学内容和形式做出调整。这就对高等院校教师队伍提出了更高更新的要求。双师教师队伍的概念逐渐在应用型高等院校得到拓展和深化,演变为双师双能型教师概念。

现在,行业内将"双师"和"双能"进行了有效融合,形成了比较统一的双师双能型教师概念。双师双能型教师是指专任老师同时具有教师资格证书和专业技术资格证书,有将理论专业知识和生产中的实践操作知识教授给学生的能力和用理论知识解决科研或企事业遇到实际问题的能力。

（二）应用型大学的内涵

中国大学按类型可以分为研究型大学、研究教学型大学、教学研究型大学、教学型大学、应用型大学、高职高专院校等几类。应用型大学重在突出"应用"二字，是指以应用型为办学定位，而不是以科研为办学定位的本科高等院校。应用型大学要求各专业紧密结合地方特色，从教学体系建设中体现"应用"二字，其核心环节是实践教学，注重学生实践能力，培养应用型人才。应用型大学对于满足中国经济社会发展和产业升级改造，对高层次应用型人才需要以及推进中国高等教育大众化进程起到了积极的促进作用。

（三）应用型大学双师型教师应具备的素质和能力

民办大学双师型教师按专业不同，其素质要求应有所不同。其专业可按大类分为人文社科类与技术应用类。

人文社科类双师型教师应该突现以下几方面素质：社会实践经验的积累和应用，良好的沟通、协调和组织能力，信息社会、市场经济和全球化的适应和引导能力，扎实的专业知识水平和专业应用能力，与时俱进的创新能力。技术应用类的双师型教师则应突现以下几方面素质：了解并掌握所授专业相对应行业的应用技术的动态，能够通过专业授课、实训、实习，使学生掌握就业岗位所需的应用技术和职业技能；具备肯动手、勤动手、会动手的操作习惯和实践修养，引领学生走"从书本到实践，再从实践到书本"的技能提升之路；能够教育学生形成相关行业的职业素养，如专业人员"不怕苦、不怕脏"的品质等；能够通过应用项目的研究和应用技术的创新等活动，培养学生的技术创新、技术革新意识和能力。

民办大学不同层次双师型教师的素质和使命应有所不同，按照专业理论水平和实践能力，民办大学的双师型教师可分为初级、中级和高级，分别对应助教、讲师和副教授以上三个层面。

助教级双师型教师主要以讲授理论课为主，同时能够指导实训。在实践应用方面，他们一般不够全面和深入，但对所授专业相关的社会实践有整体的了解。他们必须通过学校实验、实训和参加更多的社会实践，丰富实践经验，提高实践技能。

讲师级双师型教师应具备扎实的专业知识、专业技能，掌握所受专业相关行业动态和职业技能，同时能够根据行业和职业的发展变化，对本专业建设提出有价值的建议。

副教授级双师型教师的专业水平和专业应用能力,应相当于专业指导委员会委员的水平,能够通过参加高级专业研讨会、亲身社会实践、进行行业(职业)调查和专业分析等一系列活动,对专业的社会适用性、专业课程的设置和调整、专业的变化方向及实践教学创新等提出建设性意见,从而为应用型新专业开发和建设做出较大的贡献。

广义讲民办大学双师型教师的素质要求一是要具备良好的职业素养:双师双能型教师首先要具备一名教师应有的职业素养、遵循职业道德、热爱教育事业、尊重学生、以身作则、为人师表、积极工作、无私奉献,更能注重教育培养学生积累实践经验、提高动手操作能力,培养学生吃苦耐劳、扎实肯干的素质和能力,以促进学生个性的全面发展。

二是要具备专业素养:熟悉所教学科,能掌握教材体系和教学内容,有对专业基础课、核心课的基本教学能力,还有对本专业创造性的教学能力;同时要有较强的应用课程和实验实践课程的指导能力,能有效指导学生将课堂理论成果转化为生产应用。

三是要具备管理能力:应有良好的教学管理和班级管理能力,掌握教育心理学和管理学知识;能有效控制教学环境,引导学生思维;能对学生的发展进行分析、预测和指导,发挥学生的创造能力。

四是要具备创新能力:应有广博的视野,能适应经济、科技、资讯等快速变化的时代要求,掌握创新知识的方法;具有勇于探索、敢于批评和怀疑的学科精神,善于吸收最新教育科研成果,善于组织和指导学生开展创造性活动,进行科学研发活动。

二、建设应用型大学双师型教师队伍的必要性

(一)建设应用型大学双师型教师队伍是经济发展和产业升级转型的客观需要

随着科学技术的发展,我国经济发展进入了新常态时代,经济模式和经济增长方式随之发生改变,地方经济产业结构不断调整。在经济发展和产业升级转型中需要技术、设备、资本、市场和管理方式等各方面的转型,而实现所有这些转型

的关键就在于人才,关键取决于能适应产业发展的高水平技能人才的数量和素质。因此,产业结构调整使社会职业岗位需求发生了巨大变化,就业单位加大了对应用技术人才的需求。面对这种巨大的需求,承担教育培养重担的高等院校就必须顺应经济升级转型和产业结构调整带来的新机遇、新挑战,迅速组建一支高质量双师双能型师资队伍,培养高素质高技能人才,来应对产业发展对技术型人才的迫切需求。

(二)建设应用型大学双师型教师队伍是高等教育改革转型的必然要求

随着国家经济结构调整与发展方式转变,社会对高校人才培养和科学研究工作提出了新的要求,也为高等学校改革和发展提供了重要机遇,也使学校发展面临全新的调整。事物的发展必须遵循客观规律,高等教育的发展也不例外,其中最主要的就是遵循市场经济规律,主要体现在人才的培养上要遵循市场发展规律,要能适应经济转型和产业升级调整。作为人才培养的摇篮,高等学校培养出来的人才能否有竞争力,是否适应市场需求,都将在市场中得到检验,而市场检验的结果反过来又会影响高等教育的实践发展。

近些年来,我国大学毕业生数量巨大且逐年上升,就业问题已经成为日益突出的社会问题,尤其是民办大学毕业生竞争压力大。这是市场的要求,反应出学校的专业设置和师资队伍能否与劳动力市场相匹配,单位需求与学校输送毕业生能否成功对接。十八届五中全会通过的"十三五"规划建议明确提出,要"鼓励具备条件的本科高校向应用型转变"。转型是高等院校发展的必然选择,只有建立一支双师双能型教师队伍,注重培养学生的创造精神和实践能力,培养一批高层次专业技术人才,才能满足市场需要,才能有效应对高校毕业生就业难困境,实现高等教育的顺利转型发展。

(三)当前应用型大学双师双能教师队伍建设存在的问题

1. 学校和教师受传统思维教育模式影响

我国长期以来的传统教育模式是重知识传授,轻能力和素质;重理论,轻应用。我国传统文化中崇道轻艺,技术性人才在很长时间内在社会上得不到尊重。陈旧观念根深蒂固,也深深影响了大量高等学校和长期从事高等教育事业的教师们。现在,即便很多民办本科院校已经认同培养应用技术型人才目标的重要性,但还是以传统的教学为主,以培养研究型人才为主要任务。教育教学是工作中心,在课程体系设置和教学过程中,民办大学仍然注重学术理论和学术研究,仍按照传统的学术研究型院校的课程模式,通常在毕业前的最后几个月内才组织学生进行实习工作,对实习单位的选择、实习标准没有过多关注。这样使实践教学无法得到足够重视,不能从实质上增强学生的实践能力,没有真正做到应用型人才的培养。而很多教师们从事实践教学和提高创新实践能力的积极性不高,都严重制约了应用技术型人才的培养。

2. 教师引入机制存在弊端

民办大学在教师的引入上,还没有转变以往过于看重学历,看重是否名校毕业或海归博士,而忽视了教师的专业技能水平。教师主体大多还来自高等院校应届毕业生,这种以"校门对校门"方式培养的理论人才,虽然具有较扎实的基础理论知识,但几乎没有工作实践经验;相反,一些具有专业技术能力的教师却往往由于学历较低而不被重视。

3. 教师自身缺乏实践机会

双师双能型教师最需要的就是生产一线的锻炼与学习,把握最新技术,随时掌握市场方向。但就目前很多民办大学的实际情况看,教师们缺少的恰恰就是这样的机会。大多数教师的实践工作年限偏低,很多教师是从学校毕业后直接上讲台的,尤其是青年教师,大多缺乏专业实践经验和必备的专业技能。很多教师一直从事理论学习,具备比较扎实的理论基础,但日常承担了繁重的教学任务,严重影响了参加各种专业技术研究及赴企业挂职锻炼做调查研究的机会。一些企业因为各种原因不愿意接收教师参加生产实践,使得很多校企合作的协议也都流于形式,教师没能真正下到企业锻炼,理论联系实际机会匮乏。

4. 教学资金投入不足

民办应用型大学在学校教学及科研应用等方面都需要投入大量资金,但资金紧张使得学校很多落后的实践设备无法得到更新,校内实践基地有名无实,很多校企合作项目被压缩资金开支,教学实验和企业实践都得不到保障,严重限制了教师实践能力的展现和学生实践能力的提高,进而影响双师双能型师资队伍的发展与建设。

5. 教师的认证管理上重资格轻能力

现在很多民办应用型大学在双师双能型教师的认证和管理上过多地强调"双

师""双证"这种容易界定的标准,而对于"双能力"界定迷糊,存在以资格证书等同能力的现象。承担教学任务的教师也以拿到双证为终极目标,认为有了双证,就是双师双能型教师了。实际上,"双师"教师不等同于"双师双能"教师,只具备相应的教师资格和职业资格证书,只是达到了理论上的双师,其实际操作能力可能远远不如一个工厂的技工。

6. 缺乏有效的激励机制

目前,民办大学在对教师的职称评聘上主要以教学科研成果为评聘条件,很少将双师双能型教师作为职称评聘的优先条件,导致教师热衷于搞教学科研,不愿将过多的精力投入到实践中。另外,民办大学在对教师的待遇上,除了区别教师职称外,其他待遇都相同,几乎没有特别针对双师双能型教师的待遇,缺乏专任教师转化成为双师双能型教师的动力。

(四)民办应用型大学双师型教师队伍建设思路

1. 转变思维,树立全新教育理念

民办大学要果断抛弃重知识传授,轻能力和素质;重理论,轻应用的传统教育理念,应尊重技术性人才,树立起理论教学和实践教学同重的全新教育观念。作为大学专业教育体系中专业教学的两大基本形式,理论教学和实践教学二者缺一不可,相互影响、相互配合,不能厚此薄彼。作为以培养技术技能型人才为目标的应用型大学,实践教学更是至关重要。

2. 完善教师引入机制

民办大学要积极拓宽用人视野,多渠道引进教师。除了从高校引进专业教师外,还可以根据专业的特点以及对人才的需求,从社会上的其他企事业单位引进一些具有丰富生产技术经验的一线工作人员充实双师素质教师队伍,对于从企事业单位引进教师的,学历考察不应作为其引进教师的重点,而应将其专业技术能力以及个人的素质放在考察首位。可以聘任具有实践经验的专业技术人员、高技能人才及具有特殊技能的能工巧匠担任兼职导师、兼职科任教师,以有效弥补专职教师队伍在专业设置方面灵活度的不足。通过对教师资源进行多渠道补充,可有效避免学校教师来源单一,结构不合理,从而为双师双能型教师队伍建设奠定基础。

3. 为教师提供充分的培训和实践机会

民办应用型大学要为双师双能型教师提供各类进修及培训机会,尤其应注重校企结合,大量创造教师到企业挂职锻炼的机会,使缺乏实践经验和技能的教师定期到对口生产单位进行短、中期专业实习和技能训练,通过挂职定岗、合作研发等多种形式,督促传统学科教师向双师双能型教师转型,使教师实地了解产业加工过程和工艺操作流程,将课程与实践紧密结合起来,丰富教师实践经验,开阔视野,拓展教学思路,充实教学内容,提高实践技能,提高教学水平,胜任专业教师岗位工作。同时,学校要制定规范严格的教师实践考查制度,避免企业和教师对实践锻炼走过场,浪费教学资源。

4. 多渠道筹措资金,加大应用教学投入

民办大学建设双师双能型师资教师队伍需要大量资金。作为应用型大学,一方面要积极争取政府的政策支持和资金投入,另外还要通过各种渠道筹措资金,可以以融资、科研开发等多种形式寻求行业、企业的多方支持。在资金的使用上,要注重资金使用结构和效率,确保各专业建设和特色品牌建设资金及项目配套经费及时到位,投资建设高水平的校内实践基地,以保证应用教学正常运转。另外,要设立专项资金,为师生搭建创新创业平台,支持广大师生开展教育教学成果的转化,以推进科技发明创造和创意成果向市场转化,以提高专业学科的自我造血功能。

5. 制定科学的双师双能教师评价和激励机制

民办大学要针对学科特点单独研究制定双师双能型教师的评价制度,明确认定标准。不单纯依赖或简单依赖"双证"评价标准。在认证双师双能教师的职业资格证书上,要与其所从事的专业学科领域相匹配,并适当加大对教师工作实践经历和实践成果转化的评价分值。要改革师资评价内容,改变着重考核教师科研课题与论文的办法,增加生产实践、指导、专利发明等内容,对教师实施分类管理的考核办法,区分理论教学型教师和实践教学型教师,制定不同的考核评价机制,推行职称分类评审。制定针对双师双能型教师的激励制度,在职称评定、评奖评优、年终考评、项目扶持等政策上向双师双能教师适当倾斜,并通过职务晋升、津贴奖励等方式稳定双师双能教师队伍。同时要对双师双能型教师设置初级、中级和高级不同档次,充分调动专业教师的主动性和积极性,激励他们通过不断学习和实践,以提高自身的专业素养,体现双师双能型教师的价值。

第二节　民办大学教师聘任制度和质量考评体系

一、民办大学教师聘任制度

建设一支高素质的教师队伍,对大学的建设意义重大。民办大学不同于传统公立大学,在教师聘任制度上比较灵活,教师来源多样化。

(一)教师招聘

每年由专业根据来年招生人数、学科建设及人才培养需要提出新学年教师需求计划,报人事服务部门。人事服务部门按需求选择发布招聘信息于相应的渠道。

(二)面试考核

考核工作遵循"严格把关、综合评价、择优选拔、公开透明"的原则进行。组成由行政领导、相关专家为成员的面试考核小组,对应聘人员进行面试考核。

(三)录用签约及合同管理

学校应与面试考核合格人员签立录用协议,被录用人员应按约定时间到学校工作。符合劳动关系的教师应自入职之日起签订劳动合同,首次合同期限一般为三年,合同期满双方协商是否续签;特殊情况者,合同期限可双方协定。符合劳务关系的教师应签订劳务合同,每次合同期限为一年。合同应遵循《劳动法》及《劳动合同法》进行管理。

被录用的教师应保证所提供的信息真实、准确,如提供虚假信息,一经发现,学校将不予录用或解除劳动合同,并保留追究其相关责任的权利。

(四)人事档案管理

新入职教师应及时调入人事关系和档案,中共党员应及时办理组织关系接转手续;应届毕业生因原学校档案投寄等原因,可以有一定的档案延迟期,但自本人报到之日起不得超过六个月。还应提供详尽的个人资料、学历证明、家庭状况、住址及联系方式等。

（五）高级职称岗位聘任制度

岗位聘任的原则是按需设岗、按岗管理、公平竞争、择优聘任。专业技术岗位实行评聘分开，以聘定薪。

竞聘者须具备以下条件：

1.具备《中华人民共和国教师法》和《教师资格条例》所规定的要求。

2.热爱祖国，热爱教育事业，遵守国家法律、法规和学校规章制度，有良好的职业道德、敬业精神和团结、协作精神，服从单位工作安排，思想政治表现良好，认真履行岗位职责。

3.具有优良的教风和高尚的师德，关心学生的发展，具备适应工作岗位需要的职称、学术水平和教学能力。

4.严格遵守《中华人民共和国国家通用语言文字法》，使用规范的语言文字。

5.新教师必须在学校规定的时间范围内完成上岗培训内容，获得教师资格证书。

6.学术考核合格。

二、民办大学教师质量考评体系

质量考评体系应全面、客观地评价教师工作业绩。评价原则：客观公正，依据充分，注重实绩，定量和定性相结合。

（一）基础性的教育教学工作考评

指标分为客观指标和非客观指标两类，教师与辅导教师分类考评。具体考评指标见以下诸表。

表9-1 教师工作评价汇总表

序号	考核内容		数据提供部门（评分人）	计分方法	分值	得分	权重	加权得分	备注
1	客观指标	教学工作专家测评	教学研究部	专家测评分的百分数	100		0.25		
2		教学工作学生测评	教学研究部	学生测评分的百分数	100		0.25		
3	非客观指标	教学工作评价	教师所在教研室主任；教研室主任由分院副院长评分；基础部、思政部主任由教学研究部、教学管理部主任评分	见表9-2	100		0.4		
4		导师工作评价	教师担任导师分院学办主任	见表9-3	100		0.1		
小计							1		总分
减分									
备注			未担任导师工作者,按导师工作评价权重0,专家测评权重为0.34,学生测评权重各0.26计算。						

表9-2 教师教学工作评价表

姓名				部门			
个人总结		附本表后(不少于500字)					
序号	项目	考核内容				分值	得分
1	教学(工作)态度(60分)	贯彻教学工作基本要求,关心学生成长,课堂管理严格。				15	
		服从教研室、分院(工程实践中心)教学(工作)安排。				10	
		严格教学计划和教学进度。				20	
		刻苦钻研业务知识,参与教学法研究,提高教学水平。				15	
2	教学质量(40分)	教学方法创新,注重实践教学,有很强的启发性,驾驭课堂能力强,讲解生动,注重调动学生积极性,学生收获大。作业次数达到学院要求,批阅认真。				25	
		符合教学大纲要求,并且所授班级成绩分布合理或毕业设计指导成绩优秀率高。				15	
本表评价综合得分							
教研室主任意见		签名: 年 月 日					
分院教学副院长意见		签名: 年 月 日					
分院院长意见		签名: 年 月 日					

表9-3 导师工作评价表

姓 名		导师所在分院		本人所在分院		
导师工作总结		附本表后(不少于500字)				
序号	项目	评价内容			分值	得分
1	工作态度(10分)	工作认真负责,积极做导师工作,及时掌握学生情况,辅导教师和学生评价高,工作热情饱满。			10	

续表

姓　名		导师所在分院		本人所在分院	
2	班级管理 (20分)	经常跟班听课,及时召开班会和班委会,对班委工作能给予及时指导;班级学风、考风好,风气正,班级凝聚力强。	10		
		积极协助辅导教师开展好班级的各种管理工作,经常深入学生宿舍,找学生谈心,开展学生工作。	10		
3	学生成绩优良率 (20分)	学生成绩优良率的百分数乘以0.3为得分(得分超过20分以20分计)。	20		
4	学生成绩通过率 (20分)	学生成绩通过率的百分数乘以0.2为得分。	20		
5	导师工作学生 测评(30分)	所带学生测评分的平均分乘以0.3即为得分。	30		
备注		导师工作学生测评分由学生工作部提供。			
导师1得分			导师2得分		导师3得分
本表评价得分				评价等级	

学办主任意见

签名:　　　　　日期:

分院院长意见

签名:　　　　　日期:

表9-4 辅导教师教学工作评价汇总表

序号	考核内容		数据提供部门	计分方法	分值	得分	权重	加权得分	备注
1	客观指标	学生成绩优良率	分院学办	学生成绩优良率的百分数乘以1.5为得分（得分超过100分，按100分计）	100		0.2/0		学生成绩指的是辅导老师所带所有学生，学生工作测评是指带的所有学生参加
2		学生成绩通过率	分院学办	学生成绩通过率的百分数即为得分	100		0.2/0		
3		学生工作测评	学生工作部	所带学生测评分的即为得分	100		0.1/0		
4		学生就业率	分院学办	就业率的百分数即为得分	100		0/0.25		
5		考研率	分院学办	考研率的百分数乘以5为得分（得分超过100分，按100分计）	100		0/0.15		
6		学位获取率	教学管理部	学位获取率的百分数即为得分	100		0/0.1		
7		导师工作评价	学办主任		100		0.1		
8	非客观指标	学生教育管理工作评价	学办主任		100		0.25		
9		学生工作部评价	学生工作部主任	学生工作部主任评价分数即为得分	100		0.15		
小计								总分	
减分									

表9-5　辅导教师学生教育管理工作评价表

姓名			分院		
本人工作小结	(附本表后,不少于500字),A4打印纸				
序号	项目	评价内容		分值	得分
1	学生思想教育	每学期召开二至三次级队大会,经常对学生进行校规校纪教育,认真贯彻落实学生管理各项规定。		10/5	
		坚持做好日常性思想教育工作(如与学生谈心、座谈等),能够开展主题教育活动,如专业介绍、文明道德、考风考纪等教育。		10	
		经常深入宿舍,搞好学生卫生、安全教育和检查。重要时刻、节日,校内发生意外事件,特殊时期(如毕业生离校前夕、流行性疫情等),到岗到位,做好校园稳定工作。		10	
2	学生党团建工作	指导学生党员活动,认真做好学生党员的发展和培养工作;指导学生团建工作,开展有特色的文体活动,积极组织学生参加大学生科技创新。		10/5	
3	学风建设	经常开展学风、考风教育,级队学习风气好。		30/10	
4	就业指导	积极搞好就业工作教育,配合就业部门做好就业指导工作,与学生及家长保持联络,了解学生就业取向,做好就业统计,所带级队就业率为全校平均率以上为满分。		20/50	
5	日常工作	按"学院学生工作报表制度"规定及时、准确地完成上报工作及领导交办的其他工作。		10	
备注	不带毕业生级队,执行前一分值;带毕业生级队,则执行后一分值。如既带毕业级队,又带非毕业生级队,则按本表分别填写,最后取均值为本表最后得分				
带非毕业级队得分			带毕业级队得分		
本表综合得分					
分院学办主任签字日期:			分院院长签字日期:		

（二）教师工作量管理

为充分调动教师工作积极性,切实保证教学任务完成,提高教育教学质量和办学效益,应对教育教学工作进行量化管理。

教育教学工作当量是教师完成教学、管理工作量的合计,教师工作量按一定量化标准核算成工作当量。教育教学工作当量计算公式为:

$$T = A + B$$

式中 T 为工作当量总值,A、B 分别为教学工作当量和管理工作当量。

学校可根据实际情况规定工作当量总值 T 的数量。

教学工作当量是指课堂教学及专业实践教学工作当量的合计。计算公式为:

$$A = \sum_{i=1}^{2} A_i$$

式中 A_i 为课堂教学工作当量,A 为专业实践教学工作当量。

课堂教学工作当量计算公式为:

$$A1 = \sum_{j=1}^{n} P_j \times K_j \times L_j \times Q$$

式中 P_j 为第 j 门课程的计划学时数;K_j 为第 j 门课程的类别系数;L_j 为第 j 门课程的班型系数;Q_j 为重复课系数;n 为全学年课程门数。各系数具体取值如下:

课程类别系数 K:

一般课程	体育课	重修课	助课	网络课 （非第一次开课）
1.0	0.8	1.0	0.3	0.25

上表中的一般课程包括:理论教学、实验教学、课程设计、公共外语、网络课（首次开课）等。

班型系数 L:

$$L = 1 + 0.2 \times (M - 30)/30$$

式中 M 为实际上课人数。

※注:①实际上课人数不足 25 人按 25 人计算。

②分组课班型系数 $L = 1 + 0.2 \times (M - 15)/15$

重复课系数 Q:

$$Q = 1.0K \quad < 1$$

$$Q = 0.8K = 1$$

专业实践教学工作当量计算公式为：

$$A_2 = \sum_{p=1}^{m} 16 \times W_p \times L_p$$

式中：Wp 为第 p 门专业实践计划周数；Lp 为第 p 门专业实践的班型系数，取值如下：

$$L = 1 + 0.02 \times (M - 30)$$

※注：分组实践班型系数 $L = 1 + 0.02 \times (M - 15)$

管理工作当量 B 为教师担任不同行政管理岗位给予的相应工作当量。

（三）教师学术考核

为调动和保护教师开展学术活动的积极性，客观公正地评价考核教师学术活动成果，完善激励机制，推动科研大学工作、专业建设、课程建设、教师队伍建设、人才培养工作的健康发展，应对教师进行学术考核。

学校可根据实际情况规定不同职称教师学术分数标准。

1. 学术活动的计分范围

（1）公开出版的著作教材；

（2）在国内外学术刊物上公开发表的学术论文；

（3）立项的教研科研课题（含学院立项的课题）；

（4）教学建设与专业建设项目；

（5）指导学生创新实践活动；

（6）各级各类的科研成果转化。

2. 计分标准和计分方法

总分是以下各计分项目得分总和，即：

$$S = \sum_{i=1}^{6} Si \quad （S1～6 分别为计分范围的 6 个项目得分）$$

（1）出版著作教材得分计算方法

a. 学术著作注重学术性与学术价值，不包括一般通俗性、普及性、知识性出版物；学术著作依据其实际内容，分专著、编著、译著等类别，有争议的提请有关专家裁定。教材分部编教材（国家教育部指定的高校规划教材）、省编教材（省教育厅指定的规划教材)、自编教材(个人编写的非规划教材)、合编教材(若干高校、若干地区合作编写的非规划教材)。

b. 出版著作、教材计分标准:

序号	名称	系数	分值/万字	备注
1	专著	1.2		
2	编著、译著、规划教材、统编教材	1.0	4	规划教材、统编教材需省级以上
3	公开出版发行的教材	0.8		
4	院编教材	0.8		含实验指导书等

注:著作总分 = 总字数(万字)× 分值 × 系数

c. 著作、教材由多人编著的,可以简单按编写字数分配得分:

著者分值 = (撰写字数/总字数(万字)) × 著作总分

或者著作、教材有编委会(主编、副主编、编委)的,其分解计分系数如下:

职务	主编	副主编
系数	10%	5%

若该职务人数不止一人,则分值为:

职务分值 = 著作总分 × 职务类别系数 ÷ 该职务人数

个人分值 = 职务分值 + (撰写字数/总字数(万字)) × (著作总分 − 所有职务分值合计)

(2)发表学术论文得分计算方法

a. 论文内容要求与本职工作及专业相关的教研、科研论文,论文字数要求在两千字以上,学术论文要求署名为本学校名称。

b. 发表论文计分标准:

序号	论文类别	分值
1	《自然》《科学》英文杂志	400
2	SCI、SSCI、A&HCI 索引	150
3	EI、ISTP 索引	100
4	《中国科学》、《中国社会科学》	200
5	国内核心期刊、国际学术会议论文集	50
6	CNKI 检索的出版物、学术会议论文集	20

注:指导学生发表论文,指导教师视为第一作者,国内核心期刊指北大核心和南大核心。

c. 当论文作者为多人时,按如下分配分值:

参与人数	排序及分配比例				
0	一	二	三	四	五
1	100%				
2	70%	30%			
3	50%	30%	20%		
4	40%	30%	20%	10%	
5	40%	25%	15%	10%	10%

论文中明确注明并列(共同)第一作者的予以各按80%赋值,否则不予考虑。

(3)教研科研课题得分计算方法:

立项级别	记分标准(分/项)			
	重大项目	重点项目	面上项目	其他
国家级	1000	800	500	100
教育部	600	300	150	80
各部委、省级	400	200	120	50
市级	300	150	100	40
校级		30		20

在项目批准立项年度先计总分的50%,按期结题者,结题年度再计其余

50%;获准延期结题者,在延续期内结题不再计分;延续期满仍然不能结题及项目被撤销者,扣除项目批准年度已经计算的分值。多人参与的项目,分数由项目主持人分配。

(4)教学建设与专业建设项目得分计算方法:

项目	级别	分值/项
学科建设	国家级重点学科	600
	省部级重点学科	400
实验(训)室建设	国家重点实验室、示范中心	600
	省部重点实验室、示范中心	400
课程建设	国家级精品课程	400
	省部级精品课程	300
	学院级精品课程	150
专业建设	省部重点建设专业	300

在项目批准立项年度,先计总分的33%,中期评审通过计总分的33%,结题年度再计其余分值。多人参与的建设项目,分数由项目主持人分配;参与专业评估等,按等级参照此执行。

(5)指导学生创新实践活动得分计算方法

指导学生参加创新创业训练计划项目入选国家级和省级的,指导教师分别计30分、20分。指导学生参加创新科研基金项目正常结题的,指导教师计20分。多人参与的,分数由项目主持人分配。

(6)科研成果转化得分计算方法:

项目	分值/项
自主研究的成果转让	按学院每收入千元数×2计分
立项课题的成果转让	按学院每收入千元数×1计分
技术服务与技术咨询	按学院每收入千元数×1计分

第十章

民办大学教育国际化选择和发展模式

在人类历史演进过程中,大学作为特定的社会组织机构,自中世纪在欧洲诞生起,就有着一种"国际性"特征。如今,经济全球化深入发展,科学技术日新月异,综合国力的竞争日趋激烈,人才已成为国际竞争的核心。作为人才培养和科学研究的机构,民办高校在应对新世纪的挑战时,国际化是其重要的路径选择。

学术界一般认为,推动"高等教育国际化"加快发展的主要外部原因是"全球化"。国际大学联合会认为:"这是一种将跨国与跨文化的观点与大学的教学、科研等主要功能相结合的过程,既包括学校内部和外部,也包括自上而下及自下而上的变化。"

当前,现代信息技术加速发展,数字化、虚拟世界已走进人们的日常生活,极大拓展了人类的活动空间和视野,并使全球化进程进一步加快。明确现代高等教育与高等教育国际化的特点与新的趋势,对于世界各国进一步加强国际交流与合作,建构新型的高等教育生态网络,提升民办高等学校的办学水平与教学质量均具有重要的理论与实践价值。

中国实行改革开放政策 40 年以来,具有中国特色的"高等教育国际化"不断向纵深发展,形成了"多层次、宽领域、全方位"格局。中国参与并融入了经济全球化的进程。中国民办教育的"国际化"在坚持"服务国家教育改革发展事业、服务中国特色社会主义现代化建设事业、服务国家外交战略和大局"中,不断实现自身的创新发展。

民办高等教育走国际化的发展道路,既是顺应经济全球化,推进我国民办高等教育持续快速发展的战略选择,也是促进民办大学自身发展的内在需要。从中国国情和全球视角看,当前民办高等教育国际化从理念到实践正发生着一系列新的变化。

第一节　教育国际化的动因和演变趋势

一、学术界对高等教育国际化的界定

高等教育国际化的概念包含比较广泛,学术界众说纷纭,莫衷一是,归纳起来主要有以下两种观点,一种是趋势和过程,如阿特巴赫就将"国际化"这一概念界定为"政府职能部门、学术系统、高等院校乃至是高校各个院系为应对全球化所制定的各种政策和开展的各种项目"。中山大学教育科学研究所教授陈昌贵认为,高等教育国际化是指为了服务于知识文化和政治经济等多个目的,高等学校在知识普遍性的内在动力和政治经济文化的外在动力的推动下,其内部国际性特质通过各要素的活动而显现出来的过程。另一种观点认为是一种结果,如华中科技大学教育科学研究院院长、教授、博士生导师张应强认为,高等教育国际化是为未来社会培养具有广阔的国际视野和全球责任意识,尊重别国文化和他人权利,热爱和平、热爱自然的人才;因此,可以说国际化的高等教育是一种提倡国际理解和世界团结的教育。

简·奈特在《高等教育国际化的定义、路径和基本理论》一文中探讨了高等教育国际化这个术语在过去十几年的演变过程。1994 年,简·奈特将高等教育国际化界定为"将国际维度与跨文化维度整合到高校的教学、科研与服务职能之中的过程"。随着实践的深入,理论也在不断发生变化,高等教育国际化研究也不例外。经过十几年教育实践与理论研究,简·奈特从国家、部门和院校层面给国际化下的定义为:"在院校与国家层面,把国际的、跨文化的、全球的维度整合进高等教育的目的、功能或传递的过程。"

简·奈特从"院校"和"国家"两个层面考察了高等教育的国际化动因和高等教育活动本身所发生的剧烈变化,更具有推广意义,也为进一步研究高等教育国际化提供了参考。

二、高等教育国际化动因分析

(一)国际化动因理论的演变

简·奈特认为高等教育国际化动因是一个国家、部门或高等院校对国际化进行投资的驱动力,反映在政策制定、国际交流项目开发和实施等各个层面,支配着人们对国际化所带来的利益或成效的期望。简·奈特很早就注意到了国际化动因研究的重要性,并认为若没有清晰的动因,没有一系列的目标和配套政策、计划和监测评估系统,就是对数量巨大、情况复杂的各种国际性机会的碎片化、临时性地简单回应。

在重新审视高等教育国际化内涵的基础上,简·奈特提出了一种新的重要的分析方式,即承认"国家"和"院校"作为不同层次的高等教育活动的参与者,对"国际化"有着不同的驱动力和期待,继而对二者之间的关系进行了分析与整合。

在简·奈特看来,高等教育国际化不存在一成不变的模式与发展路径,高等教育国际化理论旨在复杂多变的国际化教育活动中,确保准确地反映当今的现实,并指导新的发展。

通过观察简·奈特关于高等教育国际化概念和动因的演变过程,我们不难发现,其高等教育国际化思想具有鲜明的时代性和传承性。

(二)国家层面的动因分析

社会经济的蓬勃发展,科学技术的日新月异,改变着一个国家的经济结构和增长方式,促使国家采取通过教育国际化来提高国民素质,并为社会进步、经济发展以及国际竞争提供智力支持。接受过良好教育的高素质公民和劳动者,是一个国家和社会发展的不竭动力。

1. 学生与教师的国际交流是促进区域政治、经济关系的有效方式

欧洲鼓励学生和教师在欧洲大学之间流动,如果说开始还只是限于欧洲地域范围之内的话,2004年欧盟发起的"伊拉斯谟世界计划"可称得上是欧盟的高等教育国际化。该项目不仅提高了欧洲青年的职业能力,促进了就业,学生与教师在交流与合作的过程中,也构建了对欧洲公民身份的认同感。这种战略联盟式的国际化项目,在实现教育国际化的同时,增进了跨文化理解,促进了政治经济的有效整合。

2. 优质教育资源是吸引着学生和教师流动的外因

从 20 世纪 80 年代末期开始,英国、澳大利亚等国家相继取消了对海外学生的学费优惠政策,采取收取培养成本费用的措施,放宽留学和移民政策,将教育作为产业来经营,都说明国家越来越重视通过国际教育贸易获得经济收入。澳大利亚在开发国内教育市场的同时,积极输出本国的优质教育产业,并在立法、管理、招生和奖学金设置等方面为教育服务输出做了相应的配套准备。据澳洲统计局(ABS)公布的数字,截止 2014 年 6 月,澳大利亚留学生教育产值达到了 157 亿澳元。

3. 国际交流、教育项目合作,为发展中国家的教育事业发展提供了援助与支持

先进的知识与技术,前沿的教育理论与实践,也吸引着一些国家参与国际教育活动。作为一种知识技术的国际合作,建立在双方互惠互利的基础上,将对一些国家和地区的教育发展,特别是院校建设起到重要作用。简·奈特认为这是一些国家以本国教育建设为目的而展开国际教育交流的动因。

(三)院校层面的动因分析

院校层面的动因与国家层面的动因紧密联系,又有所不同。简·奈特认为影响院校层面动因的因素包括使命、学生数量、教师情况、地理位置、资金来源、资源获得、院校自治程度,以及与地方、国家及国际利益的适应度。正如简·奈特对高等教育国际化的界定中阐述的一样,这些因素涉及到高等院校的办学目的、功能和知识传递整个过程。

高等院校国际化的动因可以理解为两个方面的需要:一方面是学术发展的需要。知识本身就是国际化的,科学研究需要在国际环境中探讨与深化,高等院校作为传播、创新知识的载体自然也具有了国际化的特征。对于大多数高等院校来说,国际化不仅仅是发展的动力,更是发展的手段。

通过国际交流,强化教学与科研的国际化,采用国际标准来促使院校提高教育质量和科研水平,不断满足个人、社会团体、国家乃至宏观社会对高等教育的期望与需求。高质量的教育服务与高水平的科学研究能力,能让高等院校收获良好的国际形象与声誉。

另一个方面是经济创收的需要。随着教育的商业化,教育资源作为服务贸易

的特点在国际教育活动中表现得更加明显,特别是在一些教育服务出口大国,如美国、加拿大、英国、日本、澳大利亚、新西兰等国,获取经济收入已成为一部分院校国际化的主要动因。

三、对我国民办教育国际化的启示

简·奈特的高等教育国际化动因理论从高等教育国际化内涵出发,紧抓各国高等教育国际化情况不断变化的现实,不断丰富其理论内涵,对我国民办高等教育国际化具有重要的借鉴意义。

(一)选择符合中国民办大学实际的发展路径

国家和院校对高等教育国际化的必要性有了足够的认识之后,以国际视野来指导和落实相关工作就显得尤为重要。国际化的过程牵涉到教学、科研、管理和服务等各种资源配置,这也是简·奈特所认为高等教育国际化的真正内涵与意义所在。

(二)构建合理的国际化评价体系

简·奈特在1999年对高等教育质量及评价准则做了专门论述,并总结道:国际化质量评估促使教学、科研和服务的国际化对高等教育质量及其相关领域发挥积极作用。只有具备了完善的国际化质量管理与控制体系,国际间学分互换、学历认证、课程评价才有了可操作的具体标准。因此,必须在考察我国高等教育质量现状基础上,建立合理的国际化评价体系。

(三)正确看待不同文化交流碰撞

高等教育在引进先进教育理念与技术的同时,也给本土文化带来了冲击。民族化强调文化的多样性,国际化强调不同文化间的交流、理解与融合,而民族文化多样性又是国际化的重要因素。从这个角度看来,国际化是民族文化传播的一种方式,在传播的过程中,一种文化侵蚀另一种文化的情况应该引起足够的重视。只有融合了本民族文化的教育理论,才能在推动本民族教育实践中起到正面的指导作用。

第二节　教育国际化的现实挑战和民办大学办学空间拓展

当前,我国民办高等教育面临着对高等教育国际化认识不足、发展现状无法满足国际化需求和教育国际化举措缺乏可持续性等困境。为了更好地推进我国民办高等教育国际化进程,应树立正确的国际化教育理念,鼓励和扶持民办大学走国际化之路,健全国际化教育体制。

在经济全球化和世界一体化力量的推动下,教育国际化正成为世界范围内不可逆转的潮流。我国《国家中长期教育改革和发展规划纲要(2010—2020 年)》提出:"开展多层次、宽领域的教育交流与合作,提高我国教育国际化水平。"《国家教育事业发展第十二个五年规划》提出:"坚持以开放促改革、促发展,提高我国教育的国际化水平。"可见,教育国际化正日益成为我国教育事业发展的战略举措。民办高等教育是我国教育事业的重要组成部分,在教育国际化浪潮的推动下,我国民办大学也应开展各类国际化交流与合作活动。

一、民办高等教育国际化的内涵

联合国教科文组织的大学联合会提出:"高等教育国际化是把跨国界和跨文化的观点和氛围与大学的教学工作、科研工作和社会服务等主要功能相结合的过程。"[1]可见,跨国性、开放性和融合性是高等教育国际化的典型特征。结合联合国教科文组织的大学联合会对"高等教育国际化"的界定,民办高等教育国际化是民办大学把跨国界和跨文化的观点和氛围与自身的教学工作、科研工作和社会服务等主要功能相结合的过程。我国民办高等教育的国际化是在特定背景下产生的,是民办大学对教育国际化的回应,也是民办大学自身发展的必然诉求。

教育国际化的内涵极其丰富,既包括引入国外先进的办学理念、管理体制,也包括共享国际上优质的课程资源,还包括引进国外优质的师资。这些都是一所高校持续、健康发展的重要支撑。在教育国际化背景下,民办大学可以通过各种途

---

① 覃川,齐洪利,谢金领. 走国际合作交流之路　创高职教育办学品牌. 中国高等教育,2012(22):45 – 46.

径引入国外各类优质教育资源，并为自身所用，提升办学水平。

教育国际化是经济全球化的必然产物。当今时代，教育要面向世界、面向未来、面向现代化，必须加快教育国际化的步伐。纵观全球的高等教育机构，高等教育国际化发展已经达成了相当的共识。大学的领导者们不时地指出学生在这个国际联系日益紧密、文化日益交融的世界里，掌握相关技能并有效发挥它们作用的必要性；大学正在积极通过国际化发展来吸引学生。同时国家也需要拥有具有竞争力的劳动者来维护自己在全球经济中的竞争力。

对于民办大学而言，增强开放意识，增加教师与国外的交流与交往，在教学中追踪教育国际化信息，体现教育国际化精神，这既是提高办学质量的需要，也是不断学习、借鉴、引进和吸收国外一切优质教育资源、教育思想、教育手段、教育内容的有效途径。

（一）国际化是民办大学扩大办学空间的现实选择

《2011 年中国教育在线高招调查报告》显示，在高考生源持续下降的情况下，部分民办大学和独立学院将面临严峻的生存考验。可以预期，受十几年前出生人口规模减少的刚性约束，从 2011 年出现的大学考生减少现象这几年来会进一步加剧。

显而易见，十几年间生源短缺的"蝴蝶效应"已经逐渐从小学推进到了高等院校。《2011 年中国教育在线高招调查报告》显示，高考生源在 2008 年达到了历史峰值，2009 年开始全面下降，最近两年累计下降了 200 多万，并呈现出持续加速下降的趋势，这种态势将延续至 2018 到 2020 年前后。

此外，民办大学高学费也成为部分学生弃考、弃报、弃学的一个重要原因。生源不足再加上录取率逐年上升，导致生源质量不断下降，进而直接影响高校毕业生的就业水平。

根据《促进就业规划（2011—2015 年）》预测，"十二五"期间，城镇平均每年需安排的就业劳动力约为 2500 万人，而平均每年能提供的城镇就业岗位仅约为 1200 万个，每年的岗位缺口大约为 1300 万个。按照高、中、低人才 1∶3∶6 的结构进行推算，适合大学生的高级和中级的岗位每年只能有 480 万个。以 2012 年为例，毕业的普通高校本科生和研究生的数量约为 680 万人。由此可见，民办大学的生存压力。

随着生源持续下降,部分没有稳定投入、只靠学生学费生存甚至还要以此盈利的院校,将要逐步退出高等教育领域。只有不断提高培养质量,民办大学才会有生存和发展的空间,才会在高等教育领域赢得自己的一席之地。

一方面,由于生源减少,部分民办大学将面临着招生困难甚至是生存考验;另一方面,我国高等教育的毛入学率与世界发达国家相比还有着很大的差距。在教育国际化背景下,民办大学可以选择招收留学生的形式,在一定程度上扩大办学空间。与此同时,办学质量高的民办学校还可以选择去国外办学,以开拓自身的教育市场。

(二)国际化是提升民办大学办学水平的新途径

中国民办高等教育历经30多年的努力发展,已从"公办高校的有益补充""高等教育体系的组成部分",发展成为"国家高等教育事业的重要组成部分"。民办高等教育走国际化的发展道路,既是顺应经济全球化,推进我国民办高等教育持续快速发展的战略选择,也是促进民办大学自身发展的内在需要。

与公办高校相比,民办大学在经济全球化和教育国际化进程中所面临的挑战更为严峻。我国高等教育政策向公立教育倾斜,民办教育发展有限。民办大学在用地审批、学生招生、税收政策、学生就业等方面都面临着歧视与偏见。民办大学在我国按批次录取的现状下,录取顺序列在最后,竞争处于劣势,难以获得优质生源。当前我国民办大学的经费主要来自学费收入,来源渠道单一,大多数院校都是"以学养学"。此外,学校内部管理体制还不健全,学科建设还不完善,教师队伍的整体素质还不能适应现代大学教学要求。多年来的实践证明,通过多种形式各种层次的国际合作交流,不仅可以引进国外的资金和设备,弥补国家对高等教育投入的不足,还可以通过引进国外的优质教育资源,包括先进的教育理念、教学模式、课程体系等,提升教师教学水准,促进人才培养水平提高,增强学校办学实力。因此,把握国际机遇,走国际化道路是当前破解民办大学发展瓶颈问题的一个重要途径。

(三)国际化有利于民办大学跨越式发展

人才是第一资源,具有高素质且数量充足的国际化人才,是产业结构调整与能级提升的必要前提条件。综观世界经济发展史,那些经济发展迅速而且持久的国家均在国际化人才方面领先于其他国家。随着我国由传统的制造工业向附加值更高的信息、生物、新能源和节能环保等新型的低碳、环保型工业的转型,可以预见,在不久的将来,对掌握世界前沿技术、熟悉国际标准、了解多元文化并能参与国际化协作的人才将成为市场的宠儿。作为培养应用型高级人才的文化教育机构,民办大学同样肩负着培养适应经济全球化发展需要的国际型人才的重要责任。提高教育质量,为国家培养优秀人才,既是公办高等教育的生命线,更是民办高等教育的生命线。

(四)深化平等扩大教育公平的契机

若干年来,教育公平始终是公众比较关心的一个问题,而高考公平更是重中之重,因为它不仅关系到个人利益,也关系到国家人才的培养大计。目前,我国大多数高校按生源下达招生计划,大学都有招生的地域范围。一些贫困落后地区考生人数多,但得到的招生计划反而少于考生少的大城市和东部发达地区。许多考生因此不能获得"起点的公平",不少人常以此来质疑教育不公。随着生源的不断减少,民办大学所在城市理应顺势减少在本地区的招生名额。增加对中西部和不发达地区的投放,以此逐渐缩小各地招生指标的差距,促进高考更加公平。

(五)民办大学结构调整的良机

人口规模的不规则变化给高等教育发展带来了困难,近几年更是民办大学发展的调整期,因为生源持续减少,陆续有民办大学出现"吃不饱"的情况,办学也受到了影响。在这种背景下,调整办学思路和办学规模成为民办大学长期生存的唯一途径。应该由原来重数量、重规模逐步向重质量、重内涵转变:一方面需要提前进行教育资源的总量调整;另一方面则需要稳定学科发展的基本结构,可根据差别化比例减少各个学科的招生,但保留基本结构,以提升教育质量。

第三节　教育国际化的发展模式

一、迈向全球的共同事业

世界高等教育国际化格局正在发生变化,近代以来,西方的工业化发达国家拥有优越的高等教育资源,主导着高等教育的国际化进程。自20世纪八九十年代以来,全球性的高等教育国际化快速发展,其由北美、西欧及日本等国家和地区所主导,形成了所谓"输出国"格局,而新兴的中等收入国家和发展中国家则成为国际优势高等教育资源的"输入国"或"购买国"。全球高等教育国际化的参与者和利益相关者的格局正在发生一系列深刻的变化。

面向未来的高等教育国际化事业,迫切需要新的理念引领。在推动实现面向2030年的全球可持续发展议程的框架下,联合国教科文组织发布的2015年新报告《重新思考教育:迈向全球共同事业》指出,教育要进一步成为全球的"共同事业"。高等教育国际化要以可持续发展理念为引领,为发展"全球共同事业——教育"做出新的贡献。

首先,面临世界多极化、经济全球化以及日益增多的跨国、跨地区交流,共同合作、优势互补将成为全球高等教育必然的选择。其次,全新的国际化理念将更加重视发挥多样化的伙伴关系,将越来越需要把社会、国家和市场这三者的贡献和要求协调起来。这不仅需要在可持续发展理念下重视多方共同力量,还需要将这种国际的、跨文化的理念融入高等教育的目的、功能或教学等过程中,使其真正内化为高等学校的精神气质。最后,高等教育的国际化并不仅仅意味着学生和教师的人员流动、相关合作项目和活动的开展,还包括各类运用新型手段开设教育课程、培养良好师资、营造校园文化生态、推广本国教育的过程。这是一种在寻求共同理解的氛围中所形成的多样性、多元、综合的教学教育和实践体验过程,是一种跨文化、跨领域的核心能力的培养。

二、韩国私立高校国际化现状

跨越式发展是指在一定历史条件下,落后者对先行者走过的某个发展阶段的超常规赶超行为。民办大学完全可以利用教育国际化的契机,发展培育"国际化"特色,筹措国际办学经费,推荐毕业生境外就业,寻求自身的跨越式发展。应该看到,一些国家生源不多,但高等教育普及率却很高。日本和韩国都经历过大学高度扩招的时代,前期千方百计扩大办学规模,后期学生人口减少,造成高等教育生源短缺。其采取的策略是大量吸引外国留学生,以弥补本国生源之不足。

1992年中韩建交后,中国学生开始到韩国留学,截至2010年年底,在韩中国留学生人数已达5.949万人,占韩国留学生总数的70%。1999年只有1182人的中国留学生在短短的十多年内暴增近五十倍。中国留学生猛增的原因是因生源不足而陷入危机的韩国地方大学积极招收中国留学生，许多大学都是依靠中国留学生的学费在支撑，有的学校中国留学生的人数达到了 1000 多人，超过了在校学生总人数的 10% 。在一些地方大学，尤其是私立大学，如果不能招收到中国留学生就会面临着倒闭的危险。

韩国又松大学成立于 1995 年，是韩国的一所私立大学。自建校以来，在国际社会急剧变化的环境当中，又松大学走出了一条高等教育国际化与本土化相结合的发展之路，广泛吸收外国留学生，给他们提供良好的教育环境，而且还与世界多个国家的多所高校开展了多样化教育合作项目，其办学理念和发展模式可高度概括为：应用型生存、特色化发展、国际性提升；教学多维度、眼光全球化。

与此同时，又松大学的产学研一体化操作也非常细腻，可形容为"前店后厂"，再加上纯粹的市场化导向，使又松大学形象设计系的教学贴近社会、贴近市场、贴近实际，离市民百姓的生活很近。本科在大一大二期间，美容、美发、美甲、塑身、服装等理论课程基本讲授完毕，大三大四的学生基本实习工作在学校临街店面的门市里。这里既是本校学生的专业实习基地，同时又是学生直接面对顾客，检验自己所学知识技能的公共场所，达到知彼知己，学用结合；而且还能产生营业额，实现双赢，使理论与实践的结合更加紧密。

学生在毕业之时已经成为职业能手，就业根本不成问题，而且这样"2＋2"的教学安排还免去了毕业生从学校步入社会的不适。现在国内排队等待与又松大学合办国际商学院的高校有北京外国语大学、浙江大学、西南交通大学、广州外语外贸大学等。又松大学是高等教育国际化与本土化和谐发展的很好例证，在亚洲乃至世界都有一定的知名度，很值得国内各类型民办高校学习、借鉴。

三、高等教育国际化步伐加快

影响高等教育国际化趋势加快的因素是多元的，其中经济全球化所带来的不断加快的跨国、跨地区交流值得关注。

国际化战略已成为各国高等教育谋求新突破与新发展的重要战略，就世界范围各种对高等教育发展水平的评价来看，"国际化"水平已经成为衡量高等学校办学水平的一项重要指标。

推进国际化也是来自于高等教育自身发展的内在需要。虽然各国高等教育机构在传统、文化、特色等方面各不相同，但相互借鉴、相互包容、合作共享将越来越成为共同选择。大学作为培养各行各业高层次人才的场所，需要运用最前沿的先进理念和知识来培养人才；只有这样做，才能真正成为教育国际化的实际推动者。因此，掌握相应领域最高水平的地区或高校，都应该相互学习、相互借鉴、共同发展。

中国政府十分重视高等教育的对外开放。目前，对中国高等学校来说，国际交流与合作已经成为其重要的任务和功能之一。在新时期、新阶段，中国高等教育在国际化方面将进一步重视"引进来"和"走出去"的办学方针。

第四节 我国民办高等教育国际化的困境及策略

民办高等教育国际化意义重大，关涉到民办大学的跨越式发展和可持续发展。目前，在民办大学国际化实践中，还存在着一些困境，总体发展水平不平衡，虽然有一些院校在中外合作办学方面取得了一些经验和成效，但依然存在着合作层次不高，深度不够，国际化进程缓慢等问题，限制了民办高等教育国际化水平的提升。造成这些问题的主要原因有两个方面。

一、主观原因：民办大学对国际化的认识不足

（一）管理者观念陈旧，国际化战略意识不强

有些学校将国际化视为一流大学特有的任务，对国际化在培养人才、提升办学实力等方面的重要作用还仍停留在"锦上添花"的层面，对大力发展国际合作办学的重大意义认识不足，在指导思想上需要进一步明确。

（二）教师国际化水平不高，师资队伍不稳定

教师是决定民办大学国际化水平的关键。当前民办大学师资队伍存在如下两个现实问题，一是人员配置不合理，呈现两头大中间小的不合理结构，教师中大部分是离退休老教师和刚刚毕业的青年教师，中年骨干教师和学科带头人短缺，承担不起学校国际化发展的重要任务；二是师资队伍不稳定，由于民办大学专职

教师在身分属性、社会保障、专业地位等各个方面都明显不如公办高校教师,尤其在退休待遇上与公办高校教师差距很大,造成人员流动大。以上原因极大地制约了民办大学教师队伍的结构优化和职业稳定性,影响了民办大学教师的专业发展和国际化水平的提高。

(三)教育质量保障体系和学科认证体系缺乏规范

当前对民办大学教育质量进行科学认证和评估的体系尚未建立,不少民办大学的教学和管理缺乏必要的规范,更谈不上与国际接轨。缺乏有效的教育质量评估体系,在很大程度上影响了民办大学教育质量的提高。学科专业建设是大学建设的核心问题,直接关系到教学特色和人才培养质量。许多民办大学在学科建设上极少具有优势学科,尤其在本科专业的设置上并未实现人无我有的突破,大多与公办高校或母体高校专业设置相雷同。许多民办大学目前并不能根据自己的办学实力来开设国内外市场急需的新专业,学科建设缺少特色,使得在与国外高校的教育合作中较为被动。民办高等教育国际化正处于起步阶段,部分民办大学还未深刻理解国际化的内涵,导致在国际化实践中浅尝辄止,事倍功半。有些民办大学单纯为了"国际化"而"国际化",未把国际化举措纳入学校战略发展规划,缺乏国际化发展的主动性、积极性和创造性;更有甚者,对于高等教育国际化的重要性、紧迫性置之不理,无视教育国际化。

(四)民办大学对国际化的认识存在误区

1. 认为国际化就是西方化

进入近代以后,由于闭关锁国,中国在经济、教育等方面开始落后于西方发达国家。改革开放以来,中国开始走出国门,借鉴西方发达国家的教育模式。至今,仍有部分民办大学管理者认为国际化就是西方化,只要把西方的师资请来,把西方的课程、教材等引进来,也就实现了高等教育的国际化。

2. 认为国际化就是双语化

高等教育国际化的目标之一是"培养大批具有国际视野、通晓国际规则、能够参与国际事务和国际竞争的国际化人才"。基于此,部分民办大学的管理者就片面地认为国际化就是双语化,只要用双语进行教学,就能培养学生的国际思维。因此,他们总是用双语课程的开课比例来表明所在学校教育国际化的水平,并认为"外语+专业+综合素质"就是国际化人才培养模式。

3. 认为国际化就是"引进来"

顾名思义,高等教育国际化必须引入国际上优质的教育资源。目前,部分民办大学的管理者正倾尽全力引入各类国际教育资源。殊不知,在"引进来"的同时,"走出去"也是高等教育国际化的内涵之一。如果只有"引进来",而没有"走出去",高等教育国际化水平就无法真正得到提高。

(五)实质性的国际化举措不多

现阶段,民办大学的国际化主要停留于引进师资、引入教材、派遣交换生等方面,罕有科研项目合作等高层次、实质性的国际化举措。同时,一些民办大学单纯追求合作国家和合作教育机构的数量,而忽视了在互惠互利的基础上与其商谈合作项目,致使双方的国际化合作形同虚设。

(六)民办教育国际化经费不足

民办教育是社会组织或者个人捐资或投资办学的行为,与公办教育不同的是,办学经费缺乏是民办教育成立以来一直存在的问题。"投资办学"和"以学养学"是我国民办大学资金筹措方式的主要特征。经费保障是高等教育国际化健康发展的重要前提。民办高等教育国际化需要大量的资金,不管是引进国外优质的教材,还是聘请外籍教师,抑或是安排教师出国访问,都需要资金投入。但是,我国民办大学的国际化既缺乏政府的资金支持,也缺乏自己学校的专项资金支持,致使国际化举措严重受阻。

(七)学生交换项目举步维艰

开展学生交换项目是培养国际化人才的直接、有效方式,在国外学习的经历对于培养学生的生存能力、思考能力、跨文化交流能力至关重要。但在我国民办大学开展的学生交换项目中,我方派送出国的学生数量大大多于接受对方学生的数量。长此以往,在无法实现平等互惠的情况下,合作学校将不得不削减与我国民办大学交流生的名额,有的甚至暂停交流项目,导致学生交换项目难以持续发展。

二、客观原因:民办高等教育相关政策缺位

国际化需要一系列的配套措施加以保障,由于民办教育的性质和民办高等教育发展阶段的限制,我国民办大学国际化的现状不容乐观。

（一）合作办学的合理回报政策缺乏可操作性

"合理回报"是在《民办教育促进法》中出现的法律概念，即在一定条件下允许民办学校的出资人取得一定经济利益上的回报，这有利于鼓励社会力量投资办学，促进民办教育事业的发展。此后，《民办教育促进法实施条例》对民办学校的出资人取得合理回报的相关问题作了具体界定，同时还明确规定适用于中外合作办学机构，这为中外合作办学者依法从办学结余中取得合理回报提供了法律依据。但是在《中外合作办学条例实施办法》中又规定，任何中外合作办学机构不得从事赢利性的教育活动，从而确定了它的公益性。同时在三十九条中，又允许它有合理回报，合理回报的方式比照《民办教育促进法》执行。但是这一法规并没有确定中外合作办学机构双方取得合理回报的比例，是根据用于教学活动和改善办学条件的支出收取费用？还是根据办学水平和教育质量？取得合理回报是不是要与同级同类其他民办教育相比较？都存在不确定性和含混问题。

应当说，中外合作办学是一种中外双方在不同动机、不同利益需求、不同资源水平基础上所组成的成分混合的经济文化利益的共同体。这一共同体本身就存在结构性复杂的特征，只有双赢才能互利。我们无法一厢情愿地要求外方来华办学者都具有志愿奉献性和无私牺牲精神，而必须将其视作因为利益需求而走到一起的合作伙伴。因此，我们在实践中必须正面回应外方的盈利要求，具体而又可操作地解决外方的"合理回报"问题。

（二）合作办学机构和项目的审批的限定性政策需要改进

《中外合作办学条例实施办法》第 6 条规定："申请设立中外合作办学机构的中外合作办学者应当具有相应的办学资格和较高的办学质量。"这是一种对准入标准和资格的限定。所谓"较高的办学质量"是一种定性的标准，在实践中很难清晰评判何谓"较高的办学质量"。这就增加了在执行政策过程中拥有审批权的管理者的难度，增加了评估的成本，也增加了主观随意、人为操作、审批腐败的可能性。所谓"应当具有相应办学资格"，可以理解为申请者具有何种层次的办学资格，才可以申请相应层次的办学机构；对于申请设立实施高等教育的合作办学机构而言，中外双方也均应具有高等教育的办学资格。此规定从表面上看合情合理，但是其中隐含了绝对化的办学资格对等合作的原则。这种绝对化的限定，在实际审批过程中不仅阻挡了中外合作办学者在具备基本高等教育办学资格的大前提下,开展跨层次合作办学的机会和可能,更阻挡了国内的民间资本和国外资本进入合作办学领域的一切可能性。这是一条表面温和实则刚性、严格的准入标准和准入资格,实际上对于大力推进各种形式的中外合作办学,大力引进国外优质教育资源构成了屏障,压缩了中外合作办学所应具有的广阔空间。

（三）民办高等教育国际化的举措缺乏可持续性

民办高等教育国际化将是民办大学在新时期、新阶段快速发展的重要支撑。但纵观当前的民办大学国际化举措,可持续性欠缺,无法适应国际化人才培养的需要。政策的稳定性、连续性是推进中外合作办学持续、健康发展的前提。如前所述,在处理合理回报的政策上,在准入资格的政策上,在其他审批和管理政策上,都应该保持连贯统一。

比如关于中外大学之间举办具有独立法人资格的合作办学政策问题,独立设置的中外合作办学机构是由中外双方共同投资,形成合作学校独立、自由的法人财产,具备法定办学条件,能够独立承担办学责任,并获得国家教育行政部门批准。这种办学机构是中外双方根据所签订协议建立起来的,中外双方依照协议享受相应的权利并承担一定的责任和义务,具有独立的事业法人,享受独立的办学自主权,其内部管理实行理事会制。从实现引进国外优质教育资源的目标出发,这应该是一种最佳形式,也应该成为最主要的形式之一。在中国教育界颇有影响的中欧国际工商学院,尽管也是独立法人,但它是欧盟和上海市政府之间合作举办研究生学院的形式,还不是中外大学之间具有独立法人资格的合作办学。从这些政策的稳定性、连续性不足,人为因素影响办学的情况看,我们在中外合作办学的战略规划和政策规划上,都还处于初级的探索阶段,亟待进一步改进。

（四）国际化举措的受益面太小

在民办高等教育国际化进程中,即使是一般层次的国际化举措,受益面也很小,与西欧发达国家相比,差距甚远。我国最早成立的民办大学北京城市学院,在建校28年的时间内,共派师生4000余人次前往国外进修留学、考察访问和参加国际展览或学术会议,也就是说,平均每年只有140多人可以获得国际交流的机会,这与北京城市学院目前23000余名在校生,1300余人的专职教职工相比,数量甚微。可见,我国民办大学国际化举措的受益面很小,长此以往,国际化举措的可持续性令人担忧。

（五）招生指标及收费缺乏灵活性和市场性

我国对于高等学校的招生收费政策和招生指标政策，一直延续计划经济管理时期的指令性管理的模式。这对于中外合作办学也是如此。

《中外合作办学条例》第38条规定："中外合作办学机构的收费项目和标准，依照国家有关政府定价的规定并公布；未经批准，不得增加项目或者提高标准。"上述规定中所指的"依照国家有关政府定价的规定"主要是依据各省、市、自治区物价局根据各地情况对辖区范围内的高校所制定的收费项目和标准。且不说各省之间同类型的中外合作办学机构及项目收费水平差异很大，单就本省内的中外合作办学机构或项目与公办学学校和民办学校之间，人均培养成本实际差异很大，很难用统一的、"一刀切"的标准来收取。

不仅是收费政策，在招生指标政策上也是如此。尽管《中外合作办学条例》的第32条规定："实施高等学历教育的中外合作办学机构招收学生，纳入国家高等学校招生计划。"但是在实际招生中，主管部门往往并不另外追加指标计划，而是将其招生指标纳入所办学校其他学历教育的指标之中笼统审批。造成学校如果要扩大中外合作办学规模，就势必挤占其他同层次的学历教育指标，对学校构成了不公平待遇。

上述在招生收费政策和指标政策中所存在的脱离实际的指令性倾向，影响了中外合作办学的规模扩大，加大了办学成本，制约了优质教育资源的引进，影响了中外合作办学的可持续发展。

（六）民办大学国际化的保障不力

最近三十多年以来，我国民办高等教育经历了恢复起步、探索发展、迅猛发展和规范发展四个阶段，目前，我国的民办高等教育正进入规范发展期。在这一阶段，各级政府主要从规范方面去关注民办教育，在扶持政策等方面的措施刚出台不久，还未进入实质实施阶段。与此同时，大部分民办大学在师资、专职管理人员、管理体制等方面也无法满足国际化的要求，导致其在高等教育国际化的探索中心有余而力不足。

三、民办大学国际化办学实践的策略

在21世纪，随着全球化、知识和信息技术的发展，大学国际化成为必然趋势。

较之公办高校,民办大学还面临着诸多困难和问题,而国际化是促进民办大学实现跨越式发展的重要契机。因此,民办高等教育国际化不应仅停留在发展目标上,而应在充分认识全球范围内高等教育环境、趋势及学校内部资源的基础上,做出国际化建设的战略选择,以国际化促进高水平民办大学的建设。

(一)树立国际化意识,提升学校核心竞争力

国际化的教育理念是高等教育国际化的重要前提,在新世纪,高等教育要想生存和发展,就必须牢牢树立国际化的教育理念,加强国际合作与交流,扩大对外开放,科学整合教育资源。《中国教育改革与发展纲要》第16章第8条提出加强国际交流与合作要"借鉴国际上先进的教育理念和教育经验,促进我国教育改革发展,提升我国教育的国际地位、影响力和竞争力。适应国家经济社会对外开放的要求,培养大批具有国际视野、通晓国际规则、能够参与国际事务和国际竞争的国际化人才"。这一要求为正在寻求创建品牌、提升办学水平的民办大学指明了方向。

提升国际化必须以提高学校的核心竞争力为出发点和落脚点,紧紧瞄准国际学术前沿,提高教师的教学科研能力和学生的培养质量,提升学校的核心竞争力,扩大学校的国际影响。造势和借势必须以强自己之势为出发点,以提高和推出自己的学者为出发点。树立国际化的教育理念,首先要明确高等教育国际化的内涵。高等教育国际化强调各国要提高高等教育的水平,使之能被国际社会承认和接受;同时强调空间上的开放性,既能在国外办学又能容纳外国在本国办学;强调国际教育资源的共享性,要求各国能广泛地开展国际交流与合作;强调各国的高等教育要不断改革,在教育理念、内容和方法上主动调整并适应国际交往的发展。

树立国际化的教育理念,要处理好国际化与本土化的关系,国际化并不是全盘西化,也不是在形式或内容方面符合某种"潮流"或具有某些通用的国际性。民办大学在国际化的实践中不能迷失本土化的自我生长方向,必须在遵循自身发展特点和国情、校情的基础上,学习和借鉴其它国家的先进经验,把握好自己的民族特色和学校特色,控制好发展前行的方向和力度。

树立国际化的教育理念,还要处理好国际化举措与自身发展现状的关系,从我国高等教育国际化的实践看,国际化的举措越来越多样,也越来越深入。民办大学在制定自身教育国际化战略规划时,不能盲目地学习一些公办院校的国际化

举措,必须结合自身实际,一步一个台阶地开展国际化实践活动。

(二)完善法制建设,健全国际化教育体制

国际化教育是一项系统工程,各民办大学应从管理、人员、制度等方面健全国际化教育体制。应成立专门的国际交流管理机构,制定学校国际交流发展规划和相应的各类规章制度。国际交流管理机构要配备专职人员,负责国际信息的收集、外籍教师和留学生管理、教师和科研人员出国访问、学生交换项目等。

在健全的国际化教育体制下,民办大学可以国际化为契机,发展培育"国际化"特色。一方面,民办大学可结合自身实际,科学定位,在某些特色专业上与国外高校学分互认来吸引生源;另一方面,民办大学可通过培养目标的国际化,将国际化变成自身发展的一部分,通过培养具有国际视野并适应中国经济社会发展需要的人才来打造"国际化"这一办学特色。

在健全的国际化教育体制下,民办大学还可以推荐毕业生境外就业。民办大学一般定位于应用型人才的培养,其学生的实践能力较强,某些国家恰好紧缺这方面的人才,民办大学可采取相应的举措推荐毕业生境外就业,形成境外就业的长效机制,以增强国际化举措的可持续性。

我国的中外合作办学政策与法规制定较晚,迄今共颁布各种上位法、专门法案或者相关的法律法规、规范性文件22项,初步形成了中外合作办学的政策法规系列。尽管我们已经在法律文本上解决了诸如中外合作办学的宗旨、性质、方针、审批设立、组织与活动、管理与监督、资产与财务、变更与终止、法律责任等方面的问题,但是在具体实施中却出现了"政策失真"问题。因此,我们要积极争取政府立法,进一步完善中外合作办学的政策与法规,增强政策指导的科学性、可操作性和前瞻性,同时加强对于政策法规执行的监督与管理。

民办大学以其灵活的办学机制在吸收与借鉴他人经验上有着强大的优势,但目前我国民办大学在管理机制、专业设置等方面趋同于公办高校,这在很大程度上抹杀了民办大学的灵活性优势。在国外,私立高校有其特殊的管理机制。在我国,民办大学根据《民办教育促进法》及其《民办教育促进法实施条例》等有关法律法规,也设有学校理事会等决策机构,实行董事会领导下的校长负责制。但在实际运作中,很多民办大学民主决策机制缺失,多数情况下一个人或几个人的意见就能决定该学校的发展方向和办学方向,并没有形成真正的民主管理机制。大学国际化要求我们改革传统的高等教育管理体制,建立现代大学制度。

(三)鼓励和扶持民办大学走国际化之路

政府肩负着公共管理和公共服务的职能,民办大学管理也是政府公共管理的内容。为更好地发挥政府之于民办高等教育国际化的作用,各级政府应充分发挥各自的职能,通过制定法规政策等方式鼓励民办大学走国际化发展道路。

1. 将民办高等教育国际化纳入教育事业发展规划

民办高等教育是高等教育事业的重要组成部分,也是我国教育事业的重要组成部分,其对经济、社会的贡献日益显著。只有将民办高等教育国际化纳入教育事业发展规划,才能让民办大学国际化获得合法地位,并享受与公办高校国际化同等的待遇。

2. 制定民办高等教育国际化的经济扶持政策

经费不足是制约民办高等教育国际化的主要因素之一,民办高等教育作为公益性教育事业,理应得到公共财政的扶持。在这方面,陕西省已经走在了前列,《陕西省人民政府关于进一步支持和规范民办高等教育发展的意见》指出:"设立发展专项资金。省财政从 2012 年起每年设立 3 亿元民办高等教育发展专项资金,重点用于民办高等教育公共服务和信息平台建设、高水平民办大学建设、改革创新、师资队伍建设、实验室和实习实训基地建设、科学研究、表彰和奖励为民办高等教育做出突出贡献的集体和个人等方面。"其他省市应借鉴陕西省的做法,为民办高等教育设立专项发展资金,并将高等教育国际化纳入政府资助范围。

3. 采取多种途径大力宣传民办高等教育

由于我国民办高校发展历史较短,国内一部分公众甚至政府官员对民办教育还存在偏见,认为其办学质量不高、管理混乱,与此同时,国外著名高校对于我国民办大学更是知之甚少,导致认可度不高,妨碍了我国民办大学与国际高水平大学的合作。为此,各级政府有责任将我国民办大学的办学成绩、改革成果和发展成就通过广播、电视、报纸、网络等媒体宣传出去,并要求新闻单位坚持正确的舆论导向,大力宣传党和国家关于促进、引导和规范民办高等教育健康发展的方针政策,积极宣传民办高等教育的先进典型、改革成果和发展成就,营造全社会支持民办教育发展的良好环境。

对于民办大学而言,国际化既是机遇,也是挑战。各民办大学应树立正确的国际化教育理念,营造国际化教育氛围,加强国际化研究,并努力探索民办高等教育国际化之路,通过国际交流与合作提高自身水平,谋求更大的生存与发展空间;与此同时,各级政府也应积极发挥作用,将民办高等教育国际化作为重要职责,鼓励和扶持民办大学走国际化发展之路。

(四)以优质教师为根本,建设国际化教师队伍

教师是学校国际交流的根本,没有教师参与的国际交流,只能流于形式。民办大学要想应对国际化趋势,就应该在吸引创新人才、优化教师队伍上下功夫。由于优化师资队伍是一项长期的系统工程,这就要求民办大学要制定切实可行的教师持续发展计划,建立有助于教师发展的培训体系。就教师个人而言,要更新教育理念,转变自己在传递知识方面的角色和行为方式,重新锤炼自身的素养。民办大学在把本校教师送出去的同时,还要把国外一流教师请进来。这也是提高学校办学水平,增加知名度和国际化程度的有力措施。

(五)加大教学改革力度,加强国际化人才培养

首先要确立国际化的培养目标,一方面在思想上要培养学生的国际意识,使其能够深刻理解多元文化,能够从国际社会和全人类的广阔视野出发判断事物;另一方面要培养学生具有在国际化市场上竞争的能力,使其掌握一些将来在国际社会中工作所必备的知识和技能。

其次要构建国际化课程体系,优化专业结构,形成优势学科。课程是大学教育的主要载体,要实现教育国际化目标,必须具有科学合理的、与国际接轨的课程体系和教学内容。民办大学的学科建设、专业建设必须面向市场,根据经济结构体系和国内外人才市场需求变化做出相应改变和调整。同时,要加大教育教学改革力度,集中力量,抓住重点,在某些领域形成自己独有的优势学科,突出特色,探索符合民办大学实际的人才培养新模式,以培养具有国际视野和国际竞争力的人才。

再次,应建立有效的质量监控制度,要确保学生培养规格和教学质量,必须建立对民办大学教育质量进行科学认证和评估的体系。我国现有的教育评价体系是由行政部门自上而下进行的模式,存在着教育评教育、缺乏多元评价标准的弊端,因此,应当借鉴国外有益经验,建立起有效的质量监控制度,并积极培育有权威性的社会中介组织参与对民办大学的认证与评估,以促进学校的质量提高和可

持续发展。

（六）培养面向未来的高层次人才

教育引领未来,教育决定未来;未来的发展,最重要的是人才。高等教育国际化的新使命就是培养面向未来的高层次人才。人类进入 21 世纪后面临着一系列全球性挑战,而全球化、知识经济和颠覆性信息技术等无不对教育形成了冲击,一方面,高等教育面向未来、面向世界的任务更重了;另一方面,人们越来越认识到,高等教育国际化是高等教育引领未来的重要实现途径,是培养面向未来的学生的重要实现途径。

高等教育的国际化日益超越教育政策层面而上升为国家发展战略,在没有本国或本地区政府支持的情况下,要实现高等教育国际化是十分困难的。以中国为例,2015 年底,中国政府颁布的《统筹推进世界一流大学和一流学科建设总体方案》明确提出,要促进国际交流和合作,加强与世界一流大学和学术机构之间的实质性合作与协同创新,切实提高中国高等教育的国际竞争力和话语权。国际化与本土化的有机结合是完成"新使命"的必然选择。

（七）全球教育改革发展与时俱进

高等教育国际化的新理念、新趋势和新使命,要求高等教育国际化本身必须与时俱进,在内容和形式上不断丰富、拓展和转型。

1. 不断拓展高等教育国际化的内涵

明确高等教育国际化的内涵是研究和解决高等教育国际化问题的基础和前提,但同时我们应该认识到,面临着新形势、新变化,高等教育国际化内涵也不是一成不变的。现阶段,不断拓展高等教育国际化内涵已经成为其发展的内在需要。

2. 强化国际理解教育

国际化要渗透到教育教学全过程,鼓励多学科交叉,努力打破原有的专业壁垒,通过建立国际化的课程体系,开设国际理解教育类的通识课程,促进国际化深入到专业、课程、教学、实践等核心要素中;此外,还要采取丰富多样的教学方式,运用灵活的教学方法,注重提升学生各方面的能力。

要营造多元化的校园文化生态,通过创新国际学生服务管理培养方式,给予不同文化背景的学生共同学习生活的机会,让他们在交流与碰撞中进一步提升对多元文化的理解能力,以促进学生的国际适应性。

3. 促进国际学生流动

首先是改变当今世界国际学生流动的"接受国"和"派遣国"的范式,即主要是"从发展中国家到发达国家流动"和"在发达国家之间流动"。教育部于2010年制定的《留学中国计划》明确要求到2020年要使在华留学人员达到50万人,今后国际学生的流动有待呈现"发展中国家和发达国家"双向流动的新特征。其次是"学生国际化"既要"生源国际化",也要"学习经历国际化"。合作办学、联合培养、学分互认、学位互授、课程合作、远程教育、短期交流等形式的流动要进一步得到鼓励和支持。为此,我们要不断改革创新国际学生从招生到就业的各个环节,提高国际学生教育质量,完善全链条管理服务体系,加大品牌专业和品牌课程供给力度。

4. 鼓励师资队伍国际化

对发展中国家来说,要实现师资结构国际化和师资水平国际化,既需要注意吸引国外优秀人才和注重一定的"海外经验",也要通过积极创造条件来提高高校师资水平,努力培养能与国际同行对话与合作的师资,拓展国际学术交流的广度、深度,努力推进高水平合作,着重协同共享。我们在鼓励举办国际学术会议的同时,应支持不同国籍的学者立足于其学科与专业前沿,服务国际上的变革需求,确定共同科研选题,共建科研团队,搭建双边或多边的联合实验室等平台,形成学术共同体,从而进一步催生出共同的、实质性的学术成果。

5. 丰富国际化教育资源

国际化的可持续性不仅在于教学资源的"单向流动",而且在于其"双向互动"。发展中国家的高等教育国际化要努力推进"以学习及引进为主的单向性输入"的转型,通过发掘内部蕴藏的优质国际教育资源,实现"引进"和"输出"的双向互动,提升跨境教育的办学水平,鼓励更多国家的优质教育开展跨境办学,并健全评估认证和质量保障体系。

6. 共同加入全球教育治理

面向未来,高等教育国际化要坚持"共商、共建、共享"的全球治理理念,要鼓励更多机构积极参与全球教育治理,支持更多的利益相关方参与国际规则及标准的建立健全,国际标准的现代高等教育制度和支撑保障条件,应该促进全球高等教育的健康发展。

四、民办教育国际化前景广阔

未来高等教育国际化格局的变化趋势将继续发展,传统的由发展中国家向发达国家"购买"或"输入"高等教育资源的格局,将可能走向不同层次、不同类型的国家间相互竞争的新阶段。总的来说,一方面,大学作为高等教育国际化的主体,能够主动与国外高等教育机构或是研究机构开展交流活动;另一方面,国际及区域组织和各国政府也要"牵线搭桥",不仅要给予财政补助,更要创造机会和条件提升教育国际合作交流的质量。

现今,中国已经颁布了各项促进教育对外开放发展的政策,高等教育国际化也已被纳入"一带一路"建设和中西部开发等发展战略中。2016 年印发的《关于做好新时期教育对外开放工作的若干意见》确定了到 2020 年,我国无论是在出国留学质量还是来华留学服务质量上都要得到提高,并进一步促进对外开放的规范化,提升法治化水平。

面向未来,对外开放是民办大学建设的必然战略选择,是提高中国民办高等教育质量的重要步骤,也是提高中国综合实力、扩大对外开放的重要政策工具。通过民办大学 20 年国际化办学的探索与实践,我们清醒地认识到,只有把提升学校整体办学实力和水平,加快人才培养的国际化进程,加强对师资队伍国际化的培养,尤其是加强对管理人员的国际化培养,在理念、体制机制上进行改革,并加强互利双赢的实质性合作,才能真正达到国际化合作办学的目的。

在深入国际化和不断创新的道路上,我们需要有新的突破,通过提高质量,办出特色来寻求拓宽国际交流与合作的广度和深度,以应对日益激烈的国际竞争和挑战。总之,民办高校要不断加强自身建设,抓住机遇,不断提高自身的国际化教育水平,在教学设备、教学方法与教学策略方面积极与世界接轨,实现整体教育的国际化,让学生充分享受到世界先进的教学理念,从而不断地奋发向上,不断开拓进取,向着国际化人才发展,以实现民办高校的办学目标,让中国民办高等教育真正走进国际社会,在国际舞台上绽放光彩。

参考文献

[1]North C S, Hong B A. Project CREST. *A new model for mental health intervention after a community disaster* [J]. American Journal of Public Health, 2000, 90 (7): 1057 – 1058.

[2] Albert R, Roberts. *Assessment, crisis intervention, and trauma treatment: the integrative ACT intervention model* [J]. Brief Treatment and Crisis Intervention, 2002, 2(1): 1 – 21.

[3] 中国第二历史档案馆. 中华民国史档案资料汇编:第三辑:教育[M]. 南京:江苏古籍出版社, 1991:110.

[4] 南开大学校史编写组. 南开大学校史[G]. 天津:南开大学出版社, 1989:88 – 89.

[5] 陈纳,闫温乐,卢丽琼. 上海私立高等教育传统初探[J]. 复旦教育论坛, 2010,8(3):48 – 53.

[6] 华银投资工作室. 思想者的产业——张伯苓与南开新私学传统[M]. 海口:海南出版社,1999:157.

[7] 张伯苓. 张伯苓教育言论选集[C]. 天津:南开大学出版社,1984:246.

[8] 程忠国,周晖,曾光辉. 民办大学内部管理体制改革的实践探索[J]. 教育与职业,2012(12):23 – 25.

[9] 田正平,陈桃兰. 中国近代私立大学创建考辨[J]. 现代大学教育,2007 (4):10 – 15.

[10] 王一涛. 民办大学创办者子女接班:一个值得关注的现象[J]. 高等教

育研究,2012(7):79-80.

[11] 胡锦涛.在全国加强和改进大学生思想政治教育工作会议上的讲话[N].光明日报,2005-01-19.

[12] 李忠军.国家意识形态安全与大学生政治价值观教育研究[D].东北师范大学,2008:55.

[13] 毛璐.高校思想政治教育与当代大学生政治社会化研究[D].湖南师范大学,2014:93.

[14] 林伟毅.以中国梦推进大学生理想信念教育探析[J].思想教育研究,2014(1).

[15] 吴瑕.大学生思想政治教育动力研究[D].北京交通大学博士学位论文,2013:97.

[16] 吴玉成.高校危机管理中存在的问题及对策探讨[J].广东白云学院学报,2010(4):11-12.

[17] 郑春元.高校危机管理概述——记华南理工大学黄建榕教授的专题报告[J].广东培正学院学报,2010(3):24-25.

[18] 朱晓斌.美国学校危机管理的模式与政策[J].比较教育研究,2004(3):22-23.

后　记

　　本书立项伊始便得到了诸位同仁的高度关注和鼎力支持,大家从民办教育本源出发,探究其发展脉络、内涵悟化、运行规律、管理要义、结构要素,总结提炼办学之道。在多年的办学治校实践中大家深刻体会到,民办大学的良性发展和开拓进取必须首先提高政治站位,坚守责任担当,明确办学定位,遵循教育规律,把握时代脉搏,紧跟科技发展;必须始终把培养高素质人才、服务经济社会发展放在首位,充分挖掘大学的职能、使命和责任,实现社会效益与经济效益相统一;必须始终以人才培养为中心,以立德树人为根本任务,深化教育规律认识,不断提高教育教学质量,培养受教育者的社会责任、创新精神、知识贯通能力和实践能力。面对中华民族的伟大复兴,优秀的民办大学一定要勇立潮头,吸收世界上先进办学治学经验,形成高水平人才培养体系,扎根中国大地,贡献中国民办教育的智慧。

　　“大学之道,在明明德,在亲民,在止于至善。”最后谨以此诗铭刻陋室:

　　　　　　民生自古重于山,
　　　　　　社稷邦本善施天。
　　　　　　国运千昌心最贵,
　　　　　　教育泽润万家欢。

郭玉铸

2018 年 7 月 3 日